運輸安全
マネジメント制度
の解説

―基本的な考え方とポイントがわかる本―

運輸安全マネジメント制度研究会
木下 典男 著

成山堂書店

本書の内容の一部あるいは全部を無断で電子化を含む複写複製（コピー）及び他書への転載は，法律で認められた場合を除いて著作権者及び出版社の権利の侵害となります。成山堂書店は著作権者から上記に係る権利の管理について委託を受けていますので，その場合はあらかじめ成山堂書店（03-3357-5861）に許諾を求めてください。なお，代行業者等の第三者による電子データ化及び電子書籍化は，いかなる場合も認められません。

はしがき

　本書は、「運輸の安全性の向上のための鉄道事業法等の一部を改正する法律（平成18年法律第19号）」により、平成18（2006）年10月1日から、陸・海・空の運輸事業者に対し、輸送の安全の確保を目的に確立された「運輸安全マネジメント制度」について、また、平成29（2017）年7月に改訂された「平成29年ガイドライン」について解説するものです。

　「運輸安全マネジメント制度」は、平成17（2005）年に発生した福知山線脱線事故をはじめとする様々な事故・トラブルにおいて、共通する因子としてヒューマンエラーとの関連が指摘されたことから、輸送の安全を確保するため、事業者が経営トップから現場まで一丸となった安全管理体制を構築、実施・維持（見直し、継続的改善を含む。）することを通じて安全文化の構築・定着を図り、これらを国が事業者の安全管理体制を評価することとした制度です。

　国土交通省は、平成18（2006）年10月〜平成28（2016）年4月までの間に、4モード（鉄道、自動車、海運、航空）の運輸事業者（約9,700者）に対して約7,100回の運輸安全マネジメント評価を実施し、安全管理規程に基づく安全管理体制の見直し改善状況を確認しています。

　この結果、大手事業者の安全管理に関する取組みは向上していますが、その他事業者の取組みは大手事業者に比較するとその差が大きいことが確認されており、事業者間若しくはモード間において差があることも確認されています。

　また、自動車モード（乗合バス、トラック）では、制度の適用がある群と適用のない群では、任意保険の保険金支払金額（1,000台当たり）の経年変化について、制度の適用がある群の保険金支払金額がより減少している傾向が見られ、運輸安全マネジメントに取り組んだことにより安全性が向上した効果が現れたと考えられます。（第3章参照）

　効果の背景には、社会の安全確保に対する要請の高まり、経営トップ、安全統括管理者等の経営管理部門から現場までが連携した安全確保の取組みが進捗したことにあると思われますが、運輸安全マネジメントは短期即効性ではなく中長期の体質改善効果が期待されることから、事業者の継続的な取組みによりさらなる安全確保と安全文化の構築・定着が期待されます。

　本書は、運輸事業者の経営トップ、安全統括管理者等の経営管理部門、現場

はしがき

の管理職及び将来の経営を担う社員・職員を念頭に基礎的知識と考え方、想定される課題と対応の理解に重きを置いて構成していますが、本書を通じ、運輸事業関係者の方々のみならず広く公共交通の安全に関わる方々が「運輸安全マネジメント制度」の理解を深められ、事故リスクの減少に役立つことを願っております。

2019年1月

運輸安全マネジメント制度研究会

木下 典男

凡　　　例

　本凡例は、本書に記載されている法令、委員会及び指針等の名称その他の専門的な用語について、正式名称の略称、解説を記載してあります。

運 輸 安 全 一 括 法：運輸の安全性の向上のための鉄道事業法等の一部を改正する法律（平成18年法律第19号）

ヒューマンエラー
事故防止対策検討委員会：公共交通に係るヒューマンエラー事故防止対策委員会

ガイドライン検討会：運輸安全マネジメント態勢構築に係るガイドライン等検討会

平成18年ガイドライン：運輸安全マネジメント態勢構築に係るガイドライン等検討会により平成18年4月28日に取りまとめられた「安全管理規程に係るガイドライン」を言う。
　　　　　　　　　　　なお、各事業法の関係省令、通達等のうち、安全管理体制に係る事項は、このガイドラインを基に定められている。

平成22年ガイドライン：平成22年に公表されたガイドラインを言う。「平成22年ガイドライン」では、「運輸安全マネジメント制度」導入以降、各事業者では、関係事業法等に基づき安全管理規程が作成され、同規程に基づき、各種取組みが運用されている状況にある。このため、本改訂にあたっては、主として、事業者における安全管理体制の構築・改善に係る取組みのねらいとその進め方の参考例を示すことを本ガイドラインの位置付けとしている。
　　　　　　　　　　　また、標題を「運輸事業者における安全管理の進め方に関するガイドライン～輸送の安全性の更なる

凡例

平成29年ガイドライン：平成29年に公表されたガイドラインを言う。「平成29年ガイドライン」は、「平成22年ガイドライン」の位置付けを継続しつつ、今日的な課題である人材不足から生じる高齢化、輸送施設等の老朽化、自然災害、テロ、感染症等について明記するほか、「事故、ヒヤリ・ハット情報等の収集・活用」や「内部監査」について、円滑な取組みの促進を図る参考手順等が追記されている。

安 全 管 理 規 程：「運輸安全一括法」により、運輸事業者に対して作成が義務付けられた規程を言う。安全管理規程には、一　輸送の安全を確保するための事業の運営の方針、二　輸送の安全を確保するための事業の実施及びその管理の体制、三　輸送の安全を確保するための事業の実施及びその管理の方法、四　安全統括管理者の選任及び解任に関する事項の記載が求められている。

安全管理体制（態勢）：安全最優先の方針の下、経営トップ主導による経営トップから現場まで一丸となった安全管理の体制を言う。
　　　　　　　　　　　なお、「平成22年ガイドライン」では、安全マネジメント体制を「経営管理部門により、事業者内部で行われる安全管理が、あるべき手順及び方法に沿って確立され、実施され、改善される体制」と定義している。

安 全 統 括 管 理 者：関係法令により選任されることとされている、輸送の安全を確保するための管理業務を統括管理する者

目　　次

はしがき
凡　例
目　次

第1章　「運輸安全マネジメント制度」の概要

1．「公共交通に係るヒューマンエラー事故防止対策検討委員会
　　最終とりまとめ」概要……………………………………………… 13
　1.1　ヒューマンエラー…………………………………………… 14
　1.2　ヒューマンエラーによる事故の防止……………………… 15
　1.3　「職場環境・企業風土」改善のための取組み……………… 16
2．「運輸安全一括法」の概要……………………………………… 16
　2.1　法律改正に至る経緯………………………………………… 16
　2.2　改正された事業法…………………………………………… 16
　2.3　法律の骨子…………………………………………………… 17
　2.4　安全管理規程………………………………………………… 18
3．「安全管理規程に係るガイドライン」（平成18年ガイドライン）…… 18
　3.1　「平成18年ガイドライン」の位置付け……………………… 19
　3.2　「平成18年ガイドライン」の目的…………………………… 19
4．「運輸事業者における安全管理の進め方に関するガイドライン
　　～輸送の安全性の更なる向上に向けて～」（平成22年ガイドライン）…… 20
　4.1　「平成22年ガイドライン」の位置付け……………………… 20
5．「運輸事業者における安全管理の進め方に関するガイドライン
　　～輸送の安全性の更なる向上に向けて～」（平成29年ガイドライン）…… 20
6．ガイドラインの必要性等に関する解説………………………… 21

第2章　「平成29年ガイドライン」の解説

改訂にあたって（平成29年7月）…………………………………… 23
1．ガイドラインの位置付け………………………………………… 25
2．安全管理体制の構築・改善の意義と目的……………………… 25

3．ガイドラインの適用範囲……………………………………………… *29*
4．用語の定義……………………………………………………………… *32*
5．運輸事業者に期待される安全管理の取組…………………………… *34*
　（1）経営トップの責務………………………………………………… *34*
　（2）安全方針…………………………………………………………… *38*
　（3）安全重点施策……………………………………………………… *42*
　（4）安全統括管理者の責務…………………………………………… *48*
　（5）要員の責任・権限………………………………………………… *50*
　（6）情報伝達及びコミュニケーションの確保……………………… *52*
　（7）事故、ヒヤリ・ハット情報等の収集・活用…………………… *57*
　（8）重大な事故等への対応…………………………………………… *71*
　（9）関係法令等の遵守の確保………………………………………… *73*
　（10）安全管理体制の構築・改善に必要な教育・訓練等…………… *76*
　（11）内部監査…………………………………………………………… *85*
　（12）マネジメントレビューと継続的改善…………………………… *94*
　（13）文書の作成及び管理……………………………………………… *101*
　（14）記録の作成及び維持……………………………………………… *103*

第3章　運輸安全マネジメント評価の解説と取組みの傾向

1．運輸安全マネジメント評価の基本的方針…………………………… *105*
2．運輸安全マネジメント評価の概要…………………………………… *110*
3．評価の流れ……………………………………………………………… *110*
4．評価結果から得られた全分野を通じての取組みの傾向…………… *112*
5．分野別の取組みの傾向・特徴及び問題点…………………………… *114*
6．大手事業者とその他の事業者の取組みに関する特徴の相違……… *118*
7．運輸安全マネジメント実施の効果について………………………… *119*

第4章　研究会のコメント

1．運輸安全マネジメントに取り組む際の3つのポイント…………… *125*
　1.1　経営トップの意識………………………………………………… *125*
　1.2　コミュニケーションの活性化…………………………………… *126*

1.3　結果の検証……………………………………………………… *128*
　2．経営管理部門が対応を考えるべきリスク（安全を阻害する要件）…… *129*
　3．現業実施部門の管理者（管理者層）に求められる３つの力………… *131*
　4．リスク感受性……………………………………………………………… *135*
　5．事故分析・対策立案を行う要員の育成（リスク管理要員）………… *139*
　6．事故の報告書、事故の統計データ（中小規模事業者）……………… *140*
　7．内部監査の考え方の整理………………………………………………… *142*
　8．経営トップに対する内部監査…………………………………………… *143*
　9．内部監査での指摘が皆無という状況…………………………………… *145*
　10．マネジメントレビューの内容を記録する重要性……………………… *147*
　11．正しい作業の考え方……………………………………………………… *147*
　12．海事における任意ＩＳＭと安全管理体制との関係性………………… *149*

第５章　運輸安全マネジメント一問一答

　1．「運輸安全マネジメント制度」とは、どのようなものでしょうか。…… *153*
　2．運輸事業者には、どのような義務が共通に課せられたのでしょうか。… *153*
　3．安全管理規程の作成・届出、安全統括管理者の選任・届出は、どのような事業者が対象でしょうか。……………………………………… *154*
　4．「運輸安全マネジメント制度」導入の背景は何でしょうか。………… *155*
　5．安全管理規程とは、どのようなものでしょうか。…………………… *156*
　6．安全管理規程を変更しようとする場合、どうすればよいのでしょうか。
　　　………………………………………………………………………… *157*
　7．安全統括管理者とは、どのような人でしょうか。…………………… *157*
　8．安全統括管理者を変更した場合、どうすればよいのでしょうか。…… *157*
　9．運輸安全マネジメント評価とは、どのようなものでしょうか。…… *158*
　10．運輸安全マネジメント評価は、いつ、だれが行うのでしょうか。…… *158*
　11．運輸安全マネジメント評価には、だれが出席するのでしょうか。…… *158*
　12．オープニング・ミーティングでは、何が行われるのでしょうか。…… *159*
　13．経営トップへのインタビューでは、何が聞かれるのでしょうか。…… *160*
　14．経営トップのインタビューには、他の社員・職員が出席してもよいのでしょうか。……………………………………………………… *161*
　15．運輸安全マネジメント評価には、どのような文書・記録を準備すればよいのでしょうか。………………………………………………… *161*

目　次

16. クロージング・ミーティングでは何が行われるのでしょうか。……… *163*
17. 評価報告書とは、どのようなものでしょうか。……………… *163*
18. 運輸安全マネジメント評価で指摘された事項への対応はどうすればよいのでしょうか。…………………………………………… *164*
19. 評価では、主にどのような指摘があるのでしょうか。……… *164*
20. 運輸安全マネジメントを学ぶためには、どうすればよいのでしょうか。…………………………………………………………… *165*
21. 特に自動車モードの運輸安全マネジメントを学ぶためにはどうすればよいのでしょうか。……………………………………… *166*
22. 運輸安全マネジメントに取り組むことによる効果は何が期待できますか。…………………………………………………… *167*
23. 運輸安全マネジメントに取り組むことによるインセンティブはありますか。……………………………………………… *168*
24. 他社の良い取組みを学ぶことができますか。……………… *168*
25. リスク管理の手法を学ぶことができますか。……………… *169*
26. リスク管理における事故情報の分析・対策、要員への教育・訓練を依頼することはできますか。……………………………… *169*
27. 内部監査の手法を学ぶことができますか。………………… *170*
28. 内部監査の実施、要員への教育・訓練を依頼することはできますか。…………………………………………………………… *170*
29. 運輸安全マネジメントに取り組んでいますが、マンネリを自覚しています。どのような対応がありますか。…………………… *171*
30. 運輸安全マネジメントに関する問い合わせ窓口はどこになるのでしょうか。……………………………………………… *172*

資　料

その1　公共交通に係るヒューマンエラー事故防止対策検討委員会　最終とりまとめ　平成18年４月………………………………… *173*

その2　答申書（平成18年８月３日　国運審第９号）鉄道事業法第五十六条の二（軌道法第二十六条において準用する場合を含む。）、道路運送法第九十四条の二、貨物自動車運送事業法第六十条の二、海上運送法第二十五条の二、内航海運業法第二十六条の二第一項及び

航空法第百三十四条の二の規定に基づく安全管理規程に係る報告徴収又は立入検査の実施に係る基本的な方針の策定に関する諮問について……………………………………………………………………………*208*

その3　答申書（平成22年3月2日　国運審第43号）鉄道事業法第五十六条の二（軌道法第二十六条において準用する場合を含む。）、道路運送法第九十四条の二、貨物自動車運送事業法第六十条の二、海上運送法第二十五条の二、内航海運業法第二十六条の二第一項及び航空法第百三十四条の二の規定に基づく安全管理規程に係る報告徴収又は立入検査の実施に係る基本的な方針の改正に関する諮問について……………………………………………………………………………*217*

その4　答申書（平成29年7月6日　国運審第11号）鉄道事業法第五十六条の二（軌道法第二十六条において準用する場合を含む。）、道路運送法第九十四条の二、貨物自動車運送事業法第六十条の二、海上運送法第二十五条の二、内航海運業法第二十六条の二第一項及び航空法第百三十四条の二の規定に基づく安全管理規程に係る報告徴収又は立入検査の実施に係る基本的な方針の改正に関する諮問について……………………………………………………………………………*229*

その5　運輸事業者における安全管理の進め方に関するガイドライン〜輸送の安全性の更なる向上に向けて〜　平成29年7月………………*241*

その6　「運輸事業者における安全管理の進め方に関するガイドライン」の取組事例集（平成29年度第2版）　平成29年10月………………*305*

あとがき
索　引

第1章
「運輸安全マネジメント制度」の概要

「運輸安全マネジメント制度」は、平成17（2005）年度に多発したヒューマンエラーによる事故を受けて創設され、輸送の安全を確保するため、事業者が経営管理部門を対象に経営トップから現場まで一丸となった安全管理体制を構築、実施・維持（見直し、継続的改善を含む。）することにより安全文化の構築・定着を図り、国が事業者の安全管理体制を評価する制度であり平成18（2006）年10月より実施されています。

本章は、「運輸安全マネジメント制度」の全体像を理解することを目的に、国土交通省の公表情報を基にして次の3つの項目について解説してます。
① 「公共交通に係るヒューマンエラー事故防止対策検討委員会最終とりまとめ」の概要
② 「運輸の安全性の向上のための鉄道事業法等の一部を改正する法律」（平成18年法律第19号。以下「運輸安全一括法」と言う。）の概要
③ 同法により、関係法令等の遵守と安全最優先の下、経営トップ主導による経営トップから現場まで一つとなった安全管理体制の適切な構築を図るため、運輸事業者に対して作成等が義務付けられた安全管理規程に関するガイドラインの概要

1．「公共交通に係るヒューマンエラー事故防止対策検討委員会最終とりまとめ」概要

平成17年には、「ヒューマンエラー[注1]」が原因と考えられる事故等が多発しました。

[注1] ヒューマンエラー（出典：「ヒューマンエラー事故防止検討対策委員会最終とりまとめ」）
　　　ヒューマンエラーの定義には様々なものがある。「失敗のメカニズム」（芳賀 繁）には以下のように定義されている。「人間の決定または行動のうち、本人の意図に反して人、動物、物、システム、環境の機能、安全、効率、快適性、利益、意図、感情を傷つけたり壊したり妨げたものであり、かつ、本人に通常はその能力があるにもかかわらず、システム・組織・社会などが期待するパフォーマンス水準を満たさなかったもの」

鉄道分野では、平成17年4月25日にＪＲ福知山線における死者107名、負傷者562名という未曾有の大惨事や、有人踏切において列車接近中に遮断機を上昇させて通行者が亡くなるという事故等が発生しました。
　また、航空分野においても、航空運送事業者における管制指示違反、操作忘れ等々、多くのトラブルが発生しており、さらに、自動車交通分野や海運分野においても様々な事故・トラブルが多発しました。
　これらの事故・トラブルは、多くの場合において、共通する因子としてシステムの構成要素の1つである人間が与えられた役割を果たせなかったことによるエラー、いわゆる「ヒューマンエラー」との関連が一般的に指摘されており、なぜそのようなエラー・不注意を招いたのか、その背後関係を調べることが、再発防止及び未然防止のために重要であることから、国土交通省としては公共交通に係るヒューマンエラー事故防止対策委員会を設置し各交通モード横断的に、ヒューマンエラー発生のメカニズムを検証しました。（国土交通省ＨＰより引用）

　平成17年6月7日に設置されたヒューマンエラー事故防止対策検討委員会は、平成17年8月12日に「中間とりまとめ」、平成18年4月26日に「最終とりまとめ」を公表しています。詳細については、173頁資料の その1 「公共交通に係るヒューマンエラー事故防止対策検討委員会　最終とりまとめ　平成18年4月」を参照ください。
　次の1.1～1.3では、委員会における議論の具体的方向性を記載します。

1.1　ヒューマンエラー
「ヒューマンエラー」には、大きく分けて次の2種類があること。
① 信号の見落とし、見間違えや管制指示の聞き違いなど、うっかりミスや錯覚等により「意図せず」に行ってしまうもの。（以下「狭義のヒューマンエラー」と言う。）
② 時間の短縮を図らなければならない状況に追い込まれ、職場で定められている安全規則や安全手順の違反など、行為者がその行為に伴う「リスク」を認識しながら「意図的に」不安全なことを行うもの。（以下「不安全行動」と言う。）
　「不安全行動」を行うか否かについては、個人的な要素もさることながら、むしろ「職場環境、企業風土」が大きく影響を与えているのではないかということ。

1.2 ヒューマンエラーによる事故の防止

「ヒューマンエラー」による事故を防止するためには、次の2点が重要である。
① うっかりミスや錯覚等を極力減少させる人間工学等の事故防止技術を活用したシステム作りなどを行うこと。
② 「不安全行動」を行わないようにするため、「不安全行動」を容認する「職場環境・企業風土」の改善を行うこと。

図1-1 ヒューマンエラーの種類と事故防止

(1) 狭義のヒューマンエラー

狭義のヒューマンエラーは、①人間の能力の限界を超えるもの（見にくい、押しにくい、判りにくい等の○○○にくいと語尾につくもの）、②人間の特性に反するもの（見落としやすい、間違いやすい等の○○○やすいと語尾につくもの）が挙げられます。

限界を超えるもの、特性に反するものについては、設備・手順でカバーすることが望ましく、例えば警報、衝突予防装置、指差呼称等の対策が考えられます。

(2) 不安全行動

「公共交通に係るヒューマンエラー事故防止対策検討委員会」は、不安全行動について以下に掲げる記載がなされています。

「不安全行動」は、リスクテイキング行動(注2)であると同時に、多くの場合職場で定められた安全規則や安全手順に違反している。リスク行動は、①リスクに気付かないか主観的に小さいとき、②リスクをおかしても得られる目標の価値が大きいとき、③リスクを避けた場合のデメリットが大きいとき、に起こしやすくなる。一方、違反する理由は、①ルールを知らない、②ルールを理解していない、③ルールに納得していない、④みんなも守っていない、⑤守らなくても注意を受けたり罰せられたりしない、⑥ルール自体が不合理・不整合である、が挙げられる。この9つの要因のいくつかが重なったところで、事故につながるような不安全行動が発生する。

(注2) 危険を認識したうえであえて行動すること

前頁図1-1の内容を事例で説明すると、不安全行動は、例えば規則違反（一時停止不履行）が挙げられますが、不安全行動を惹起した背景要因を把握して対策を講じることが望まれます。

一時停止不履行の背景に焦りがあり、焦りの背景に過密なダイヤ、配送計画があり、その背景に要員・車両と業務量とのアンバランスがあるのであれば、ダイヤ、配送計画、アンバランスのいずれかを見直さない限り、焦りを解消することは困難だと考えられます。

1.3 「職場環境・企業風土」改善のための取組み

「職場環境・企業風土」の改善のための取組みとして、次の2点が必要であること。

① 運輸事業者の経営トップから現場までが一丸となり安全管理体制を構築すること。
② その安全管理体制の実施状況を国が確認する仕組みを導入すること。

2．「運輸安全一括法」の概要

「運輸安全一括法」は、平成18年3月31日に公布され、同年10月1日施行されました。

2.1 法律改正に至る経緯

平成17年にヒューマンエラーが関係すると見られる事故・トラブルが多発した状況に鑑み、国は、「公共交通に係るヒューマンエラー事故防止対策検討委員会」を設置し、同委員会より、公共交通安全を確保するためには、運輸事業者に経営トップから現場まで一丸となった安全管理制を構築させ、事業者内部における安全意識の浸透・安全風土の構築を図ることにより事故の防止と被害軽減などにも効果的」との提言を受け、国会に法案が提出され改正されました。（「図1-2『運輸安全マネジメント制度』の経緯」参照）

2.2 改正された事業法

「運輸安全一括法」により改正された事業法は、鉄道事業法、軌道法、航空法、道路運送法貨物自動車運送事業法、海上運送法、内航海運業法（以下「各事業法」と言う。）です。

第1章 「運輸安全マネジメント制度」の概要

図1-2 「運輸安全マネジメント制度」の経緯

2.3 法律の骨子

「運輸安全一括法」による各事業法改正の骨子のうち、各輸送モード共通で特に事業者に関わりが深いのは次の3点です。

① 安全管理規程の作成及び届出の義務付け

　運輸事業者は、輸送の安全を確保するための事業の運営の方針に関する事項等を定めた安全管理規程を定め、国土交通大臣に届け出ることが義務付けられました。

② 安全統括管理者の選任及び届出の義務付け

　運輸事業者は、安全統括管理者を選任し、国土交通大臣に届け出ることが義務付けられました。

③ 安全に関する情報の公表の義務付け

　国土交通大臣は、毎年度、輸送の安全に関わる情報を整理し、これを公表することとするとともに、運輸事業者においても、輸送の安全に関わる情報を公表することが義務付けられました。

2.4 安全管理規程
(1) 安全管理規程に定める内容

安全管理規程の作成及び届出の義務付けは、「運輸安全一括法」による各事業法改正の骨子の一つであり、事業者は、次に掲げる事項に関し必要な内容を安全管理規程に定めることが義務付けられています。

① 輸送の安全を確保するための事業の運営の方針に関する事項
② 輸送の安全を確保するための事業の実施及びその管理の体制に関する事項
③ 輸送の安全を確保するための事業の実施及びその管理の方法に関する事項
④ 安全統括管理者の選任に関する事項
⑤ 運転管理者(鉄道事業法、軌道法)、運航管理者(海上運送法、内航海運業法)の選任に関する事項

(2) 安全管理規程の義務付け対象事業者(運輸安全マネジメント評価の対象事業者)数と評価実施回数

平成28年4月時点の運輸安全マネジメント評価の対象事業者数は9,657事業者であり、平成18年10月から平成28年3月までの間に実施した評価の回数は7,107回となっています。

また、平成30年4月より、トラック事業者・タクシー事業者において、安全管理規程等の届出義務の適用範囲が保有車両台数300両以上の事業者から200両以上の事業者へ拡大されています。

【評価対象事業者数(平成28年4月1日時点:9,657者)】

鉄道	自動車	海運	航空	合計
744	4,382	4,461	70	9,657

【評価実施回数:平成18年10月〜平成28年3月末時点:7,107回】

鉄道	自動車	海運	航空	合計
1,191	1,086	4,660	170	7,107

3. 安全管理規程に係るガイドライン(平成18年ガイドライン)

「安全管理規程に係るガイドライン」(以下「平成18年ガイドライン」と言う。)は、運輸事業者が構築した安全マネジメント態勢を記載する安全管理規

程に係るガイドライン等の検討を行うことを目的に、学識経験者と関係事業者等から構成する「運輸安全マネジメント態勢構築に係るガイドライン等検討会」が、平成18年5月に安全管理規程に記載する項目とその考え方を示す「安全管理規程に係るガイドライン」を取りまとめ、公表されました。

3.1 「平成18年ガイドライン」の位置付け
次の通り規定されています。

> （1） 本ガイドラインは、安全マネジメント態勢の構築に際し、各事業法の規定に基づき事業者が作成する安全管理規程に記載する項目と、その考え方を示すものである。
> （2） 本ガイドラインを基に、各交通モードの担当局において、各項目における具体的な取組の深度等、各交通モードの業態に応じた具体的な検討を進め、各事業法の関係省令、通達等の制定を行うこととなる。

3.2 「平成18年ガイドライン」の目的
「安全管理規程に係るガイドライン（骨子）」の冒頭に、次の通り規定されています。

> 本ガイドラインは、事業者が作成し、実施する安全管理規程について、当該事業者の安全マネジメント態勢に係る記載事項に関し、準拠すべき事項等を定めることにより、以下の実現を図る。
> ① 適切な安全マネジメント態勢の自律的・継続的な実現と見直し・改善
> ② 関係法令等の遵守と安全最優先の原則の事業者内部への徹底及び実現のための不断の動機付け
> ③ 事業者内部への安全風土・安全文化の定着

4.「運輸事業者における安全管理の進め方に関するガイドライン～輸送の安全性の更なる向上に向けて～」（平成22年ガイドライン）

　「運輸事業者における安全管理の進め方に関するガイドライン～輸送の安全性の更なる向上に向けて～」（以下「平成22年ガイドライン」という。）は、事業者における安全管理体制の構築・改善に係る取組のねらいとその進め方の参考例を示すことにより、次に掲げる事項の実現を図ることを目的に作成されています。
（1）　適切な安全管理体制の自律的・継続的な実現と見直し・改善
（2）　関係法令等の遵守と安全最優先の原則の事業者内部の全要員への徹底及び実現のための不断の動機付け
（3）　事業者内部における安全文化の構築・定着

4.1　「平成22年ガイドライン」の位置付け

　国土交通省では、平成18年8月に「安全管理規程に係る報告徴収又は立入検査の実施に係る基本的な方針」を策定し、「運輸安全マネジメント制度」の周知啓発等に重点を置いて運輸安全マネジメント評価を実施してきたところですが、運輸事業者の安全管理に対する取組みの進捗状況等を踏まえ、上記方針の改正を行うこととし、平成21年12月1日付けで運輸審議会に諮問を行い、平成22年3月2日、同審議会より答申が出されています。（217頁資料の その3 「運輸審議会答申　平成22年3月2日　国運審第43号」参照）
　さらに、平成18年4月に「運輸安全マネジメント体制構築に係るガイドライン等検討委員会」で策定された「安全管理規程に係るガイドライン」については、この答申に基づき、その標題、位置付け、内容を見直し、「運輸事業者における安全管理の進め方に関するガイドライン～輸送の安全性の更なる向上に向けて～」として公表しています。

5.「運輸事業者における安全管理の進め方に関するガイドライン～輸送の安全性の更なる向上に向けて～」（平成29年ガイドライン）

　「平成22年ガイドライン」は、平成29年7月に改訂（以下「平成29年ガイドライン」と言う。）されています。改訂に際しての考え方は、「平成29年ガイド

ライン」の「改訂にあたって（平成29年7月）」に以下の通り記載されています。「平成29年ガイドライン」は、23頁の「第2章 『平成29年ガイドライン』の解説」にて、その内容を解説します。

> **改訂にあたって（平成29年7月）**
>
> 　平成18年10月の運輸安全マネジメント制度の施行から10年が経過し、本制度は運輸事業者の間で概ね定着し、一定の効果を得ている。一方、未だ取組の途上にある事業者も存在すること、自動車輸送分野においては、相当数の事業者が努力義務に留まっていること、自然災害、テロ、感染症等への対応の促進等の課題がある。また、貸切バス事業者に対する安全性の確保の社会的要請も高まっている。
>
> 　これらを踏まえ、国土交通省では、運輸安全マネジメント制度の今後のあり方について、運輸審議会運輸安全確保部会において平成28年12月から4回にわたり議論を行い、平成29年4月にとりまとめを行った。当該とりまとめを踏まえ、同部会においてさらに議論を行い、平成29年7月に本ガイドラインの改訂を行った。
>
> 　本改訂にあたっては、事業者が安全管理体制を構築・改善するにあたり、その効果を実効性のあるものとするため、……（以下省略）。
>
> （注）以下詳細については、23頁に解説と併せて記してあります。

6．ガイドラインの必要性等に関する解説

　平成18年4月26日に最終取りまとめを行った「ヒューマンエラー事故防止対策検討委員会」は、事業者における「職場環境・企業風土」の改善のための取組みとして、運輸事業者の経営トップから現場までが一丸となり安全管理体制を構築することの重要性を説いています。

　「運輸安全一括法」では、事業者に安全管理体制を具現化する安全管理規程の作成を義務付けており、「平成18年ガイドライン」は、事業者が作成・実施する安全管理規程について、当該事業者の安全マネジメント態勢に係る記載事項に関し、準拠すべき事項等を定めることを重視して作成されています。

　一方、「平成22年ガイドライン」は、事業者における安全管理体制の構築・改善に係る取組みのねらいとその進め方の参考例を示すことを重視して作成されています。

また、「平成29年ガイドライン」は、「平成22年ガイドライン」と同様に、安全管理体制構築のための「指南書」と言うべき性格を継続しつつ、平成18年の制度施行から10年を踏まえた見直し更新が図られていると考えると理解しやすいと思われます。

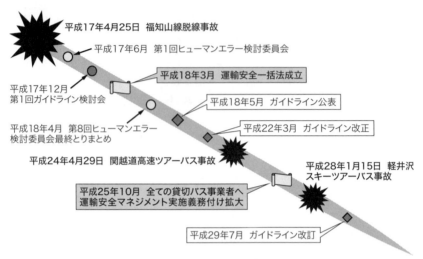

図1-3　ガイドライン策定の経緯

第2章
「平成29年ガイドライン」の解説

　本章は、「平成29年ガイドライン」の理解を深め、安全マネジメント体制構築に関する具体的イメージを育むことを目的に、ガイドラインの本文を項目ごとに「枠」で囲み識別し、その後に当該項目の解説及び事例を必要に応じて記載しています。

　また、枠内の下線部分は、「平成29年ガイドライン」の主な改訂部分となります。

【作成経緯】

　国土交通省では、「運輸安全マネジメント制度」の今後のあり方について、運輸審議会運輸安全確保部会において平成28年12月から4回にわたり議論を行い、平成29年4月に取りまとめを行った。当該取りまとめを踏まえ、同部会においてさらに議論を行い、平成29年7月に本ガイドラインの改訂を行った。

【構　成】

　「平成29年ガイドライン」（241頁資料の その5 ）は、本文とは別に参考資料として、①中小規模自動車運送事業者における安全管理の進め方に関するガイドライン、②鋼索鉄道・索道事業者等における安全管理の進め方〜事故・トラブルの防止に向けて〜、③小規模海運事業者における安全管理の進め方〜事故・トラブルの防止に向けて〜が添付され、さらに、④無軌条電車・鋼索鉄道・索道事業者用「安全管理の取組状況の自己チェックリスト」の例、⑤海運事業者用「安全管理の取組状況の自己チェックリスト」の例が添付されています。

改訂にあたって（平成29年7月）

　平成18年10月の運輸安全マネジメント制度の施行から10年が経過し、本制度は運輸事業者の間で概ね定着し、一定の効果を得ている。一方、未だ取組の途上にある事業者も存在すること、自動車輸送分野においては、相当数の事業者が努力義務に留まっていること、自然災害、テロ、感染症等への対応の促進等の課題がある。また、貸切バス事業者に対する安全性の確保の社会的要請も高まっている。

　これらを踏まえ、国土交通省では、運輸安全マネジメント制度の今後のあり方について、運輸審議会運輸安全確保部会において平成28年12月から

4回にわたり議論を行い、平成29年4月にとりまとめを行った。当該とりまとめを踏まえ、同部会においてさらに議論を行い、平成29年7月に本ガイドラインの改訂を行った。
　本改訂にあたっては、事業者が安全管理体制を構築・改善するにあたり、その効果を実効性のあるものとするため、次に掲げる考え方を踏まえて改訂した。
　①　今日的な課題である人材不足から生じる高齢化、輸送施設等の老朽化、自然災害、テロ、感染症等について明記する。
　②　多くの運輸事業者において未だ改善の余地が大きい「事故、ヒヤリ・ハット情報等の収集・活用」や「内部監査」について、円滑な取組の促進を図る参考手順等を追記する。
　③　引き続き、事業者の自主性が最大限発揮できるようなものとする。
　④　中小規模自動車運送事業者における安全管理体制の構築・改善等の実情を踏まえ、本ガイドラインを基礎に理解しやすさに留意した「中小規模自動車運送事業者における安全管理の進め方に関するガイドライン」を本ガイドライン付属書として添付する。
　⑤　前回改訂において本ガイドラインの付属書とした取組事例集は、本ガイドラインの付属書とはせず、適時適切に事例の収集・更新・公表を行う。

【解　説】　この項目では、「平成29年ガイドライン」の改訂の背景、改訂議論の経緯、改訂における考え方が記載されており、以下の2項目を解説します。
　（1）10年間で社会の強い関心を集めた今日的課題
　「運輸安全マネジメント制度」は、平成18年10月の施行から十数年が経過しています。この十数年間で社会の強い関心を集めたのは、人材不足から生じる高齢化、自然災害、テロ、感染症等であり、これらは、事業者が対応すべき安全上のリスクとして重要視すべきと考えられます。
　（2）10年間の制度運用を踏まえた見直し
　10年間の制度運用から「事故、ヒヤリ・ハット情報等の収集・活用」や「内部監査」について見直すべき余地が大きいこと、理解しやすさに留意した中小規模自動車運送事業者向けのガイドライン作成の必要性が認識され、改訂されています。
　また、制度運用を踏まえて上記の外、主に以下の①～⑥の改訂が行われています。各文末の番号は、ガイドライン5．(1)～(14)に応じて記載してあります。

① 自社の課題を安全重点施策の設定に反映すること（3）
② 現業実施部門の管理者をコミュニケーションに活用すること（6）
③ 委託先事業者とのコミュニケーションの充実（6）
④ 旅客、荷主等とのコミュニケーションの充実（6）
⑤ 報告することの重要性、自発的な報告の促進（7）
⑥ 現業実施部門の管理者に対する教育の充実（10）

1．ガイドラインの位置付け

本ガイドラインは、事業者における安全管理体制の構築・改善に係る取組のねらいとその進め方の参考例を示すものであり、事業者においては、自社の状況に応じて、本ガイドラインを参考に、安全管理体制の構築・改善に向けた取組を進めることが期待される。

なお、「事業者自らが自主的かつ積極的な輸送の安全の取組を推進し、輸送の安全性を向上させる」という運輸安全マネジメント制度の趣旨に鑑み、事業者が本ガイドラインに示す取組以外の進め方で輸送の安全の取組を行うことを否定するものではない。

【解　説】　この項目では、「平成29年ガイドライン」の位置付けが記載されており、以下の2項目を解説します。

　（1）基準ではなく指針

「事業者における安全管理体制の構築・改善に係る取組のねらいとその進め方の参考例を示すもの」と記載されており、ガイドラインが「強制的な基準」ではなく「指針」だと位置付けています。

　（2）事業者の創意工夫を尊重

「事業者が本ガイドラインに示す取組以外の進め方で輸送の安全の取組を行うことを否定するものではない。」と記載されている通り、ガイドラインに示された取組み以外の進め方を否定しておらず、事業者の創意工夫を尊重すると位置付けています。

2．安全管理体制の構築・改善の意義と目的

事業者における輸送の安全の確保の取組を活性化させ、より効果的なものとするためには、経営トップが主体的かつ積極的に関与し、強いリー

ダーシップを発揮することが極めて重要であり、以下の事項を明示し、これらをベースとし、安全管理体制の構築・改善を図ることが必要である。
① 安全方針の策定とその周知徹底
② 安全方針に沿った安全重点施策の策定とその推進
③ 社内の横断的・縦断的な輸送の安全の確保に係るコミュニケーションの確保
④ 事故、ヒヤリ・ハット情報等の収集・活用
⑤ 安全管理体制に係る内部監査の実施
⑥ 安全管理体制全般のマネジメントレビュー
⑦ 上記の輸送の安全に関する一連の取組を適時、適切に推進するための、PDCAサイクル（計画の策定、実行、チェック、改善のサイクル（Plan Do Check Act））の仕組みの導入とその有効活用

安全管理体制は一旦構築したら終わりではなく、継続的にそのレベルアップを図ることが大切である。このためには、安全管理体制にPDCAサイクルを組み込むことが重要で、これにより継続的な見直し・改善の取組が進み、その結果として、事業者内部に安全文化が醸成され、事業者内部の全要員に関係法令等の遵守と安全最優先の原則が徹底されることにつながる。したがって、安全管理体制の構築にあたっては、PDCAサイクルが機能するよう十分な配慮が求められる。

なお、安全管理体制を構築・改善する際には、事業者が運輸安全マネジメント制度の趣旨等を理解し信頼すること、安全管理体制に係る要員に適切な教育・訓練を行うこと、過剰な文書や記録の作成を排除すること、事業者の事業形態及び事業規模に相応しい取組を行えるような体制とすることが必要である。

本ガイドラインは、事業者における安全管理体制の構築・改善に係る取組のねらいとその進め方の参考例を示すことにより、次に掲げる事項の実現を図ることを目的とする。
（1） 適切な安全管理体制の自律的・継続的な実現と見直し・改善
（2） 関係法令等の遵守と安全最優先の原則の事業者内部の全要員への徹底及び実現のための不断の動機付け
（3） 事業者内部における安全文化の構築・定着

【解　説】　この項目では、安全管理体制の構築・改善の意義と目的が記載されており、（1）経営トップが主体的かつ積極的に関与し、強いリーダーシップ

を発揮すること、(2) PDCAサイクル（計画の策定、実行、チェック、改善のサイクル（Plan、Do、Check、Act））の仕組みの導入とその有効活用、(3) 目的の3項目を解説します。

(1) 経営トップが主体的かつ積極的に関与し、強いリーダーシップを発揮すること

事業者において最高位で指揮し管理する個人は、一般的に経営トップになります。経営トップは、会社組織の運営において経営の方向性を示して社員・職員を導く役割を担っています。また、社員・職員は、経営トップの示す方向性に向かって会社組織に貢献しようとするのが一般的な傾向と考えられます。

例えば、経営トップが利益を最優先するとの方向性を示すと社員を含む会社組織は利益を追求することになりますが、経営トップが安全を最優先するとの方向性を示せば会社組織は安全を最優先する活動を行っていくことになります。

このように、事業者における輸送の安全の確保の取組みを活性化させ、より効果的なものとするためには、経営トップの方向性が重要であり経営トップ自らが範を示すことにより社員・職員に強い影響を与えることが期待されます。

(2) PDCAサイクル（計画の策定、実行、チェック、改善のサイクル（Plan、Do、Check、Act））の仕組みの導入とその有効活用

事業者における輸送の安全の確保の取組みを、より効果的なものとするためには、安全マネジメント態勢にPDCAサイクルを組み込むことが重要です。

PDCAサイクルとは、計画（Plan）を実行（Do）し、評価（Check）して改善（Act）に結びつけ、その結果を次の計画に活かす仕組みであり、PDCAサイクルを活用することにより、事業者の確立した安全マネジメント体制（態勢）の段階的向上が図られ、その結果として、事業者内部に安全風土、安全文化が構築され定着し、関係法令等の遵守と安全最優先の原則の徹底がされていくものであると考えられています。以下の図2－1にてPDCAサイクルの全体像を示しますので参考ください。

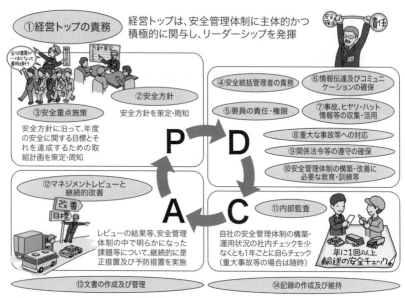

図2−1　輸送の安全に関するPDCAサイクル

【PDCAサイクルイメージの事例：路線バスA社】

　PDCAサイクルに関して、架空の路線バス会社を想定して、以下の通り解説します。文中【　】内に記載された番号は、図2-1の番号に該当します。

① 路線バスA社の概要と事故の状況

　路線バスA社は、車両数150台の地方都市路線バス事業者で営業所は3カ所、運転士185名。地元の中堅企業であり従業員の中途採用が多いが、若手社員の比率が高い状態にあります。2017年度の事故は、軽微な事故も併せて50件あり、そのうち20件が車内人身事故、後退事故が10件あります。

② 経営トップの安全状況把握と対応

　経営トップは、従前から安全に熱心ではありましたが、運輸安全マネジメントの導入に際して安全統括管理者に「自社のリスク（脆弱性）は何と考えるか」と尋ねたところ、1．高齢者の車内人身事故（20件）、2．運転士の世代交代に伴い若い運転士が増えており運転技術の向上が課題と報告しました。また、車内人身事故の12件（60％）は発進時に発生していることも報告しました。【⑦】

　この報告を受けた経営トップは、安全を最重視する安全方針【②】の作成を指示し、車内人身事故防止及び運転技術向上を安全重点施策【③】にするよう安全統括管理者に指示しました。車内事故防止の具体的な取組みについては、お客様が着席するまで発車しないこと、車内アナウンスを積極的に実施すること、緩やかに加速することの3つの取組みを定めて、3つの営業所に指示を出しました。

　また、運転技術向上については、定年後に再雇用したベテラン運転士3名に指導運転士としての権限【⑤】を与え、若手の運転技術向上【⑩】に努めることにしました。

③ 安全統括管理者による現場への働きかけ

　安全統括管理者は、車内事故防止の取組みを3つの営業所に指示したものの、第一線の運転士に確実に伝えなければ取組みの効果が期待できないと考え、3つの営業所を合計12回巡視して、営業所の管理職及び全運転士に会社の取組みを直接話しかけて周知浸透を図りました。【⑥】

④ 取組みの浸透度合い、効果の把握と見直し改善

　経営トップと安全統括管理者は、社内事故防止及び運転技術向上の取組みを進めるに際して、取

組みの浸透度合いと効果を把握【③】するため、①3カ月ごとの添乗監査の実施、②お客様からの苦情件数の推移、③事故件数の推移、④指導運転士から指導を受けた若手からのアンケートに着目することを予め決めておきました。

また、営業所に対する内部監査【⑪】の重点項目に「車内人身事故に対する取組みと進捗管理」を加えておきました。2017年度第4四半期の役員会議では、安全確保に関する取組み全般の総括であるマネジメントレビュー【⑫】を行い、取組の浸透が進んでおり事故削減効果が見られたことから2018年度も取組みを継続することとし、特に指導運転士の若手への運転技術向上の取組みが好評であったため指導する時間を増やして取組の強化を図ることとしました。

⑤ 解 説

上記の①～④は、架空の路線バスA社を用いてストーリーを作成することによりPDCAのイメージを理解することを目的としたもので、文中に記載されている例えば【③】は、ガイドラインの「安全重点施策」に該当します。

経営トップを含む経営管理部門は、自社のリスク（脆弱性）を把握して対策のPlan（計画）を策定し、取組みをDo（実施）して、取組みの効果をCheck（評価）して、Act（見直し改善）するPDCAサイクルを回すことが求められますが、上記はその一例としてご理解ください。

（3）目 的

「平成29年ガイドライン」は、以下の3項目の実現を図ることを目的とすると記載されています。
（1） 適切な安全管理体制の自律的・継続的な実現と見直し・改善
（2） 関係法令等の遵守と安全最優先の原則の事業者内部の全要員への徹底及び実現のための不断の動機付け
（3） 事業者内部における安全文化の構築・定着

上記の3項目はいずれも重要なことですが、（3）に記載されている「安全文化」という言葉には確たる定義がありません。定義はないものの、「会社の中で何よりも安全であることを尊ぶ雰囲気であり、不安全な行動を認めない暗黙の理解」と捉えるとイメージしやすいと思われます。

3．ガイドラインの適用範囲

（1） 本ガイドラインは、事業者の経営管理部門が行う「当該事業の輸送の安全を確保するための管理業務」（以下「管理業務」という。）に適用する。
（2） 本ガイドラインの適用にあたって、事業者は、次に掲げる事項を明らかにする必要がある。
① 経営管理部門の範囲
② 経営管理部門が行う管理業務の実施対象となる範囲
③ 管理業務について、その一部を外部委託する場合は、当該外部委託した管理業務に適用される管理の方法とその取組内容

【解　説】　この項目では、(1)経営管理部門の範囲、(2)外部委託について解説します。

(1) 経営管理部門の範囲

経営管理部門とは、32頁の「4．用語の定義」において、現業実施部門を管理する責任・権限を持つ部門（経営トップ及び安全統括管理者を含む。）と定められています。

経営管理部門の範囲は、事業者が明らかにすることを求めていますが、例えば、①本社以外の事業拠点が50カ所ある規模の事業者、②本社以外の事業拠点がない規模の事業者では、同じ基準で経営管理部門の範囲は定められません。

また、全国を本社で統括する事業形態の事業者と全国を5ブロックに分けてブロックごとに統括する事業形態では、経営管理部門の範囲は必ずしも同一になりません。

このため、事業者自らが自社の経営管理部門の範囲を定める必要がありますが、経営管理部門の範囲は不変のものではなく、会社組織の改正、安全管理体制の見直しに応じて変更するものだと思われます。例えば、海運事業者の場合、船長に対して経営管理部門として意識を持たせたいとの観点から、船長を経営管理部門の要員とするというのも一案であり、自らの考え方に応じて範囲を定めることが望まれます。

以下の図2-2にて、経営管理部門の範囲を示しますので参考ください。

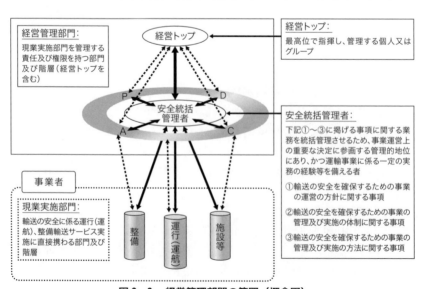

図2-2　経営管理部門の範囲（概念図）

（2）外部委託

ガイドラインは、管理業務について、その一部を外部委託する場合は、当該外部委託した管理業務に適用される管理の方法とその取組み内容を明らかにすることが求められています。

運輸事業は、業務のみを外部に委託する場合、管理業務の一部を含めて外部委託する場合があります。運輸事業者は、外部委託の状況に応じて、委託した管理業務に適用される管理の方法と取組み内容を明らかにすることが重要になります。

以下にモードごとの外部委託の例、外部委託のポイントを記載します。

① モードごとの外部委託先の例

外部委託は、モードごとに以下のような例があり、受託先の業務が委託先の運輸事業と深い関係にあり、委託先の業務が安全確保に影響あることが理解できます。

 1．自動車：バスの管理の受委託、傭車、整備の受委託
 2．鉄道：車両整備、電気の保守、線路の保守
 3．航空：整備の依託、運航乗務員の派遣
 4．海事：用船、船員の派遣

② 外部委託のポイント

運輸事業は、多くの外部委託を行っている実態があり、管理業務の一部を含めて外部委託することがあります。外部委託する際のポイントは、

 1．委託した管理業務に適用される管理の方法と取組み内容を明らかにすること（例えば、自社と同等以上の安全管理規程に基づく管理の方法と取組み内容を提示）、
 2．取組みの進捗・成果等の出来映えの確認を行うこと（例えば、運送状況の確認のため添乗監査、委託先の安全会議に参加、委託先への監査）、
 3．委託先とのコミュニケーション確保（例えば、委託元の安全に関する会議に参加）

が重要と考えられます。

また、委託元が外部委託を行う前提として、1．委託元が外部委託先を管理する能力を備えること、2．外部委託先の安全管理体制を確認することを通じて相互に学習する意識・行動を心がけること、3．委託元と外部委託先の一体感の醸成、価値観の共有を目指すことの3項目に配慮することが望まれます。

③　外部委託先に対する管理のイメージ
　　　Ａ市営交通が営業所の一つをＢバス会社に管理の受委託を行うとします。Ａ市営交通は、自社の安全管理体制と同等以上の管理の方法と取組み（安全管理体制）をＢバス会社に求め、Ｂバス会社の安全管理の出来映えについて、経営管理部門に対する監査及びバス添乗監査を実施して確認します。また、Ａ市営交通の安全に関する会議にはＢバス会社の担当者の出席を求めて、双方の情報共有を図ります。

４．用語の定義
（１）　安全管理体制：経営管理部門により、事業者内部で行われる安全管理が、あるべき手順及び方法に沿って確立され、実施され、改善される体制
（２）　経営トップ：事業者において、最高位で指揮し、管理する個人又はグループ
（３）　現業実施部門：輸送の安全に係る運行、運航、整備等輸送サービスの実施に直接携わる部門
（４）　経営管理部門：現業実施部門を管理する責任・権限を持つ部門（経営トップ及び安全統括管理者を含む。）
（５）　安全方針：経営トップが主体的に関与し、策定した、輸送の安全を確保するための事業者の全体的な意図及び方向性を示す基本的な方針
（６）　安全重点施策：安全方針に沿い、かつ、自らの安全に関する具体的な課題解決に向け、組織全体、各部門又は支社等において、輸送の安全の確保に関する目標を設定し、目標を達成するため、輸送の安全を確保するために必要な具体的な取組計画
（７）　安全統括管理者：関係法令により選任することとされている、輸送の安全を確保するための管理業務を統括管理する者
（８）　コミュニケーション：情報を双方向又は多方向で伝え合う行為
（９）　マネジメントレビュー：経営トップが主体的に関与して、少なくとも年に１回、事業者全体の安全管理体制の構築・改善の状況を振り返り、総括し、それら安全管理体制が適切かつ有効に機能していることを評価し、必要に応じて見直し・改善を行う活動
（10）　継続的改善：「マネジメントレビュー」、「内部監査」又は日常業務における活動等の結果から明らかになった安全管理体制上の課題等につ

いてどのように改善するかを決め、是正措置又は予防措置を行う行為
(11) 是正措置：明らかとなった課題等を是正する措置であって、再発を防止するために、その課題等の様態に見合った原因を除去するための措置
(12) 予防措置：潜在的な課題等の発生等を予防する措置であって、その課題等の様態に見合った潜在的な課題等の原因を除去する措置
(13) 関係法令等：当該事業に係る輸送の安全に関する法令（関係法令）及び関係法令に沿って事業者が必要と判断し自ら定めた社内規則・ルール

【解　説】　この項目では、「平成29年ガイドライン」で改訂された（6）安全重点施策の定義について解説します。
　（1）安全重点施策の定義の新旧
【新】（6）安全重点施策：安全方針に沿い、かつ、自らの安全に関する具体的な課題解決に向け、組織全体、各部門又は支社等において、輸送の安全の確保に関する目標を設定し、目標を達成するため、輸送の安全を確保するために必要な具体的な取組計画
【旧】（6）安全重点施策：安全方針に沿って追求し、達成を目指すための輸送の安全の確保に関する目標とその目標達成のための具体的な取組計画
　（2）改訂の理由
　改訂されたのは、主に「自らの安全に関する具体的な課題解決に向け」、「組織全体、各部門及び支社等において」の追加部分になります。これは、安全重点施策は、自社の課題を解決するために設定することが重要であること、また、安全重点施策は、組織の一部のみで設定するのではなく、組織全体、各部門または支社等において、それぞれの課題に応じて目標と計画を設定することが重要であるためです。
　安全重点施策の詳細については、42頁の「（3）安全重点施策」を参照ください。

5．運輸事業者に期待される安全管理の取組
（1）経営トップの責務
1）経営トップは、輸送の安全の確保のため、次に掲げる事項について、主体的に関与し、事業者組織全体の安全管理体制を構築し、適切に運営する。また、人材不足に起因する社員・職員の高齢化、厳しい経営状況に起因する老朽化した輸送施設等の使用から生じる安全上の課題や社会的要請が高まっている自然災害、テロ、感染症等への対応などの課題に対して的確に対応することが重要であることを認識する。
① 関係法令等の遵守と安全最優先の原則を事業者内部へ徹底する。
② 安全方針を策定する。
③ 安全統括管理者、その他経営管理部門で安全管理に従事する者（以下「安全統括管理者等」という。）に指示するなどして、安全重点施策を策定する。
④ 安全統括管理者等に指示するなどして、重大な事故等への対応を実施する。
⑤ 安全管理体制を構築・改善するために、かつ、輸送の安全を確保するために、安全統括管理者等に指示するなどして、必要な要員、情報、輸送施設等（車両、船舶、航空機及び施設をいう。）が使用できるようにする。
⑥ マネジメントレビューを実施する。
2）上記のほか、経営トップは、リーダーシップを発揮し、安全統括管理者等に指示するなどして、（2）以下に掲げる取組を構築・改善し、もって安全管理体制を適切に機能させる。

【解　説】　この項目では、安全管理体制において最も重要と考えられる（1）経営トップの役割と記載される事項、（2）経営トップの主体的関与、（3）経営トップのリーダーシップ、（4）今日的課題への対応（「平成29年ガイドライン」の改訂部分、（5）経営トップとして把握すべき自社のリスク（脆弱性）について解説します。

（1）経営トップの役割と期待される事項
　経営トップ[注3]は、安全管理体制の構築、実施維持、見直し改善を図るために、経営トップが事業者として具体的に実施すべき6つの事項に関して主体的に関与すること、「平成29年ガイドライン」（2）～（14）の各項目の的確な実

施を図るためにリーダーシップを発揮する役割を担っていると考えられます。また、経営トップの主体的な関与とリーダーシップの発揮により組織全体のPDCAサイクルが的確に機能することが期待できると考えられます。

(注3) 経営トップ:「平成29年ガイドライン」は、経営トップを「事業者において、最高位で指揮し、管理する個人又はグループ」と定義しています。

(2) 経営トップの主体的関与

経営トップの主体的関与について、主体的に関与する事項と対応するガイドラインの項目、主体的に関与する事項の取組み例、主体的関与のポイントを解説します。

① 主体的に関与する事項とガイドラインの対応

「平成29年ガイドライン」は、経営トップが主体的に関与する事項として、6つの事項を掲げています。主体的に関与する事項と対応するガイドラインの項目を表2-1にて示しますので参考ください。

表2-1 主体的に関与する事項と対応するガイドラインの項目

主体的に関与する事項	対応するガイドラインの項目
① 関係法令等の遵守と安全最優先の原則を事業者内部へ徹底する。	2．安全管理体制の構築・改善の意義と目的 5．(9) 関係法令等の遵守の確保
② 安全方針を策定する。	5．(2) 安全方針
③ 安全統括管理者、その他経営管理部門で安全管理に従事する者（以下「安全統括管理者等」という。）に指示するなどして、安全重点施策を策定する。	5．(3) 安全重点施策
④ 安全統括管理者等に指示するなどして、重大な事故等への対応を実施する。	5．(8) 重大な事故等への対応
⑤ 安全管理体制を構築・改善するために、かつ、輸送の安全を確保するために、安全統括管理者等に指示するなどして、必要な要員、情報、輸送施設等（車両、船舶、航空機及び施設をいう。）が使用できるようにする。	2．安全管理体制の構築・改善の意義と目的 5．(3) 安全重点施策 5．(9) 関係法令等の遵守の確保
⑥ マネジメントレビューを実施する。	5．(12) マネジメントレビューと継続的改善

② 主体的に関与する事項の取組み例
1．関係法令等の遵守と安全最優先の原則を事業者内部へ徹底
　　a) 社是、安全方針等に記載・周知
　　b) 安全報告書、経営計画に記載

　　　　c）　現場巡視等での説明、安全運動期間における現場での訓示、年頭挨拶、入社式における挨拶
　２．安全方針を策定
　　　　案文作成、骨子を示して案文作成を指示、安全方針（案）の決裁
　３．安全統括管理者、その他経営管理部門で安全管理に従事する者（以下「安全統括管理者等」と言う。）に指示するなどして、安全重点施策を策定
　　　　a）　安全重点施策として取り組むべき課題の把握、提示
　　　　　　課題の把握については、自社の抱える課題を日頃から収集する意識を持つことが重要と考えられます。
　　　　b）　安全重点施策作成の指示、安全重点施策（案）の決裁
　４．安全統括管理者等に指示するなどして、重大な事故等への対応を実施
　　　　a）　重大な事故等として対応する事象の把握、提示
　　　　b）　対応の指示
　５．安全管理体制を構築・改善するために、かつ、輸送の安全を確保するために、安全統括管理者等に指示するなどして、必要な要員、情報、輸送施設等（車両、船舶、航空機及び施設を言う。）が使用できるようにする。
　　　　a）　要員の採用計画、研修・教育訓練計画への関与
　　　　b）　情報収集、分析、評価の体制と仕組み構築への関与
　　　　c）　輸送施設等の新替、保守整備計画への関与
　　　　d）　上記a）～c）に必要な資金・予算への関与
　６．マネジメントレビューを実施
　　　　マネジメントレビューを実施する会議体等の設置または指定の指示、会議への出席
③　主体的関与のポイント
　　経営トップは、経営の最高位で指揮し管理する個人であり、安全確保の取組みに主体的に関与（上記②の取組み例参照）することにより、PDCAサイクルの推進、従業員のモチベーション向上、安全文化の構築・定着が期待できます。
　　さて、組織は、経営トップの方向性と行動に沿って動くものであり、経営トップが安全最優先を言葉と行動で示せば、組織全体が安全最優先に向かって動き出します。このことを意識することがポイントだと考えられます。
　　また、経営トップは、予算、組織・人事に強い発言力を持っています。安全を確保するための予算を中長期の観点で計画・執行すること、安全を担当する部署を強化し意欲ある要員を安全の担当者に就けることもポイントだと

考えられます。
　一方、経営トップは、安全以外にも多くの業務を担っており、安全確保の取組みが重要であると考えていても、十分な時間が割けない実態があると考えられます。このため、安全統括管理者との役割分担を的確に調整し、情報共有を図りながら取組みを推進することもポイントだと考えられます。

（3）経営トップのリーダーシップ

「平成29年ガイドライン」は、経営トップが主体的に関与する事項とリーダーシップを発揮する事項とを記載しています。主体的に関与する事項は、前記の表2-1にて6項目示しましたが、リーダーシップを発揮する事項は、「平成29年ガイドライン」の5．（2）以降の13項目になります。

経営トップがリーダーシップを発揮することが期待されている13項目のうち、特に主体的関与を期待されているのが6項目と考えると理解しやすいと思われます。

（4）今日的な課題への対応（「平成29年ガイドライン」改訂部分）

「平成29年ガイドライン」は、以下の記載が新たに追加されており、以下の考え方が背景にあります。追加された記載は、経営管理部門が事業の安全を確保するうえで課題と認識すべき事項と考えると理解しやすいと思われます。

【追加された記載】　また、人材不足に起因する社員・職員の高齢化、厳しい経営状況に起因する老朽化した輸送施設等の使用から生じる安全上の課題や社会的要請が高まっている自然災害、テロ、感染症等への対応などの課題に対して的確に対応することが重要であることを認識する。

【追加された記載の解説】
① 「人材不足に起因する社員・職員の高齢化」については、新規採用、中途採用を問わず、人材の確保が困難になっていることを要因とした高齢化が運輸産業全般の課題となりつつあること。
② 「厳しい経営状況に起因する老朽化した輸送施設等の使用から生じる安全上の課題」については、この課題に対して適切に取り組んでいる個々の事業者がある一方、運輸産業全般としてある程度共通する課題であること。
③ 「社会的要請が高まっている自然災害」については、この課題に対して適切に取り扱われている個々の事業者がある一方、運輸産業全般としてある程度共通する課題であること。
④ 「テロ、感染症等への対応などの課題」については、一事業者に対する責務ではなく、行政を含めた社会全体で行うべきであるが、一方、例えばテロ発生時における安全の確保については、その重要性を経営トップが認

識し、事業者において必要な対応を行うことが輸送の安全の確保のために重要であること。
⑤ 「感染症等」については、感染症以外に自然災害以外の災害（大規模火災等）も想定されること。

（5）経営トップとして把握すべき自社のリスク（脆弱性）

経営トップとして把握すべき自社のリスク（脆弱性）とは、事業の安全を確保するうえでの課題であり、管理すべき対象と考えて対応することが重要です。
「平成29年ガイドライン」では、上記（4）に今日的課題としてクローズアップしていますが、広い観点で自社のリスクを見た場合、以下の①～④の要因が考えられます。リスク対応への考え方は、42頁の「（3）安全重点施策」にて解説しますが、時代とともに変化するリスクに対して、安全管理体制を用いて柔軟に対応させることが経営トップの役割とも考えられます。

① 人的要因（生産性と安全性の調和、人手不足、高齢化、技術継承、中間管理職、規則違反、うっかり、手順の不備等）
② 技術的要因（技術・設備等の老朽化、保守：状態管理・時間管理）
③ 自然要因（地震、豪雨、暴風、感染症）
④ 社会的要因（テロ、安全を阻害する行為）

（2）安全方針
1）経営トップは、事業者の輸送の安全の確保に関する基本理念として、安全管理にかかわる事業者の全体的な意図及び方向性を明確に示した安全方針を策定する。
2）安全方針には、輸送の安全の確保を的確に図るために、少なくとも次に掲げる事項の趣旨を盛り込むものとする。なお、各要員にその内容を理解させ、実践することができるよう、できるだけ簡明な内容とする。
　① 関係法令等の遵守
　② 安全最優先の原則
　③ 安全管理体制の継続的改善等の実施
3）経営トップをはじめ経営管理部門は、安全方針の意義、内容等を、深く自覚するとともに、各要員に安全方針の内容を理解させ、その実践を促すため、経営トップの率先垂範により、あらゆる機会を捉え、事業者内部への周知を効果的に行う。
4）事業者は、安全方針に関する各要員の理解度及び浸透度を定期的に把

握する。
　5）経営トップは、安全方針について、4）の結果を踏まえ、必要に応じて、見直し（現行の安全方針の変更の必要性の有無及び周知方法の見直しを含む。）を行う。

【解　説】　この項目では、（1）安全方針に対する経営トップの関わり、（2）安全方針の周知の方法、（3）安全方針の理解度・浸透度、（4）安全方針の見直しについて解説します。

（1）安全方針に対する経営トップの関わり

　安全方針は、経営トップが策定することを促しています。これは、安全方針が事業者の輸送の安全の確保に関する基本理念として、安全管理に関わる事業者の全体的な意図及び方向性を明確に示したものであり、安全方針に基づいて各種の安全重点施策その他の取組みが計画・実施されていく性格を持っているからです。

　安全方針に少なくとも盛り込むべき趣旨は、「平成29年ガイドライン」（2）2）①〜③に記載されていますが、この文言通りである必要はなく、趣旨が盛り込まれているのであれば、従前から活用・浸透している社是、社訓等の文言を活用する方が理解しやすい場合もあります。

（2）安全方針の周知の方法

　安全方針の周知は、以下に掲げる方法が考えられますが、従前から自社で用いて効果があった方法を踏襲するのも一つの考え方であり、いくつかの方法を組み合わせるのも効果的と考えられます。

　①　安全方針を事務所等に掲示
　②　安全方針等を記載した社員手帳・携帯カードの配付
　③　安全方針を社内報や社内イントラに掲載
　④　現場巡回、年始・入社式等での安全方針等に関する社長訓示
　⑤　点呼・各種会議で安全方針を唱和
　⑥　社内教育で安全方針を周知

（3）安全方針の理解度・浸透度

　安全方針は、自社の要員がその内容を理解して実践することにより、安全確保が促されます。このため、経営管理部門の立場からは、自社の要員が安全方針をどの程度理解しているかについて理解度・浸透度を把握することが重要であり、不十分との結果ならば周知浸透の強化を図ることがポイントになります。安全方針の理解度・浸透度の把握は、以下に掲げる方法が考えられます。

① 面談（定性的な把握）

　面談とは、一人一人の要員に対して、安全方針の理解度・浸透度を尋ねる取組みです。例えば、人事部署が行う個人の半期目標設定とその達成度を把握する個人面談を活用して、要員の安全方針に沿った日々の行動、目標を尋ねてみるのも一つの手法であり、要員に対して会社が安全を重視する姿勢を見せる機会としても活用できます。

② 対話（定性的な把握）

　対話とは、一定人数の要員に対して、安全方針の理解度・浸透度を尋ねる取組みです。職場における定例のミーティング等を活用して安全をテーマに各要員の考え方、日々の業務で安全に関して留意している事項の情報交換を行うのも一つの手法です。

　また、適度な間隔を空けて同一のテーマを用いることにより各要員の安全に関する考え方の変化（向上）を把握することも可能と考えられます。

③ アンケート（定量的な把握）

　アンケートとは、安全方針の理解度・浸透度を測る設問に対する回答を選択式で各要員に記入させ、その結果を指数化して効果を把握する手法です。実施する際には、以下に掲げる事項に留意することが望まれます。

　１．サンプリング

　　アンケートは、全数調査を前提とする必要はなく、サンプリング（全数の10％、100件以上）調査でも傾向は把握できます。

　２．経年変化、回答率

　　アンケートは、１回のみの実施ではなく、毎年若しくは数年おきに実施することにより経年変化が把握できます。また、回答率は、安全に対する関心の高さに比例すると考えられることから重視すべきと考えられます。

　　また、アンケート回収率の変化も、安全に対する関心と関わりがあると思われます。

　３．設問の追加

　　アンケートは、安全方針の理解度・浸透度のみを設問とするのではなく、経営管理部門の関与の度合い、中間管理層（例示：現場の管理職）の関与の度合い、安全確保のための取組み状況、コミュニケーションの状況、安全意識等を設問に加えることにより、安全管理体制全般の状況を把握することができると思われます。

4．部門間の乖離度合い

　　アンケートは、経営管理部門、現場の中間管理層、現業実施部門の3部門間の結果を設問ごとに比較することにより、意識の差（乖離度合い）が把握できます。

　　例えば、経営管理部門は積極的に取組みに関与しているとのアンケート結果が出た一方、現業実施部門は経営管理部門が積極的に関与していると感じていないという結果が出た場合、このアンケート結果から取組みの見直し改善に繋げることが可能になります。

5．アンケートはツール

　　アンケートは有効なツールですが、アンケート結果と日常的に接している現場の意識と異なると感じる場合は、一定数の要員に対してインタビューを実施してアンケート結果の検証を行うことが望まれます。アンケートはツールの一つであり日頃から安全管理を担当している要員の皮膚感覚も重視すべきと考えられます。

6．安全に関する企業風土測定ツール

　　国土交通省国土交通政策研究所では、全運輸モードを対象に「安全に関する企業風土測定ツール」を以下のwebに公表しています。アンケートを実施する場合に参考ください。

　　　　　http://www.mlit.go.jp/pri/shiryou/anzen_kigyo.html

④　その他の方法

　上記①〜③以外に、経営管理部門に対する提案及び上申の数・内容の変化で安全方針の理解度・浸透度を把握するというような、現場との日常的な接触から得られる皮膚感覚的な情報を重視するのも重要だと考えられます。

1．安全に関する改善提案

　　改善提案は、現場が安全に関して関心があること、また、経営管理部門に提案することにより改善が期待できると考えていることが把握できます。

2．現場からの上申（例示）

　　現場からの上申は、以下に掲げるような経営管理部門にとって「耳の痛い話」が寄せられる方が、理解・浸透が図られていると考えられます。

　　a）　経営管理部門が立案した取組みが現場実態と整合していない。
　　b）　取組みを行うべき意義の説明がない。
　　c）　取り組むための職場環境（時間・要員の捻出）が不十分。

（4） 安全方針の見直し

　安全方針は、経営トップを含む安全管理部門が熟考して作成されていることが多いため、安全方針の内容の変更に至る見直しは少ないと考えられますが、一年の取組みを振り返る機会等を活用して内容及び周知方法を見直したうえで継続の判断を行うことが重要と考えられます。
　また、安全方針を見直す場合、以下に掲げる理由が考えられます。
① 現行の安全方針の見直し
　１．吸収合併、事業分割等により自社の事業形態・組織に大きな変更を生じた場合
　２．安全方針に関する各要員の理解度及び浸透度の把握から、例えば、安全方針を容易に記憶・理解して実行に移せる文言に変更すべきと考えた場合
② 周知方法の見直し
　安全方針に関する各要員の理解度及び浸透度の把握から、周知方法に課題があると判断した場合には見直しを考えます。周知については、「覚える→理解する→実行する」の３段階があると思われますが、手応えに応じて周知方法の見直しを図ることも必要と思われます。

（3） 安全重点施策

1） 事業者は、安全方針に沿い、かつ、自らの安全に関する具体的な課題解決に向け、組織全体、各部門又は支社等において、輸送の安全の確保に関する目標（以下「目標」という。）を設定し、目標を達成するため、輸送の安全を確保するために必要な具体的な取組計画（以下「取組計画」という。）を作成する。

2） 事業者は、目標の設定及び取組計画の作成にあたっては、以下の点に留意する。
　① 目標年次を設定すること、また、可能な限り、単年度の目標及び中長期の目標の両者を設定すること
　② 可能な限り、数値目標等の具体的目標とし、外部の者も容易に確認しやすく、事後的にその達成状況を検証・評価できるものとすること
　③ 事故やヒヤリ・ハットの発生状況、現場からの改善提案、内部監査の結果、マネジメントレビューの結果、保安監査の結果、運輸安全マネジメント評価の結果、利用者からの意見・要望などにより、輸送現場の安全に関する課題を具体的かつ詳細に把握し、それら課題の解

決・改善に直結するものとすること
④　社員・職員の高齢化、老朽化した輸送施設等を使用することから生じる安全上の課題に配慮すること
⑤　取組計画実施にあたっての責任者、手段、実施期間・日程等を明らかにすること
⑥　現場の声を汲み上げる等、現場の実態を踏まえた改善効果が高まるよう配慮すること
⑦　社員・職員が理解しやすく、輸送の安全性の向上への熱意・モチベーションが高まるよう配慮すること
⑧　目標達成後においては、その達成状況を踏まえ、必要に応じて、より高い目標を新たに設定すること
3）事業者は、目標を達成すべく、取組計画に従い、輸送の安全に関する取組を着実に実施する。
4）事業者は、安全重点施策について定期的に取組計画の進捗状況及び目標の達成状況を把握するとともに、内部監査の結果等を踏まえ、マネジメントレビューの機会等を活用して、少なくとも1年毎に見直しを行う。

【解　説】　この項目では、（1）安全重点施策の全体イメージ、（2）自社のリスク（脆弱性）の把握、（3）目標年次、数値目標等の具体的目標、（4）数値目標等の具体的目標（5）数値目標と管理指標、（6）見直し改善について解説します。

（1）安全重点施策のイメージ

　安全重点施策は、安全方針に沿い、自らの安全に関する具体的な課題解決に向けて輸送の安全の確保に関する目標を設定し、目標を達成するための取組み計画を作成して進捗管理を行う取組みと捉えると理解しやすく、そのポイントと流れは、次頁の図2-3で施策の立案イメージを示すので参考ください。
　図2-3は、安全重点施策が安全方針と整合・具現化する役割を担い、自社のリスク（脆弱性）、課題、前回施策の達成状況等を考慮して立案されること、立案に際しては「輸送の安全に関する目標＋目標達成に向けた取組計画」を組み込むこと、目標を定める際には「施策の達成度合いを測る指標」を予め組み込むことの重要性が記載されています。

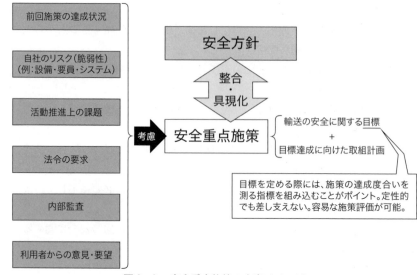

図2-3　安全重点施策の立案イメージ

（2）自社のリスク（脆弱性）の把握

　自社のリスク（脆弱性）とは、経営管理部門が事業の安全を確保するうえで課題と認識していることで、ハード、ソフト、システムに分けて考え、対応は短期・長期に仕分けて整理すると把握しやすいと考えられます。以下①～③の例示及び図2-4、2-5を参考ください。

① ハード
　　a）　輸送施設等の老朽化が課題であり、対応には長期の更新計画が必要
　　b）　更新計画が長期間となる場合、輸送施設等の負荷（荷重、速度）、使用頻度、点検・整備の見直しが必要

② ソフト
　　a）　人手不足により、定年後の継続雇用者の増加から生じる健康問題・業務の割当方法の見直しが課題であり、対応には予防的な観点からの定期健康診断の充実、保健師の活用が必要であり、また、業務の割当には職場環境の整備と周囲の社員・職員の理解を促す取組みが必要
　　b）　人手不足により、新たに採用する要員の採用基準を下げざるを得ないことから生じる教育訓練期間の増大が課題であり、教育訓練の方法、プログラム、教え方の見直しが必要
　　c）　急激な世代交代に伴う技術継承が課題であり、対応には長期的かつ

定期的な採用計画、定年後に再雇用した技術者による技術継承計画が必要

③ システム

採用基準の緩和に伴い新規採用要員の技能不足が課題。対応には早急な研修・訓練プログラム、内容、期間の見直しが必要

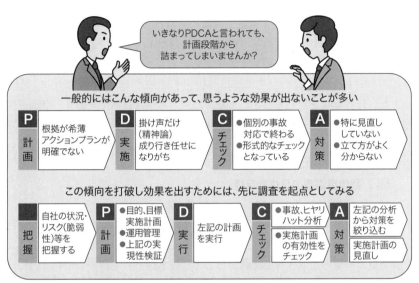

図2-4　PDCAの前に自社のリスク（脆弱性）の把握

スーパーマーケットの配送業務を行うA社は、年間数十件の交通事故・貨物事故が発生。そこで、過去数年間の事故を累計して分析し、対策した。

リスク（脆弱性）の把握	原　因	対　策	効　果
年間数十件の交通事故、貨物事故	1. 仕分け・積込みの遅延	1. 仕分け・積込み作業者の増員 2. 作業手順とスペースの見直し	1. 遅延が減少 2. 遅延減少に伴い予定どおり出庫
	2. 運転者の焦り	1. 配送遅延が予想されるときは営業所からお客様に連絡 2. 安全な速度遵守を営業所長から説明	1. 事故が減少 2. 苦情が減少

図2-5　自社のリスク（脆弱性）とその対応イメージ

（3）目標年次、単年度の目標及び中長期の目標

　自社のリスク（脆弱性）を把握した後は、リスクに応じた取組み計画を立案することになりますが、対応の期間を定めることが重要と考えられます。

　鉄道事業者では、例えば「安全確保の5カ年計画」を策定して、進捗度合いに応じた計画の見直しを毎年行うという事例があります。これは、鉄道事業者が輸送用機器である車両のみならず、信号・運輸指令、車両の走行に必要な環境（軌道、橋梁、トンネル、電気（強電・弱電））の保守整備を計画的に行う必要性があるためですが、ハード要件以外のソフト・システムであっても1カ年、3カ年、5カ年等、目標とする年次を定めることにより中長期の計画を持つことが望まれます。

　また、目標年次を定めることにより、取組み計画は具体性を備え、計画を実施する要員のモチベーション向上に繋がることも期待できます。

　鉄道事業者は、安全報告書に併せて数ヵ年度の安全計画をHPに公表していることがありますので、参考ください。

（4）数値目標等の具体的目標

① 「数値目標等の具体的目標」の事例解説

　トラック事業者B社は、平成29年度の事故件数は58件でしたが平成30年度の安全重点施策を「安全第一・事故ゼロ」と定めました。さて、年度末に、安全重点施策の達成状況を確認できるでしょうか？

　「安全第一・事故ゼロ」は、安全運動論として正論のスローガンですが、施策とは言い難いでしょう。前年度の事故件数に着目するならば、以下に掲げるような定量評価できる数値目標と行動計画を定めることが望まれます。

- ■　数値目標：事故削減目標10件（対前年比10件減の48件）
- ■　行動計画：
    1. ドライブレコーダー導入によるドライバー表彰制度の導入
    2. 新人教育の強化（教育期間：2週間→3週間に改正）

② 数値目標の例

　数値目標の例を以下に掲げますが、自社として取り組みやすい数値目標を使用することが望まれます。

1. 事故・トラブル減少件数・減少率（〇件減少、〇％削減）営業所ごと、無事故継続〇〇日
2. 輸送の安全に関する設備・機器の整備目標・率
3. 安全教育・訓練実施回数・受講人数
4. 教育訓練手順の見直し目標（見直しの時期、見直しの骨子、見直し後

の運用開始時期）を定める。
　5．輸送の安全に関する表彰件数
　6．輸送の安全に関する改善提案の件数・提案処理の件数
　7．輸送の安全に関する小集団活動目標（活動のテーマ、成果発表の時期）を定める。

（5）数値目標と管理指標

　数値目標の重要性を解説しましたが、会社文化・社内事情により数値目標を定めるのが難しいと判断する場合は、将来的には数値目標を定めることとしつつ管理指標の導入を検討することが考えられます。

　管理指標とは、社内に周知して取組みを実施する数値目標と異なり、安全を担当する部署（例示：安全推進部）等が管理している安全に関する指標を言います。

　例えば、踏切の遮断桿折損件数、運転記録証明に基づく交通違反の点数等、法令上の義務的報告ではないが、自社として収集して推移を管理している指標であり、各種の管理指標を数多く持っている安全担当部署は、管理指標の増減傾向を把握することにより、事業の安全性の現状を把握することが可能になると考えられます。

（6）見直し改善

　安全重点施策は、策定された後、計画に従って取り組み、定期的に進捗・達成状況を把握すること、少なくとも1年ごとに見直しを行うことが重要と考えられます。

　定期的な進捗・達成状況管理は、例えば、従前から社内で活用されている手順（例示：月1回の頻度で開催される部長会議等）に併せて、情報共有及び見直しを図ることが可能であれば負担を軽減できると思われます。

　また、年1回の頻度での見直しは、「平成29年ガイドライン」5．（12）マネジメントレビューの実施により、取組全般の総括を実施することが重要であり、進捗・達成状況に応じて次年度に向けた安全重点施策の策定が安全管理体制のさらなる向上に繋がると考えられます。

(4) 安全統括管理者の責務

経営トップは、経営トップのリーダーシップの発揮、安全管理体制の適切な運営、事業者内部への安全最優先意識の徹底を実効的とする観点から、安全統括管理者には、次に掲げる責任・権限を具体的に与える。

1) 安全管理体制に必要な手順及び方法を確立し、実施し、維持し、改善する。
2) 安全管理体制の課題又は問題点を的確に把握する立場として、以下の事項を経営トップに適時、適切に報告又は意見上申する。
   - 安全方針の浸透・定着の状況
   - 安全重点施策の進捗・達成状況
   - 情報伝達及びコミュニケーションの確保の状況
   - 事故等の発生状況
   - 是正措置及び予防措置の実施状況
   - 安全管理体制の実施状況及び改善の必要性の有無
   - 内部監査の結果
   - 改善提案
   - 過去のマネジメントレビューの結果に対する対応状況
   - 外部からの安全に関する要望、苦情
   - その他必要と判断した情報
3) 安全方針を事業者内部へ周知徹底する。

【解 説】 この項目では、(1) 安全統括管理者のイメージ、(2) 安全統括管理者の選任要件、責任と権限、経営トップとの業務分担及び (3) 経営トップと安全統括管理者の兼職について解説します。

(1) 安全統括管理者のイメージ

安全統括管理者は、経営管理部門の要員であって、安全のプロフェッショナルとして経営に参画し、経営トップに対して報告、意見する責務があると捉えると理解しやすく、次頁の図2-6で安全統括管理者の責務のイメージを示しますので参考ください。

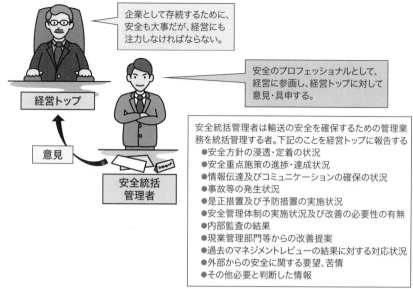

図2-6　安全統括管理者の責務のイメージ

(2) 安全統括管理者の選任要件、責任と権限、経営トップとの業務分担

① 選任要件

　安全統括管理者は、「平成22年ガイドライン」4．用語の定義(7)において「関係法令により選任することとされている、輸送の安全を確保するための管理業務を統括管理する者」と定められており、関係法令ごとに安全に関する業務に従事した年数が選任要件として規定されています。

② 責任と権限

　安全統括管理者は、経営トップから以下の3つの事項に関する責任と権限が与えられて職務を遂行する「安全のプロフェッショナル」と捉えると理解しやすいと考えられます。

　1．安全管理体制に必要な手順及び方法を確立し、実施し、維持し、改善する。

　2．経営に関する業務で多忙であることが多く、安全管理に関する経験が必ずしも豊富ではない経営トップに対して、安全に関する情報が集約・報告される安全のプロフェッショナルの立場を活用して報告・意見具申を行うこと。

　3．安全方針を事業者内部へ周知徹底する。

③ 経営トップとの業務分担

　事業規模、業態に応じて経営トップと安全統括管理者の業務分担は異なり経営トップがグループ企業の代表を数多く兼職していて十分な時間を割けない場合もあれば、経営トップが自ら安全に対して陣頭指揮をとる場合もあり一概に言うことは困難だと考えられます。

　一般的には、安全統括管理者に経営管理部門及び現業実施部門の安全に関する情報が集められること、経営トップに比較すると現場に足を運ぶ機会が多いことから生の声を把握していることが多く、安全統括管理者から経営トップに報告、意見具申がなされることが多いと考えられます。

(3) 経営トップと安全統括管理者の兼職

　「平成29年ガイドライン」は、経営トップと安全統括管理者がそれぞれ別人であることを前提に記載されています。これは、会社経営の責任を担う経営トップの立場と安全について統括する安全統括管理者の立場を同一人物が担うのは負担が大きいと考えられているからです。

　事業規模・様態・人材の観点からやむを得ず経営トップと安全統括管理者を兼職するケースがあるかと思われますが、兼職を解消する方向で将来の計画を立てることが望ましいです。

---

(5) 要員の責任・権限
1) 事業者は、安全管理体制を適切に構築・改善するために必要な要員の責任・権限を定め、事業者内部へ周知する。
2) 事業者は、「責任・権限」として、安全管理体制の運営上、必要な責任・権限の他、関係法令等で定められている責任・権限を、必要とされる要員に与える。

【解　説】 この項目では、(1) 要員の責任・権限、周知、(2) 責任・権限のバランス、(3) ガイドラインの各項目に対応する部署について解説します。

(1) 要員の責任・権限、周知

　事業者は、従前から組織図、組織規定等を定めているのが一般的であり、追加する部分については安全管理規程を活用していると思われます。また、組織図等は、日常的な業務を行うに際して必要なものであることから、新規採用時の説明、その後の実務で把握することが多く、相当程度、周知浸透がなされている傾向にあります。

第 2 章 「平成29年ガイドライン」の解説

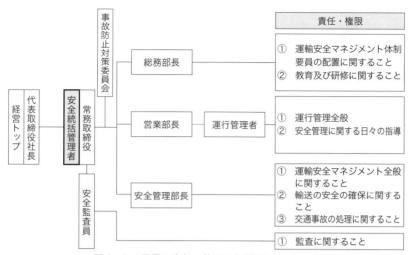

図 2-7　要員の責任・権限の組織図のイメージ

図 2-7 で組織図のイメージを示しましたので参考ください。

（2）責任・権限のバランス

責任と権限のバランスについては、以下の事例で解説します。

バス事業者 B 社の安全担当係長は、個々の事故の原因分析・背景要因の傾向分析、傾向に応じた対策の責任を担っていましたが、対策を立案して経営管理部門に説明・提案する権限は付与されておらず、他の要員がその権限を有していました。

一般に事故の原因・背景要因の傾向分析を実施する者は、傾向を把握しているため傾向に応じた対策を立案しやすく、権限が与えられていれば経営管理部門に事故対策案を直接提案することが可能になります。このような事例は、安全確保の取組みを有効に機能させる観点から、責任・権限のバランスに配慮した対応が望まれます。

（3）ガイドラインの各項目に対応する部署

「平成22年ガイドライン」の各項目に応じて、主担当（◎）、副担当（○）を定めた職務対応表を作成すると、責任と権限がより明確になると考えられます。職務担当表は現状の責任・権限が把握しやすく、担当を変更する場合の全体像を把握するのにも役立つと考えられます。次頁の図 2-8 で職務対応表のイメージを示しますので参考ください。

ガイドライン記載項目 ＼ ガイドライン各項目に対する担当責任部署	5.(1) 経営トップの責務	(2) 安全方針	(3) 安全重点施策	(4) 安全統括管理者の責務	(5) 要員の責任・権限	(6) 情報伝達及びコミュニケーションの確保	(7) 事故、ヒヤリ・ハット情報等の収集・活用	(8) 重大な事故等への対応	(9) 関係法令等の遵守の確保	(10) 安全管理体制の構築・改善に必要な教育・訓練等	(11) 内部監査	(12) マネジメントレビューと継続的改善	(13) 文書の作成及び管理	(14) 記録の作成及び維持
代表取締役社長	◎	◎	○		○							◎		
安全統括管理者（常務取締役）	○	○	○	◎	○	◎	○	◎	○	○	○	○	○	○
総務部長	○				◎			○		◎	○	○	◎	◎
営業部長	○				○			○		○				
安全管理部長	○		○	○	○	○	○	○	○	○			○	○
安全監査員						○					◎			
事故防止対策委員会						○	○	○					○	○

図2-8　要員の責任・権限についての職務対応表のイメージ

（6）情報伝達及びコミュニケーションの確保
1）事業者は、事業者内部に、以下のとおり、輸送の安全の確保に係る的確な情報伝達及びコミュニケーションを実現する。
　① 経営管理部門から現場への情報伝達の仕組みを構築し、適切に運用する。
　② 現場で明らかとなった課題、潜在している課題等が、現場から経営管理部門に対して報告・上申される仕組みを構築し、適切に運用する。
　③ 関係する部門間の情報の流れの滞りや共有不足などに起因する輸送の安全の確保に関するトラブル等を防止するため、事業者内部において縦断的、横断的に輸送の安全の確保に必要な情報を共有する。
　④ 経営管理部門が自ら、又は、現業実施部門の管理者を通じて、経営管理部門の方針、目標、取組計画等の考えを的確に現場に伝えるとともに、現場の課題等を的確に把握する。

⑤ 情報伝達及びコミュニケーションにおいて、明らかになった課題等について、必要な措置を検討・実施し、それら措置に対する効果の検証、見直しを行う仕組みを構築し、適切に運用する。
2) 事業者は、委託先事業者との間においても輸送の安全の確保に係る的確な情報伝達及びコミュニケーションを実現する。
3) 事業者は、関係法令等に従い、事業者において輸送の安全を確保するために講じた措置、講じようとする措置等の輸送の安全にかかわる情報を外部に対して公表する。
4) 事業者は、必要に応じて、旅客、荷主等に対して、旅客、荷主等の行動が輸送の安全の確保に影響を与えるおそれがあることを伝えるなどの安全啓発活動を適時、適切に行うとともに、旅客、荷主等からの意見・要望を収集し、事故の未然防止に活用する。
5) 事業者は、自社の安全管理実態等を踏まえ、必要に応じて、次に掲げるような措置を講じる。
① 輸送の安全の確保に関する情報のデータベース化とそれに対する容易なアクセス手段の確保
② 経営トップ等への目安箱等のヘルプラインの設置（（1）②に掲げるコミュニケーションとは別ルートの確保）

【解　説】　この項目では、（1）情報伝達及びコミュニケーションの確保のイメージ、（2）事業者内部コミュニケーションの課題と対応、（3）委託先事業者とのコミュニケーション、（4）輸送の安全に関わる情報の公表について解説します。

（1）情報伝達及びコミュニケーションの確保のイメージ

情報伝達及びコミュニケーション確保については、事業者内部のコミュニケーション確保と事業者と社外（利用者）とのコミュニケーションに大きく分けられます。次頁の図2-9で情報伝達及びコミュニケーションの確保のイメージを示しますので参考ください。

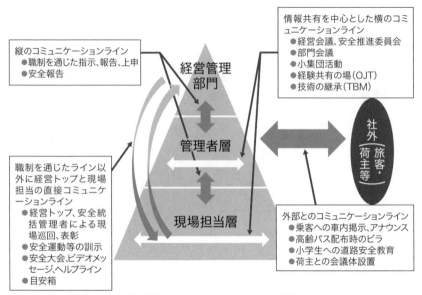

図 2-9　情報伝達及びコミュニケーションの確保のイメージ

① 事業者内部のコミュニケーション
　1．縦のコミュニケーション
　　　事業者内部は、経営管理部門、管理者層、現場担当層の3層に分けられ、経営管理部門から現場担当層に至るまでのコミュニケーション（縦のコミュニケーション）は、職制を通じた指示、報告、上申で確保されているのが一般的と考えられます。
　2．横のコミュニケーション
　　　経営管理部門内、管理者層、現場担当層における部門間のコミュニケーション（横のコミュニケーション）は、経営会議、安全推進会議、部門会議等で確保されており、会議参加者の構成に工夫を凝らすことにより、縦と横の情報共有を同時に確保しているのが一般的と考えられます。
　3．直接コミュニケーション
　　　現場管理層から経営管理部門に対する直接のコミュニケーションは、目安箱等のヘルプライン、経営管理部門宛のメールアドレス公開の手法がありますが、経営トップ、安全統括管理者等による現場巡視の機会を活用するという手法もあります。

② 事業者と社外（旅客、荷主等）とのコミュニケーション
　1．旅客
　　　旅客とのコミュニケーションの必要性は、旅客にも安全確保を意識した行動を促すことにあります。例えば、駆け込み乗車、踏切への無理な進入、バス停に停車する前に料金箱への車内移動、シートベルト不着用、乗務員の安全指示に対する不遵守等の行動は、事故を招く可能性を高めます。
　　　このため、利用者の安全確保に対する意識向上を促すことにより、不安全な行動を抑止することが期待され、輸送の安全性がさらに向上すると考えられます。
　　　利用者とのコミュニケーションとして、例えば、車内アナウンス、デジタルサイネージ、キャンペーン及び各種掲示等が考えられます。
　2．荷主等
　　　荷主等は、荷主のほか、例えば、貸切りバス事業者に対して発注を行う旅行業者、踏切の利用者、路線バス営業所付近の住民・通学通勤者等の関係者が考えられます。荷主とのコミュニケーションの必要性は、荷主にも安全確保に配慮した行動を促すことにあります。例えば、過度な定時制の依頼等は、運送に従事する要員に「焦りのこころ」を芽生えさせ、速度の超過から事故を招く可能性を高めます。
　　　また、関係者に対しては、小学校での交通安全教室、踏切横断の安全啓発CMの放映等も安全啓発活動として有効と考えられます。
　3．旅客、荷主等からの意見・要望
　　　事業者から旅客、荷主等への安全啓発活動を説明しましたが、旅客、荷主等からの意見・要望を収集して、事故の未然防止に活用することも重要です。多くの事業者は、要望・クレーム等の情報に関し、お客様相談窓口を設けてメール、電話、FAX、書簡等の手段で収集する仕組みを設けています。収集した情報に応じて、自社の安全の取組みを見直し改善することが望まれます。
③ 現場からの輸送の安全に関する情報を吸い上げる取組み例
　1．経営陣による現場巡回での現場要員からの意見聴取
　2．経営陣と現場要員との個別面談、直接の意見交換会の活用
　3．小集団活動の活用
　4．業務改善提案制度の活用
　5．業務改善提案発表会・表彰式の開催
　6．社内イントラや各事務所への目安箱・意見箱の設置とその活用

7．ベテラン社員による現場巡回での現場の意見要望等の聴取と社長等への直接報告
④　社内横断的な輸送の安全に関するコミュニケーションの取組み例
　　1．経営会議、取締役会議等の既存の会議体の活用
　　2．安全に特化した会議体（例えば、安全推進委員会、安全マネジメント委員会など）の創設とその運用
　　3．安全に関する各種教育・研修
　　4．社内での安全シンポジウム・セミナーの開催
　　5．全社集会、年始会、入社式などでの周知
　　6．安全に関する情報を社報等に掲載・配付
　　7．社内イントラの活用

（2）事業者内部コミュニケーションの課題と対応

①　現場から経営管理部門に対して報告・上申される仕組み

　現場で明らかとなった課題、潜在している課題等は、現場の管理職（管理者層）を通じて円滑に経営管理部門に対してありのまま報告・上申されることが望ましいのは誰もが理解できることです。しかしながら、実態として当初は「耳を塞ぎたくなる話」であった現場の声が「聞き心地のよい話」に加工されてしまう例があるようです。

　会社文化として統制が強いまたは組織の階層意識が強いと感じるのであれば、経営管理部門が直接に現場を訪問して現場の課題を把握する仕組みも検討すべきかと考えられます。

　また、事業規模が大きくて経営管理部門では各現場を訪問し難いのであれば、経営管理部門に直接報告する責任を持たせた要員を活用するという仕組みも考えられます。

②　現業実施部門の管理者（管理者層）

　経営管理部門の考え方（方針、安全重点施策、取組み計画）を現場に伝え、現場で明らかとなった課題、潜在している課題等を経営管理部門に報告・上申するのは現業実施部門の管理者の役割になります。

　経営管理部門が自ら行い現場への橋渡しを行うこともできますが、経営管理部門のマネジメントに対する意識と考え方が向上してくると現場との橋渡しを行う管理者層の意識と考え方が非常に重要だと気付くことになります。

　管理者層に求められる力については、76頁で詳細を説明します。

（3）委託先事業者とのコミュニケーション

　運輸事業は、委託先の業務が輸送業務に大きな関わりを持つことから、安全

確保に関して可能な範囲で共通の課題認識（例：事故リスク）と対応の取組みについて情報共有することが望まれます。

このため、事業者内部のみにとどまらず、委託先事業者との情報伝達及びコミュニケーションが重要であり、例えば、委託元の会議、作業前ミーティングに外部委託先が参加して、委託業務の事故リスクと対応の取組みについて、委託元、外部委託先が相互に学習する仕組みの構築等が望まれます。

鉄道事業者の場合、軌道、架線の保守は、外部委託先を活用することが多く、委託元とのコミュニケーションを密にして、保守計画の段階でスケジュール、作業内容、作業後の確認検査等の打ち合わせを行い、その後、作業前のミーティングで作業の詳細と注意事項を再確認するという、双方の意思疎通に漏れが無いような仕組みを構築しています。

これは、意思疎通を欠いた結果により発生した事故（触車、感電）の教訓の積み重ねが仕組みの見直し改善を促した事例と言えます。

（4）輸送の安全に関わる情報の公表

輸送の安全に関わる情報の公表は、「運輸安全一括法」により新たに公表の義務が課せられ、公表すべき内容、対象事業者が規定されています。公表内容は、多くの場合、「安全報告書」の名称で事業者のHPを活用して公表されています。

安全報告書は、安全確保・向上に関する取組みを多岐に渡って記載されていることが多いため、自社の取組みの参考となる同業他社及び他モードの事例を見出すことが期待できます。

（7）事故、ヒヤリ・ハット情報等の収集・活用
1）事業者は、輸送の安全を確保するため、事故、ヒヤリ・ハット情報等の定義及び収集手順を定め、それらの情報を収集する。収集した情報のうち、事業者が輸送の安全確保のため特に重要と定めた情報については、適時、適切に経営トップまで報告する。
2）事業者は、輸送の安全を確保するため、以下の手順により1）で収集した情報の活用に取り組む。なお、情報の分類・整理、対策の検討及び効果把握・見直しに親会社、グループ会社、協力会社、民間の専門機関等を活用することができる。
① 1）で収集した情報を分類・整理する。
② ①の分類・整理の結果、根本的な原因の分析を行う必要がある事象

を抽出し、当該事象が発生した根本的な原因を究明するための多角的な分析を行い、当該原因を究明する。
③ ①又は②の結果を踏まえ、対策をたてるべき原因を絞り込む。
④ ③の結果を踏まえ、事故等の再発防止・未然防止のための対策を検討し、実施する。
⑤ ④で実施した対策の効果を把握し、必要に応じて、対策の見直しを行う。
⑥ ①〜⑤の手順の運用が確立できた後は、①で分類・整理した情報等を参考に、潜在的な危険（日常業務に潜在する輸送の安全に関する危険）についても洗い出し、潜在的な危険が生じる可能性と事故につながる可能性、事故につながった場合の影響の大きさの評価を行い、対策を立てるべき潜在的な危険を選定する。
⑦ ⑥で選定した潜在的な危険から発生し得る事故の未然防止対策を検討し、実施するとともに、実施した当該対策の効果を把握し、必要に応じて、見直しを行う。
3）事業者は、必要に応じて、1）及び2）の取組の円滑かつ有効な実施

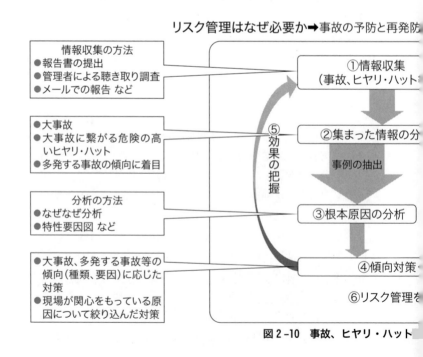

図2-10 事故、ヒヤリ・ハット

第2章 「平成29年ガイドライン」の解説

> に向けた業務環境の整備を図る。<u>特に報告することの重要性を周知浸透</u>するとともに、報告者の自発的な報告を促すよう配慮する。
> 4）事業者は、事故等の再発防止・未然防止の観点から他の事業者や他のモードにおける事故等の事例を的確に活用する。
>
> （注）上記1）〜4）の取組の具体的手法等については、国土交通省大臣官房運輸安全監理官室が公表した冊子「事故、ヒヤリ・ハット情報の収集・活用の進め方〜事故の再発防止・予防に向けて〜」等を参照願う。

【解　説】　この項目では、主に自動車モードを念頭において、（1）事故、ヒヤリ・ハット情報等の収集・活用（リスク管理）の概要、（2）親会社、グループ会社、協力会社、民間の専門機関等を活用（3）報告することの重要性、（4）他社・他モードにおける事故等の事例の活用について解説します。

（1）事故、ヒヤリ・ハット情報等の収集・活用（リスク管理）の概要

57頁の「（7）事故、ヒヤリ・ハット情報等の収集・活用　1）〜3）」までの全体像は、下記の図2-10に表され、図中に示された①〜⑧に対応して以下の通り解説します。

社会的責任、事故に関する支出の抑制➡企業の生き残り

⑦輸送現場に潜在する危険の掘りおこし

理・傾向把握

⑧対策を取る危険の絞り込み
- その出来事が起きる可能性
- 事故につながる可能性
- 影響の大きさで絞り込み

対策の検討と実施

進めるための環境整備
- リスク分析要員の配置
- 要員への教育・訓練
- 経営トップの積極的関与

収集・活用の取組み（リスク管理）

なお、リスク管理は、事故の予防と再発防止を目的としており、社会的責任を果たすこと、事故に関する支出の抑制効果も期待されます。

① 情報収集（事故、ヒヤリ・ハット等）
　現場から、事故やヒヤリ・ハットなどの情報を集めることは、リスク管理の出発点となります。「有効な対策をたてるには、どんな情報が必要なのか？」ということを常に意識して収集することが重要になります。
　1．情報の種類
　　情報には、「事故情報」と「ヒヤリ・ハット情報」の2種類があり、1件の事故の背後には、多くのヒヤリ・ハットが潜んでいると考えられることから、ヒヤリ・ハットの段階で対策を講じて事故の未然防止に繋げることが重要と考えられます。（表2-2参照）

表2-2　事故情報、ヒヤリ・ハット情報の内容

種類	事故情報	ヒヤリ・ハット情報
内容	人の死傷、物損など実際に被害が発生した出来事（法令上の届出義務がある事故だけでなく自社で「事故」と取り扱う出来事も含む。）	事故が起きるかもしれないと思ってヒヤッとした、ハッとした出来事

　2．収集のポイント
　　事故が数多く発生しているのであれば事故情報の収集とその後の対応を優先して事故予防を行い、事故が減少してからヒヤリ・ハット報告に取り組む方が、望ましいと考えられます。これは、同時に多くの取組みを行うと現場の負担が大きく、徹底した取組みとならないと考えられるからです。
　　また、事故は、発生すれば被害者救護、損害が生じた輸送用機器の撤去・修理等の対応が必要となるため事故速報、事故報告書等により事故の状況を収集できますが、ヒヤリ・ハット情報は、運行（運航）者の自主的報告に委ねられることが多いため、報告数が少ないまたは報告内容が偏ることが懸念されます。
　　このため、例えば以下に掲げるような収集の工夫（絞り込み）が必要となります。
　　　a）　集める期間（1カ月限定キャンペーン）の限定、新入社員だけの限定
　　　b）　特定の事故に関係するヒヤリ・ハットに限定

c） 収集する情報の名称を例えば、「安全情報」、「気付き情報」として前向きな印象を与える。
3．収集の方法
収集の方法は、例えば以下に掲げる方法があります。
a） 事故報告書、ヒヤリ・ハット報告書など書面による報告
b） 管理者による聞き取り調査
c） メールによる報告
d） ドライブレコーダー、自動運転記録装置の活用
4．収集における課題と対応
ヒヤリ・ハット情報は、報告数が少ないという課題が見られます。原因は一つではないと考えられますが、原因と思われる事項と対応について表2-3に示したので参考ください。

表2-3　ヒヤリ・ハット情報の報告数が少ない原因と思われる事項と対応

原因と思われる事項	対　応
「ヒヤリ・ハット報告書」という名称	「気付き事象報告書」、「事故の芽報告書」等に名称を変更する。 【理由】運行（運航）者は、自らの仕事にプライドがあり、ヒヤリとすること、ハットすることは、業務上あってはならないとの心理があると考えられる。
経験豊富な要員（ベテラン）はヒヤリとしない。	後に続く後進の育成の観点から気付いた事象を報告するよう依頼する。 【理由】ベテランは、経験から発生するリスクを想定することができるため、起きた事象を想定内と判断するため「ヒヤリ・ハット」しない傾向があると考えられる。

② 集まった情報の分類・整理・傾向分析
1．分類・整理・傾向分析
集まった情報は、分類・整理し、自社で多発する事故及びヒヤリ・ハットの類型、原因などの傾向を分析することになります。自動車モードを例にすると、事故報告書、ヒヤリ・ハット報告書に記載された内容を例えば以下の項目ごとに取りまとめ、項目ごとの件数を集計してグラフ化すると、自社で多発する事故、ヒヤリ・ハットの傾向が把握することが可能となり、多発する事故の類型に絞った対策を講じることができます。
a） 事故、ヒヤリ・ハットの相手（四輪車、二輪車、自転車 等）
b） 事故、ヒヤリ・ハットの原因（前方不注意、速度超過 等）
c） 発生場所（直線、交差点、右・左カーブ 等）
d） 事故、ヒヤリ・ハットが起こったときの自分の行動（発進、停止、

　　　　　追い越し、右左折、後退　等）
　　e）　事故惹起者の年齢、性別、入社時期、経験年数、事故日以前1週
　　　　　間の労働時間、休日、休息時間、睡眠時間
　　f）　事故発生時における心理状態（焦り、覚醒度合いの低下　等）
2．分類・整理・傾向分析の課題と対応
　　事故報告書とヒヤリ・ハット報告書を比較すると事故報告書の方が記載すべき項目が多いのが一般的ですが、実際に分析を実施すると傾向を把握するための項目が不足していることに気付くことが多いようです。例えば、事故惹起者の心理状態、運航（行）管理・環境の要因等を記載する項目が事故報告書に設定されていないため、傾向分析を深度化し難い状況が発生することが考えられます。
　　対応としては、分析を実施した際に不足している項目に気付いた場合、手控えを作成しておき、改定時期に併せて報告書の様式を見直すことが重要と考えられます。
③　根本原因の分析、分析手法
1．根本原因の分析、分析手法
　　根本原因の分析は、一般的に大事故、事業者として未然予防すべき事故が発生した場合及び事故傾向に応じた対策を講じたが事故が減少しない場合に行います。
　　事故は、直接の原因（例示「ドライバーの不注意」）だけでなく、「現場の見通しの悪さ（道路環境）」「相手の急な動き（相手方）」「車の故障（ハード）」など他の要因も関係するため、事故の根本的な原因に対する対策が講じられないと同様の事故を繰り返すおそれがあること等から、根本的な原因の分析が重要と考えられます。
　　このため、「事故等がなぜ発生したか」について、以下に掲げる5つの視点から分析することが望まれます。
　　a）　ドライバー側の原因
　　b）　事故の相手方の原因
　　c）　ハード面の原因（車両の故障など）
　　d）　周囲の環境にある原因（道路環境、天候など）
　　e）　安全管理・運行管理上の原因
　　分析手法については、「なぜなぜ分析」、「特性要因図（Fish Bone）等」があります。詳細は、以下のwebにて公表されている冊子「事故、ヒヤリ・ハット情報の収集・活用の進め方～事故の再発防止・予防に向けて～

（自動車モード編）」をご覧ください。

　　　　http://www.mlit.go.jp/common/001061869.pdf
２．根本原因の分析、分析手法の課題と対応
　　ａ）　原因追求と責任追及
　原因分析を目的としていながら、実際には事故惹起者の責任追及を実施している事例があり課題と考えられます。この背景には、社内に事故惹起者が責任を認めれば事故調査を終了するという考え（雰囲気）があり、事故分析と事故惹起者に対する処分を同一の会議体で同時に実施しているため、事故惹起者が自らの過失を認めてしまうことにより、根本原因の分析まで至らないと考えられます。

　事故原因は、一つではなく、多くの要因が関係していること、上記の５つの視点で原因を分析することが重要であり、分析を行う要員については、視点を広く持って事故分析できる柔軟性を持つ者を充てること、専門の知見・知識が得られるよう配慮することが望まれます。

　　ｂ）　相手側の要因
　一般に相手側の要因は、自社で対策を講じることが困難です。このため、過度に相手側の要因分析を実施しても対策を講じられないのであれば、深追いせずにその他４つの視点を重視して分析することが望まれます。

　ただし、例えば、踏切内で自動車が脱輪したときの対応方法をテレビで放映する、住宅地内の道路に入り込んで配送を行うトラック事業者が子ども安全教室を開催する等、安全確保のための普及啓発の取組みは、長い目で見て有効と考えられます。

④　傾向対策、重点対策の検討と実施
　１．傾向対策の検討と実施
　　自社の事故等の傾向が把握出来れば傾向に応じた対策を講じることが可能です。例えば、路線バスの車内人身事故の件数が全事故に占める割合を把握すること、さらに、発車時または制動時のいずれが多いかの傾向を把握することが出来れば絞り込んだ対策を講じることが可能となります。

　　仮に発車時の車内人身事故が多いのであれば以下の対策を検討して実施することが望まれます。
　　　・旅客が着席またはつり革等を掴むのを確認してから発車する。
　　　・着席を促すアナウンス（肉声）を行う。
　　　・緩やかな加速を心がける。
　　なお、事故等の傾向を把握するためには、年100件の事故があれば百分

率を用いた傾向が把握可能ですが、年20件程度の事故件数であれば5年間分を累積して傾向を把握すること、事故件数が少ないのであればヒヤリ・ハット件数との合算数で傾向を把握する等の工夫を凝らすことが望まれます。

2．重点対策の検討と実施

把握した複数の原因に応じて対策を講じることは、多くの対策を講じることになります。現場においては多くの対策を実施するよりも対策を絞り込んだ方が取り組みやすいことから、対策に優先順位を付けることが重要と考えられます。以下にポイントを記載します。

 a）複数の原因から1つの原因に絞り込むポイント
- 大事故：その原因から大事故が発生する可能性が高い原因
- 多発する事故：多発する事故、ヒヤリ・ハットの主な原因
- 現場の関心：多くのドライバーが関心を持っている原因

 b）対策の講じ方のポイント
- コスト、人員：その原因に対して、自社の予算及び人員体制を考慮して実際に対策を実施することが可能か。
- 安全意識：ドライバーへの「注意喚起・指導」だけでは、事故が防げないことを認識する。
- 具体的行動：ドライバーへの「注意喚起・指導」を対策とする場合、具体的に何をするのかを明確にする。

⑤ 効果の把握

リスク管理の取組みを向上させるためには、取組みによる効果を把握することにより、講じた対策の継続実施または見直し改善を図り、次の取組みに活かすことが重要になります。把握すべきポイントを以下に掲げました。

1．定量的な効果把握

事故の件数・大きさの推移、特に対策を講じた形態の事故（例示：発進時の車内人身事故）

2．事故防止の取組み方法

誰もが容易に取り組める方法・内容であったかの把握、取組みの実施率（例示：ヒヤリ・ハットの収集件数）

3．意識・雰囲気の向上

安全に対する社員の意識、雰囲気の変化（例示：ヒアリング、アンケート）

⑥ リスク管理をうまく進めるための環境整備

リスク管理は、上記①〜⑤の取組みを進めるための手順を作るだけでは、なかなか円滑に推進するものではなく、円滑に進めるための環境整備が重要となります。環境整備のためのポイントを以下に掲げました。

1．経営管理部門のリーダーシップ

組織は、経営側主導による働きかけには敏感に反応する傾向があります。また、現場は経営側の意向を受けて活動する方が動きやすく、リスク管理に必要な要員、資金も上申しやすくなるため、経営管理部門がリーダーシップを持って取り組まれることが望まれます。

具体的には、リスク管理を重視することを社内に周知し、リスク管理を担当する要員を指名する等を行うことです。

2．リスク管理の現状把握

組織におけるリスク管理に関する取組みは、種類、深さに違いはあるものの、何らかの形で実施されていることが多いと考えられます。まず、自社がリスク管理に関してどのような取組みを実施しているのか、取組みを改善するためには何が必要なのかを把握することが望まれます。

具体的には、リスク管理を担当する要員からのヒアリングという方法がありますが、専門的な第三者の視点で自社の取組みを評価してもらうことも一つの方法と考えられます。

3．リスク管理の体制

リスク管理の体制作りには、以下の3項目がポイントであり、自社の事業規模、業態、要員に応じて構築することが望まれます。

　　a）誰が何を担当するかという役割分担の整備
　　b）事故、ヒヤリ・ハット情報の収集から分析・対策に至るリスク管理の流れの整備
　　c）事故分析・対策立案を行う要員の育成

具体的には、役割分担については責任と権限の割り当て（組織図、職務規程）が必要であり、リスク管理の流れについては組織形態（本社、支社、営業所）に応じた現実的な流れを構築することが必要と考えられます。

さて、短期的に対応し難いのが「事故分析・対策立案」を行う要員の育成ですが、育成には、外部・内部の研修を通じての知見の確保と経験の積み重ねが必要となり、育成に向けた長期の視点も必要になると考えられます。以下ⅰ）〜ⅲ）を参考ください。

ⅰ）外部・内部の研修

　自社内で事故分析・対策立案の研修を実施することも可能ですが、一般的に研修プログラム、教材を自社内で作成するのは困難であり、基礎的な知識と分析・対策の流れを体験できる外部の研修を受講させるのが効率的と考えられます。

　また、外部研修の受講者が講師役を務めて内部研修を実施すれば、講師役を務める要員の力量向上と自社内での要員育成が期待できます。

　ⅱ）経験の積み重ね

　要員は、事故分析・対策立案の経験の積み重ねにより、事故・失敗から得られる教訓から事故の背景要因を広く深く分析する分析能力の向上が期待できます。

　ⅲ）育成に向けた長期の視点

　要員に経験を積み重ねるためには、安全を担当する部署に一定期間専従または兼職させる配慮が必要となり、育成に向けた長期の視点からは、経験を積み重ねる方法の一つとして、安全担当としてのキャリアを積ませる人事的な配慮を行うことにより、長期計画で経験豊富な人材を育成することも重要と考えられます。

　さて、一定規模以上の事業者であれば、事故分析・対策立案を行う要員は、現場の要員（例示：運行管理者）、現場管理部門（例示：営業所長、現場長）・本社安全担当部署（例示：安全推進課）、経営管理部門（安全統括管理者）の3層でそれぞれ安全に関する業務を担当していることが多いと考えられます。このため、安全を拠り所として段階的に組織全体の安全を俯瞰できる人材を育成するという方針を持つことが望まれます。

　事故分析・対策立案を行う要員の詳細については、139頁の「4章　5．事故分析・対策立案を行う要員の育成」を参照ください。

4．リスク管理の手順の明確化

　リスク管理は、以下の3つの手順が明確化されていることが望まれます。

　ただし、最初から難しい手順を導入するよりも自社のリスク管理の現状を踏まえて自社に合ったリスク管理の手順を導入することが望ましく、手順の運用に対する習熟度合いと活用状況に応じて段階的に手順を向上させるほうが取り組みやすいと考えられます。また、定めた手順を社内に周知することも重要です。

　　a）発生した事故については、事故報告書の様式、作成手順が策定されること

b） 事故に至らないヒヤリ・ハット等の事象は、事象を体験した運行（運航）者の自主的な報告に基づいて、例えば「ヒヤリ・ハット報告書」の様式、作成手順が策定されていること
c） 収集された報告書から傾向、傾向応じた対策の策定等の活用方法についても手順が明確化されていること

5．情報の流れを意識したリスク管理の実施

「ヒヤリ・ハット情報を現場から集める」「対策を現場に周知して実施する」など、リスク管理の各段階で、社内の情報の流れをよくすることが重要であり、そのためには、次の方法が考えられます。

・掲示物の掲示方法の工夫・改善
・経営陣の現場巡回や現場との意見交換の励行
・教育・安全担当部署と現場との意見交換の励行
・小集団活動の励行　など

6．全員参加による安全意識の向上

事故、ヒヤリ・ハットを報告するのは、現場の運行（運航）者であり、当初の事故対策を実行するのも一般に現場の要員になります。このため、全ての現場要員にリスク管理の目的、重要性の理解を促すことは経営管理側にとっても重要であり、リスク管理を通じて安全意識を向上させることが望まれます。

安全意識の向上のための全員参加の取組みには、次の方法が考えられます。

・リスク管理の研修、教育・訓練、小集団活動
・積極的にリスク管理に取り組んだ者に対する表彰
・経営管理側によるリスク管理の取組み説明
・安全をテーマとした社内シンポジウム、安全大会等の行事

7．リスク管理の取組みの見直し

運輸安全マネジメントは、取組みのPDCAを促しており、リスク管理の取組みについても見直し改善を行うことが重要です。見直し改善には、取組みの現状（効果）を定期的にチェックすることがポイントであり、次に掲げるような事項を指標として活用することが望まれます。

・事故の件数、大きさ、特に対策を講じた形態の事故の傾向
・自主的報告である「ヒヤリ・ハット報告」の件数、内容
・リスク管理の手順、方法についての課題
・安全意識、社内の雰囲気（例示：ヒアリングによるサンプル調査）

⑦ 輸送現場に潜在する危険の掘り起こし
  1．潜在する危険の掘り起こし
　　実際に発生した事象である事故、ヒヤリ・ハットは、発生した事象であり報告書という目に見える形で内容を把握することが可能ですが、「潜在する危険」とは、日常の業務に潜む事故につながるおそれがある事象を言います。

　　例えば、以下のような事例は、現に事故を惹起していないものの、事故を惹起する可能性が潜んでいると考えられます。輸送現場に潜在する危険の掘り起こしとは、このような、潜在する危険を明らかにして事故を未然に防ごうという取組みです。

　　　・ドライバーの身体機能（視力、動作の反応）の加齢に伴う変化に気づいていない。
　　　・新装開店したスーパーマーケット近辺の道路で歩行者が乱横断している。

  2．潜在する危険の掘り起こし方法
　　潜在する危険の掘り起こしは、次の方法により行うことができます。
　　　a）過去に起こった事故やヒヤリ・ハットの原因となった出来事を整理し、潜在する危険の典型的な事例を取りまとめる。
　　　b）潜在する危険の典型的な事例を、自分の業務に当てはめ、同じような事故が起こる可能性のある場所、業務、作業内容、時間帯などを検討する。

　　さて、簡単に思える「潜在する危険の掘り起こし」ですが、実践してみると「簡単にできないことをするのが仕事」であり「危険をある程度承知しても何とかするのがプロ」と意識しているドライバーには、潜在する危険を危険だと感じることが難しく、「危険を排除若しくは低減する」という発想に至らないことが想定されます。危険についての敏感度合いを「リスク感受性」という言葉で表現します。

　　リスク感受性の詳細については、135頁「4章　4．リスク感受性」を参照ください。

⑧ 対策をとる危険の絞り込み（リスク評価）
　　掘り出された潜在する危険は、非常に数が多くなることがあり、このため、掘り出されたもの全てに対し、一度に対策を講じようとしても優先順位付けに悩むことになります。そこで、次に掲げる事項について、対策をとるべき潜在する危険の優先順位を決め、優先順位の高いものから順番に対策を講じ

ることが望まれます。事故の可能性と重大性の組み合わせの例を図2-11に示しますので参考ください。
・その事象が起こる可能性（頻度）
・その事象が事故につながる可能性（頻度）
・事故が起きたときの影響の大きさ（重大性）

	小	中	大
ひんぱん	B	B	A
たまに	C	B	A
まれに	C	C	B

可能性 ↑
重大性 →

A：最優先
B：Aの次に対策を策定・実施
C：費用対効果がよければ対策を立てる
　　そのままリスクを保有することも

図2-11　事故の可能性と重大性の組み合わせの例

（2）親会社、グループ会社、協力会社、民間の専門機関等を活用

リスク管理における情報の分類・整理、対策の検討及び効果把握・見直しに親会社、グループ会社、協力会社、民間の専門機関等を活用することができます。

事業者において、自社のみでリスク管理に取り組むことが困難であると考えられる場合は、社外の知見や支援を活用し、リスク管理の取組みの促進を図ることが効果的です。

親会社、グループ会社、協力会社、民間の専門機関等の社外の活用に当たっては、「活用の範囲」を検討することが重要です。

① 専門的知見を要する事故分析の支援

　事故分析に活用する場合は、事故分析の業務経験が豊富で、自社の車両・運行の状況に詳しい社外（例：親会社、グループ会社、協力会社）を検討することが考えられます。

② リスク管理を行う要員の育成（研修、実地訓練）の支援

③ 情報の分類・整理、対策策定と実施、効果の把握を行う仕組みの構築の支援

　上記②、③を活用する場合は、職員の育成・仕組みの構築に関する業務経験が豊富な社外（例：民間の専門機関等）を検討することが考えられます。

特に要員の育成については、前記65頁に記載した通り、「事故分析・対策立案」を行う要員の育成は短期的な対応が難しく、外部・内部の研修を通じての知見の確保と経験の積み重ねが必要となります。このため、育成に向けた長期の視点から活用を考えることが必要になります。

(3) 報告することの重要性

① 報告することの重要性を周知浸透

報告することの重要性は、現場から的確な情報の報告が徹底されなくなると、経営管理部門は事故、ヒヤリ・ハット等の傾向を正確に把握できないため、傾向に応じた対策が講じられなくなります。

このため、報告することの重要性を現場の社員・職員に対して周知・浸透することが必要です。

② 報告者の自発的報告

現場に対して報告することの重要性を周知・浸透する際には、事故・ヒヤリ・ハット情報等を報告、提出することにより、報告者である職員が不利益な扱いを受けない、責任追及をされない旨もあわせて周知し、現場の社員・職員が報告することに消極的にならない環境を整備することも重要です。

(4) 他社・他モードにおける事故等の事例の活用

57頁の「(7) 事故、ヒヤリ・ハット情報等の収集・活用の4)」には、事業者は、事故等の再発防止・未然防止の観点から他の事業者や他のモードにおける事故等の事例を的確に活用する、と記載されています。

自社で惹起する事故の件数は、低位で推移しているのが一般的であり、事業規模によっては大事故を惹起したことがないという事業者も数多く存在します。

一方で、大事故を起こした事業者は、事故の原因究明に努め、直接的・間接的な要因を分析して対策を講じることにより事故の再発防止を行います。このような同業他社の事故事例は、他山の石として教訓を得るのに有効であり、自社の安全管理の現状と比較して同様の脆弱性があれば、予め対策を講じることにより事故の可能性を低減することが可能だと考えられます。

鉄道、海事、航空の事故であれば、「運輸安全委員会」のHPから事故報告書を入手することが可能であり、社会的影響の大きな事業用自動車の重大事故については「事業用自動車事故調査委員会」のHPから事故報告書を入手して活用することが可能です。

また、他の事業分野であっても、事故の背景要因が自社の実情と同様（例示：人手不足による採用基準の緩和に伴う技量低下）であれば、対岸の火事ではなく他山の石として活用されることが望まれます。

運輸安全委員会 HP
　　　http://www.mlit.go.jp/jtsb/
事業用自動車事故調査委員会 HP
　　　http://www.mlit.go.jp/jidosha/anzen/jikochousa/report2.html

---

（8）重大な事故等への対応
1）事業者は、事業者全体として対応しなければならないような程度・規模の重大な事故等（通常の事故等の対応措置では対処できない事故・自然災害、テロ等）が発生した場合に備え、（5）で定めた責任・権限を超えて適切かつ柔軟に必要な措置を講じることができるように、その責任者を定め、事故等の応急措置及び復旧措置の実施、事故等の原因、被害等に関する調査及び分析等に係る責任・権限等必要な事項を明らかにした対応手順を定め、事業者内部へ周知する。
2）1）の対応手順は、いたずらに複雑かつ緻密な手順とならないようにする。
3）事業者は、重大な事故等の発生時には、事故等発生の速報を関係する要員に伝達するとともに、適宜、事故等の内容、事故等の原因、再発防止策等を伝達し、全組織で迅速かつ的確な対応を図る。
4）事業者は、1）の対応手順を実効的なものとするため、必要に応じて、事業者の事業規模、事業内容に応じた想定シナリオを作成し、定期的に全社的な重大事故等対応訓練（情報伝達訓練や机上シミュレーションを含む。）を行う。
5）事業者は、必要に応じて、4）の訓練や過去対応した事故対応経験における反省点、課題等を取りまとめ、1）の対応手順、事故対応のための組織・人員体制、事故対応設備・資機材等の見直し・改善を図る。

【解　説】　この項目では、73頁の「（9）関係法令等の遵守の確保　④」の手順では対応が難しい重事故・自然災害、テロ等が発生した場合に備え、（1）重大な事故等に備えた対応の手順、（2）重大事故等の対応訓練について解説します。

　（1）重大な事故等に備えた対応の手順
　全社を挙げて対応する必要がある重大な事故、自然災害、テロ等に備えて予め対応の手順を作成することが重要になります。この場合、以下に掲げる事項について留意することが望まれます。

① 簡素な対応の手順
　1．緊急参集
　　　全社を挙げて対応する必要がある重大な事故、自然災害、テロ等を個別に定めて対応手順を作成するのは、複雑で労力を要する作業ですが、対応の初期段階で要求されるのは、事故等の対応について各種の判断ができる経営管理部門の要員を本社に緊急参集させることにあります。
　　　このため、まずは、緊急参集させるための手順を作成することが望ましく、重大事故の第一報を受けた要員が緊急参集を発動するために「緊急連絡体制図」、「緊急参集のためのメール一斉送信システム」の活用等が考えられます。
　2．応急措置、復旧措置、被害の把握等
　　　重大な事故、自然災害、テロ等が発生した場合、負傷者の救護、二次被害の防止を行った後に関係機関（消防、警察等の公的機関）への連絡を行い、会社に対して発生状況、被害状況等を連絡して全社的な対応を行うこととなります。このような対応手順については、法令で定められている他、発生時における対応と優先順位を簡潔に定めて誰もが即時対応できるようにしておくことが重要になります。
　　　また、通勤・行楽中に偶然事故に遭遇した社員についても、出社等を優先するのではなく、例えば、運行（運航）者の支援、負傷者救護、旅客の安全誘導を最優先する等を定めておくことも有効と考えられます。

（2）重大事故等の対応訓練
① 重大事故等の対応訓練の実施
　1．対応訓練の目的
　　　例えば、大雨による傾斜地の地滑りによる脱線、高速道路における車両火災、地震による津波警報を受けた沿岸部走行中の路線バス等を想定した対応訓練は、予め作成している対応手順の実効性を把握する目的として有効だと考えられます。
　2．情報伝達訓練、机上シミュレーション
　　　実際に輸送用機器を使用せずに、重大事故等を想定した情報伝達訓練や机上でのシミュレーションを実施することも、対応手順の実効性を把握するために有効だと考えられます。
　3．想定シナリオ
　　　訓練を実施する場合、事業規模、事業内容に応じた想定を行うこととなります。例えば、沿岸部を運行する路線バスの会社であれば、地震が発生

して津波警報が発令された想定シナリオを作成することは、会社として実際に発生する可能性がある重大事故等の訓練として有効であり、関係者の本気度が高まるものだと考えられます。

② 訓練、過去の事故体験に基づく見直し改善

重大事故等の訓練、過去の事故体験を振り返り、事故対応のための組織、人員体制、設備・機材、手順の見直し改善を図ることが重要になります。

地震による津波を想定した場合、路線バスの事業者であれば、以下の見直し改善が想定されます。

　　a）初動手順
　　　　停車、情報収集、営業所連絡　→　乗客を乗せたまま高い場所に移動
　　b）連絡機材
　　　　携帯電話　→　新たに設備したデジタル無線機
　　c）日頃からの備え
　　　　営業所が路線ごとに避難場所を定め、乗務員が当該避難場所の地図を確認

なお、訓練を実施する場合、毎年同じ想定シナリオを使用すると対応に習熟が図られる反面、馴れ（マンネリ化）が生じやすいことから、対応する現場を変更する等の工夫を凝らすことも望まれます。さらに、情報伝達訓練及び机上のシミュレーションの場合、緊急時の対応状況を事前に把握する観点から無通告で実施することも有効だと考えられます。

③ 重大事故等の対応を行う要員

重大事故等の対応を行う要員は、実際に重大事故等が発生することを想定した日頃からの準備と訓練を行うことが望ましいと考えられます。

訓練については、基礎的なレベルから実践的なレベルに移行するステップアップの手順とすること、人事異動を考慮すると「基礎的→実践的→基礎的→実践的」を繰り返す訓練サイクルが有効と思われます。

具体的な訓練としては、一例として、対応マニュアルの読み合わせ→ブレインストーミング→シナリオ有りの訓練→シナリオ無しの訓練がイメージできると思われます。

（9）関係法令等の遵守の確保

事業者は、次に掲げるような輸送の安全を確保する上で必要な事項に関し、関係法令等の規定を遵守する。安全統括管理者等は、各部門や各要員

> におけるそれらの遵守状況を定期的に確認する。
> ① 輸送に従事する要員の確保
> ② 輸送施設の確保及び作業環境の整備
> ③ 安全な輸送サービスの実施及びその監視
> ④ 事故等への対応
> ⑤ 事故等の是正措置及び予防措置

【解　説】　この項目では、輸送の安全を確保するためには、輸送現場における関係法令等で定められた手順に沿って、業務が的確に実施されることが不可欠であり、関係法令等を遵守することの重要性を改めて明確にしており、(1)関係法令等の規定を遵守すること、(2)遵守状況を定期的に把握することついて解説します。

（1）関係法令等の規定を遵守すること

　関係法令等の規定を遵守するためには、関係法令等を遵守する意識を持つことを前提に各種の関係法令を把握すること、各種法令に関する最新の改正情報を把握すること、最新の改正情報を必要とする各部門及び各要員に的確に周知することが重要になります。

　また、関係法令以外であって自社で遵守すべきと独自に定めた事項についても遵守の確保に向けた取組みが望まれます。

① 　関係法令等を遵守する意識

　　関係法令等は、輸送の安全を確保するために必要不可欠な事項であり、過去の事故の教訓等から事故予防に効果があると考えて定められています。関係法令を遵守する意識は、「決められているから遵守する」という受け身になりがちですが、「事故を予防するために積極的に遵守する」という前向きな姿勢が必要です。

　　経営管理部門は、法令を遵守できる環境を現場に提供すること、法令を遵守するために本気で取り組んでいることを具体的に示すこと、現場が法令を遵守することを尊ぶ雰囲気づくりに配慮することを通じて、前向きな姿勢を示すことが望まれます。

② 　各種の関係法令の把握

　　次の1．～5．に掲げるような事項に対する各種法令を把握することが重要になると考えられます。

　1．輸送に従事する要員の確保

　　　（例示）法令に基づいた要員数、運航（行）要員の資格、要員に対する

教育・訓練、業務に従事する時間・休息時間
2．輸送施設の確保及び作業環境の整備
(例示) 法令に基づいた輸送用機器の確保、安全基準の確保、要員のための休憩所等など労働安全衛生に関する作業環境の整備
3．安全な輸送サービスの実施及びその監視
(例示) 法令に基づいた運航（行）基準、運航（行）中止基準、緊急事態対応手順及び各種基準等の運用状況の監視等
4．事故等への対応
(例示) 法令に基づいた事故対応の手順、応急措置及び復旧措置のための実施体制の整備等
5．事故等の再発防止措置及び予防措置
(例示) 法令に基づいた事故等の原因を踏まえた再発防止措置、総点検の実施による事故の予防措置等
③ 各種法令に関する最新の改正情報の把握

各種法令に関する最新の改正情報を把握するための方法として、以下のようなものが挙げられます。
1．総務省HP「法令データ提供システム」の活用
　　http://law.e-gov.go.jp/cgi-bin/idxsearch.cgi
2．業界団体等からの法改正情報の活用
3．業界紙の活用
④ 最新の改正情報を必要とする各部門及び各要員に対する的確な周知

最新の改正情報は、必要とする各部門及び各要員に的確に周知すること、的確に周知する仕組みを構築して実施維持することが重要となります。

仕組みについては、最新の改正情報を収集する方法、周知する方法（例示：文書、メール、イントラ）を定めて、必要する部門及び要員の範囲を確定して、情報を発信する者と受け取る者を定めることにより運用することができます。

（2）遵守状況を定期的に把握すること

関係法令等の規定を遵守することの重要性を記載しましたが、遵守状況を定期的に把握することも重要です。遵守状況を把握することは、各部門及び各要員に対して経営管理部門が法令遵守に関して前向きな姿勢であることを示す効果があります。

また、遵守状況の把握により「容易に遵守することができる事項」と「容易に遵守することが難しい事項」の識別が可能となり、遵守することが難しい事

項を把握することは、遵守するための仕組みの見直し改善に役立ちます。

さらに、定期的な把握は、遵守状況の向上度合いを測るのに有効であり、自社の安全性の度合いを測る指標としても活用することができます。

把握の方法は、法令の規定に対応したチェックリストを用意して遵守状況を確認する方法、事業者団体等が公表しているチェックリストを活用する等も考えられます。(例示:全日本トラック協会 貨物自動車運送事業安全性評価事業評価項目、日本バス協会 貸切バス事業者安全性評価認定制度 全評価項目一覧)

---

(10) 安全管理体制の構築・改善に必要な教育・訓練等

1) 事業者は、安全管理体制の構築・改善の取組に直接従事する要員、即ち、経営トップ、安全統括管理者等、各部門の安全管理に従事する責任者及びその補助者等並びに安全管理体制に係る内部監査を担当する者に対して、運輸安全マネジメント制度の趣旨等の理解を深めるため、次に掲げる事項に関し必要な教育・訓練を計画的に実施し、その有効性、効果を把握し、必要に応じて、当該教育・訓練の内容等の見直し・改善を図る。

① 本ガイドラインの内容(運輸安全マネジメント制度の趣旨・ねらい、安全管理体制におけるPDCAサイクルの概念等を含む。)

② 安全管理規程の記載内容

③ 関係法令等

2) 1)の教育・訓練の内容は、安全管理体制の構築・改善の取組に必要とされるもので、要員が理解しやすい具体的なものとする。

3) 事業者は、<u>1)以外の現業実施部門の社員・職員の必要な能力の習得及び獲得した技能の維持のための教育・訓練・研修を計画的に実施し、その有効性、効果を把握し、必要に応じて、当該教育・訓練の内容等の見直し・改善を図る。</u>

4) 事業者は、<u>現業実施部門の管理者に対して、安全管理体制を運用する上で必要な能力を習得させるための教育・訓練・研修を計画的に実施する。</u>

5) 事業者は、「事故」体験を共有する取組を行う。

【解 説】 この項目では、(1)経営管理部門に対する教育訓練とその内容、(2)現場の従業員(現場要員)に対する教育・訓練・研修(研修等)、(3)

教育訓練の見直し改善（PDCAサイクル）、（4）現業実施部門の管理者、（5）事故体験を共有する取組みについて解説します。

安全管理体制の構築・改善に必要な教育・訓練等のポイントは、図2-12に示しますので参考ください。現場への教育・訓練は重要ですが、経営管理部門に対する教育・訓練も重要であることを意図して作図されています。

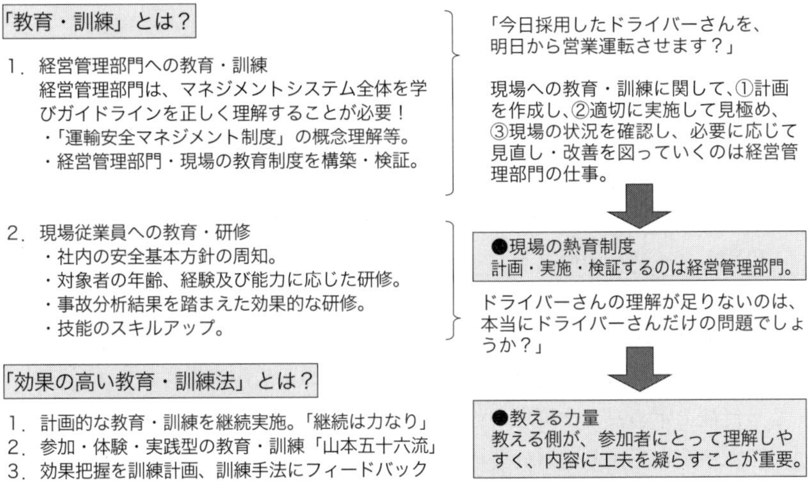

「教育・訓練」とは？
1. 経営管理部門への教育・訓練
   経営管理部門は、マネジメントシステム全体を学びガイドラインを正しく理解することが必要！
   ・「運輸安全マネジメント制度」の概念理解等。
   ・経営管理部門・現場の教育制度を構築・検証。

2. 現場従業員への教育・研修
   ・社内の安全基本方針の周知。
   ・対象者の年齢、経験及び能力に応じた研修。
   ・事故分析結果を踏まえた効果的な研修。
   ・技能のスキルアップ。

「効果の高い教育・訓練法」とは？
1. 計画的な教育・訓練を継続実施。「継続は力なり」
2. 参加・体験・実践型の教育・訓練「山本五十六流」
3. 効果把握を訓練計画、訓練手法にフィードバック

「今日採用したドライバーさんを、明日から営業運転させます？」

現場への教育・訓練に関して、①計画を作成し、②適切に実施して見極め、③現場の状況を確認し、必要に応じて見直し・改善を図っていくのは経営管理部門の仕事。

●現場の熟育制度
計画・実施・検証するのは経営管理部門。

「ドライバーさんの理解が足りないのは、本当にドライバーさんだけの問題でしょうか？」

●教える力量
教える側が、参加者にとって理解しやすく、内容に工夫を凝らすことが重要。

図2-12 安全管理体制の構築・改善に必要な教育・訓練等のポイント

（1）経営管理部門に対する教育訓練とその内容
① 教育訓練等の対象者

運輸安全マネジメントは、経営管理部門に対する働きかけを強めた制度ですが、経営管理部門が運輸安全マネジメントの概念を理解することにより全社的な安全管理体制が構築・実施・維持されるとの考えに基づいて、経営管理部門の教育を重視しています。

このため、ガイドラインでは、教育・訓練の対象は経営トップ、安全統括管理者、各部門の安全管理に従事する責任者及びその補助者等並びに安全管理体制に係る内部監査を担当する者と記載されています。

なお、教育訓練の対象者は、必ずしも経営管理部門に限定する必要はなく、例えば、将来において経営管理部門の要員となることが期待される総合職の新入社員、事故分析・対策立案を行う要員等、自社の考え方に応じて対象者を定めることが期待されます。

② 教育訓練の目的

　教育訓練の目的は、「運輸安全マネジメント制度」の趣旨等の理解を深めることですが、ガイドラインの目的にも記載されている「安全管理体制の自律的・継続的な実現と見直し改善」、「関係法令の遵守と安全最優先のモチベーション」、「安全文化の構築・定着」の３つの事項を念頭に置くことが重要と考えられます。

③ 教育訓練等の内容

　教育訓練の内容は、以下に掲げた事項が盛り込まれていることが重要と考えられます。理解すべき順番について特に定めはありませんが、PDCAサイクルの概念を早期に理解することにより、取組み全般の課題の把握と見直し改善を推進することができると考えられます。

１．「運輸安全マネジメント制度」の主旨・ねらい、安全管理体制におけるPDCAサイクルの概念等

　この主旨・ねらい、安全管理体制におけるPDCAサイクルの概念等については、国土交通省及び認定を受けた第三者による認定セミナーを受講し、受講した者が社内で研修を担当する等の方法が考えられます。

２．自社で定めた安全管理規程の記載内容

　安全を担当する部署の要員が、以下の観点に沿って自社の安全管理規程その他の手順書を読み合わせることも教育訓練の一環として有効と考えられます。

　　a) 自社の実態と安全管理規程との整合性に関する観点
　　b) 合理的・効率的な手順への見直しの観点
　　c) 自社の課題に安全管理規程等が対応できているかの観点

３．関係法令

４．その他

　事業者が外部に公表している輸送の安全に関わる情報（安全報告書）は、自社の輸送の安全に関する取組み全般が記載されていることが多く、教育訓練の教材として活かすことが可能です。自社の現状、安全投資の現状、課題に対する対応状況、近い将来に想定される課題等を把握して見直し改善状況を把握することも学習の一環として有効と考えられます。また、同業他社、他モード事業者の安全報告書は、自社の取組みの参考となることがあり、活用されることが望まれます。

④ 教育訓練等の時期、計画（有効性の把握含む）
　1．時期
　　　教育訓練の実施時期については、経営管理部門の要員が安全管理体制の構築・改善の担当となった際に実施することが望ましいと考えられます。新たな担当者に早期に教育を実施することにより自社の安全管理に関する取組みを継続維持させる効果が期待できます。
　2．計画（有効性の把握含む。）
　　　教育訓練の実施計画は、実施時期、対象者、内容（講師・プログラム・テキスト、外部セミナー）を定めることが重要と考えられます。具体的には、年度計画を作成して実施することになりますが、計画時点に各々の教育訓練の目的を定めて、目的に対する達成状況を把握する手順（例示：ヒアリング、アンケート等）を組み込むことが望まれます。
　　　また、教育訓練全般の取組みが自社の安全管理体制の構築・実施、見直し改善に有効であるかとの視点で計画全体を振り返ることも重要だと考えられます。
　　　なお、運輸安全マネジメントに関する考え方、取組みの手法については時間の経過とともに広がりを見せており、対象者に対して教育訓練を1回実施すれば十分と捉えず、新しい考え方・手法を積極的に学ぶことも計画に組み込むことは重要と考えられます。安全に役立つと思われる国土交通省その他機関のwebサイト、業界誌等で情報を収集しておくことが望まれます。
⑤ 経営管理部門に対する教育訓練の見直し改善
　　計画に基づいて経営管理部門に対する教育訓練を実施した後、目的に対する達成状況を把握することになります。ヒアリング、アンケート等から理解度を把握することは可能です。一方、教育訓練が安全管理体制の自律的・継続的な実現と見直し改善等に有効であるかを短期的に把握するのは困難だと考えられます。
　　このため、見直し改善も短期的に実施するのは難しいと考えられますが、手法の一つとして、内部監査、マネジメントレビュー等を通じて、有効性を判断することも可能だと考えられます。

（2）現場の従業員（現場要員）に対する教育・訓練・研修（研修等）
　現場要員に対する教育訓練は、法令で定められている事項は当然ですが、自社で必要と考えている能力の習得及び獲得した技能の維持のための研修等を計画的に実施することが重要であり、実施した研修等の有効性・効果を把握し、

必要に応じて研修等の見直しを図ることにより、さらに効果の高い研修等が実施できると考えられます。

① 現場要員に対して必要とする能力

現に自社で実施している研修等の内容は、法令で定められている事項を除き、自社が現場要員に対して必要とする能力と考えられます。実際に自社で実施している研修を目的別に分類すると現場要員に対して必要としている能力の全体像が描けると考えられます。

路線バスの事業者を例にして実際に行っている研修等を以下に整理してみると、階層別の研修、専門研修、その他研修に大きく分類され、対象者も一定程度整理されている傾向にありますが、従前からの取組みを継続実施するだけではなく、事業の変化（例示：業務拡大による人手不足、現場要員の高齢化）、事故の傾向等にも対応できるように研修等の全体像を俯瞰して見直し改善することが望まれます。

1．階層別の研修等

新任時研修、2年次研修、3年次研修、5年次研修、中堅研修、55歳到達時研修、再任用研修

階層別の研修は、全ての乗務員を対象に経験年数、年齢に応じて実施すべき内容で構成されており、初歩的な内容から段階的に高度な内容となり、年齢に応じて現場要員の能力低下を自らに気付かせるような研修も実施することがあります。

2．専門研修等

火災発生対応訓練、災害発生時訓練、雪道走行訓練、高齢者体験研修、車椅子乗客対応訓練、燃費向上運転研修、接遇研修

専門研修は、全ての乗務員を対象にテーマを定めて体験方式を採用することにより対応する能力を向上させることを目的としています。

3．その他

新任班長研修、指導運転士研修、運行管理者研修、助役研修、所長研修

その他の研修では、乗務以外の新たな担当職務に就いた者を対象に必要な力量を付与することが目的としています。

② 計画的な実施

現場要員に対して必要とする能力が把握され、研修等の対象者、プログラムが定まれば、実施計画を策定することになります。実施計画は、必要な要員に必要な研修等が必要な時に実施できるよう策定します。一般的には、年度当初までに年度内に実施する研修、日時、規模、内容を定めておくこと、

また、急遽、必要となった研修等あれば対応できるよう体制を整えておくことが重要と考えられます。
③　研修等の有効性・効果の把握
　　実施した研修等の有効性・効果を把握することが重要と考えられます。
　　研修の短期的な有効性・効果を把握するのであれば、効果測定（実技・筆記試験）、アンケート等で把握することが可能であり、長期的な有効性・効果を把握するのであれば、現場要員の意識の変化、事故等の状況を用いることも可能と考えられます。以下に掲げた事例を参考ください。
　１．雪道走行訓練を実施した場合
　　　例えば、受講者全員にチェーンを装着させ、何分以内に装着できたかを把握すれば、研修の有効性・効果が把握できる。
　２．経験の浅い乗務員による軽微事故の増加に対応するため採用後の３年間の研修を充実強化した場合
　　　例えば、受講者の軽微事故惹起率を経年把握すれば、研修の有効性・効果が把握できる。
　３．研修等の有効性・効果を網羅的に把握したい場合
　　　研修等の実施後、参加者の実践状況を現場巡回して把握する。
④　見直し改善
　　実施した研修等の有効性・効果を把握した後、当該研修等の見直し改善が重要であり、以下に掲げる３つの観点で捉えることが重要だと考えられます。
　１．事業・時代の変化の観点
　　　例えば、事業を拡大する場合、人手不足であれば労働力を確保するために新規採用の拡大、女性のさらなる活用、定年退職者の継続雇用を行うことが考えられます。
　　　このため、研修受講者の気質・前提となる常識が異なることから、従前からの研修プログラムで十分とは言えない可能性が生じることが考えられます。
　　　また、輸送用機器を利用する利用者（旅客）の高齢化も大きな変化であり、さらに、事業者に高いレベルでの対応を求める傾向が強くなっています。このような、事業・時代の変化に対応できるよう研修等の見直し改善を実施することが重要と考えられます。
　２．教える側の観点
　　　研修等の有効性・効果を把握したが、十分な効果が得られないと考えた場合、研修受講者に課題があると考えがちですが、以下に掲げる事項を考

慮して見直し改善を実施することが重要と考えられます。

　a）　教え方

　教える側は、教えたことが上手くできない理由を把握すること、理由に応じて教え方の工夫（例示：視聴覚教材の活用、座学と実習のバランスに配慮、プログラムの見直し）を凝らすことが望まれます。

　b）　教える前提、研修を受ける側の変化

　教える側の要員は、教える内容に精通しており、要求される技能に対応できる経験豊富なベテランであり、長期間（数年以上）教えている傾向が強く、教え方・内容について自信を持っていることが多いと思われます。

　一方、研修受講者は、例えば、車に興味がなくても職業としてドライバーを選択する人の割合の増加等から、教わる側の気質・前提となる常識は変化していることが挙げられます。

　研修等は、平均的な資質を持つ要員に平均的な研修を施すことにより、自社が現場要員に対して要求する能力が身につくことを前提としていますが、教える側は平均的な資質に変化が生じていることを念頭に置いた対応が望まれます。

3．中長期の観点

　実施した研修等の有効性・効果を把握したあとは、当該研修等の見直し改善することが重要ですが、速やかな効果を期待される研修もあれば、中長期の効果を期待される研修等も考えられます。

　例えば、経験の浅い乗務員による軽微事故の増加に対応するため、採用後の3年間の研修を充実強化した場合、短期的な効果は期待し難く、受講者の軽微事故惹起率の経年変化を把握する等、中長期の観点で効果を把握してから、見直し改善するという考え方も重要と思われます。

（3）教育訓練の見直し改善（PDCAサイクル）

経営管理部門、現場の従業員（現場要員）に対する教育訓練は、見直し改善を図ることが重要と考えらます。見直し改善に関する考え方のイメージは、次頁の図2-13に示しますので参考ください。

第2章 「平成29年ガイドライン」の解説

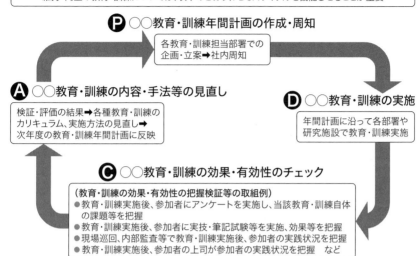

図2-13 各種教育・訓練のPDCAサイクル

(4) 現業実施部門の管理者

現業実施部門の管理者は、経営管理側の安全に関する考えを第一線の現場に伝える、現業管理部門の管理者が現場の安全に関する課題に気付く、現場の課題を経営管理部門に報告する等の役割を担っており、管理者の役割が安全管理体制の向上に重要だと考えられます。

このため、安全管理体制を運用するうえで必要な能力（以下の3つの力等）を習得させるための教育・訓練・研修を計画的に実施することが望まれます。

1．伝える力（説明する力）

　　経営管理部門の考えを現場に伝えるのは現業実施部門の管理者であり、現場に伝えるべきことを現場に理解しやすく、現場視線で伝える力（説明する力）

2．気付く力（リスク感受性）

　　現場での発生課題（リスク）、発生する可能性がある課題（リスク）に気付くべきは現業実施部門の管理者であり、現場で起きていること、起きそうなこと（人、もの、システム）に気付く力

3．報告する力

　　経営管理部門に現場の状況を伝えるのは現業実施部門の管理者であり、現場のリスク（起きていること、起きそうなこと）を経営管理部門に改善

提案を添えて報告する力

(5) 事故体験を共有する取組み

事故体験を共有するとは、事故が発生した場合、利用者、自社、自分自身がどういうことになるのかを具体的にイメージすることにより、安全を最優先する意識を強く持つこと、また、過去の事故（失敗例）を教訓に安全を確保するための各種対策（ハード、ソフト、システム）が講じられてきた経緯を知ることにより、同種の事故を未然防止することの2つを目的としています。

1．具体的なイメージ

具体的なイメージを得るためには、視聴覚に訴える、疑似体験等が有効と考えられ、次に掲げる事例等が見られます。具体的なイメージを得るための手法に特段の定めはなく、自社として有効と考えられる取組みを推進することが望まれます。

　　a）　事故の展示館・過去の事故映像

事故経緯をパネル展示し事故時に損傷した実物部品を展示している事故の展示館・事故映像の放映等は臨場感があります。

　　b）　シミュレータ

事故を疑似体験できるシミュレータは事故の状況を運行（運航）者の立場で状況と経緯が把握可能です。

　　c）　事故体験者の経験談

事故体験者の経験談は何が起きたのかを直接聞くことができます。

　　d）　自社・他社の事故事例を研修教材に活用

研修教材に活用する場合は、事故の経緯、原因、背景要因、対策、対策の効果、得られた教訓等を一括して学習することができます。

2．「事故体験の共有」取組みのポイント

「事故体験の共有」は、2つの目的があることを記載しましたが、取組みのポイントは、2点あると考えられます。

　　a）　風化

経営管理部門にとっては常識である過去の事故は、必ずしも最近入社した若い世代にとって常識ではないと考えられます。事故の記憶は、事故体験の共有を図らないと瞬く間に風化すると考えられます。

　　b）　他山の石

異業種の事故、同業他社の事故等を問わずに、共通する要因が事故等の背景に存在する事例があると思われます。例えば、事業規模の拡大に見合う整備要員を配置できないため不十分な整備状態のままで運行（運航）したと

いう事例は、事業規模と安全確保の体制のバランスを見誤ったヒューマンエラー（HE）と捉えれば、自社にとっても他山の石とすべきと考えられます。

(11) 内部監査
1) 事業者は、安全管理体制の構築・改善の取組に関する次の事項を確認するために内部監査を実施する。なお、内部監査の範囲は、安全管理体制全般とし、経営トップ、安全統括管理者等及び必要に応じて現業実施部門に対して行う。また、事業者は、必要に応じて、<u>親会社、グループ会社、協力会社、民間の専門機関等</u>を活用して内部監査を実施することもできる。
 ① 安全管理体制の構築・改善の取組が、安全管理規程、その他事業者が決めた安全管理体制に関する規程・手順に適合しているか。
 ② 安全管理体制が適切に運営され、有効に機能しているか。
2) 内部監査の一般的な手順等は、以下のとおりである。
 ① 事業者は、監査対象となる取組状況、過去の監査結果等を考慮して、監査方針、重点確認事項等を含めた監査計画を策定する。
 ② 事業者は、監査の範囲、頻度及び方法を定めて、経営トップ及び安全統括管理者等に対しては、少なくとも1年毎に内部監査を実施する。さらに、重大事故等が発生した際は適宜必要な内部監査を実施する。
 ③ 内部監査を担当する者（以下「内部監査要員」という。）は、監査終了後、監査結果を速やかに取りまとめ、経営トップ及び安全統括管理者に報告するとともに被監査部門関係者に監査結果を説明する。
 ④ 被監査部門の責任者は、監査で指摘を受けた点に対して、必要な是正措置・予防措置を実施する。
 ⑤ 事業者は、執られた措置内容の検証を行い、検証内容を<u>経営トップ及び安全統括管理者に報告する</u>。
3) 内部監査の実施にあたっては、以下の点に留意する。
 ① 経営トップ等は、<u>内部監査の必要性・重要性</u>を事業者内部へ周知徹底する等の支援を行う。
 ② 事業者は、内部監査を受ける部門の業務に従事していない者が監査を実施するなど、監査の客観性を確保する。
 ③ 事業者は、内部監査要員に対して、<u>他部署に展開することが望ましいと思われる優れた取組事例の積極的な収集・活用や是正措置・予防</u>

> 措置の提案などが内部監査の重要な要素の一つであることを伝え、理解を促す。
> ④ 事業者は、内部監査要員に対して、内部監査を効果的に実施するため、内部監査の方法等について必要な教育・訓練を実施する。
> ⑤ 事業者は、内部監査の取組状況や内部監査要員の力量を定期的に把握・検証し、必要に応じて、内部監査の方法や内部監査要員に対する教育・訓練などの見直し・改善を図る。
> (注) 安全管理体制に係る内部監査の取組の具体的手法等については、国土交通省大臣官房運輸安全監理官室が公表した冊子「安全管理体制に係る内部監査の理解を深めるために」を参照願う。

【解　説】 この項目では、(1) 内部監査の範囲、(2) 親会社、グループ会社、協力会社、民間の専門機関等の活用、(3) 内部監査で確認する事項(適合性、有効性)、(4) 内部監査の手順、(5) 内部監査の重要性の周知、(6) 内部監査要員、(7) 内部監査の見直し改善について解説します。

　内部監査については、難しい取組みとのイメージを抱きがちですが、安全管理体制の構築・改善の取組みに関しての気付き(認知)が得られて、見直し改善に繋げることが重要であり、以下の(4)に記載した内部監査の方法・手順とは別に自社の考え方に応じた方法・手順で実施しても差し支えありません。

　ただし、先ずは実践して課題を見出すことがポイントであり、実践しながら自社に応じた方法・手順に見直すことが重要と考えられます。

(1) 内部監査の範囲

　ガイドラインに記載されている内部監査を要約すると、経営トップを含む経営管理部門等に対して、社内の要員(社外の人材含む)が安全管理体制全般を対象に安全管理体制に関する規程・手順に対する適合性及び安全管理に関する取組みの有効性を確認して課題を把握して見直し改善を行う一連の取組みとなります。

① 内部監査の範囲

　内部監査の範囲は、安全管理体制全般とし、経営トップ、安全統括管理者等の経営管理部門及び必要に応じ現業実施部門に対して実施します。

　経営管理部門、現業実施部門における内部監査の対象範囲は、自社の安全に関する考え方に応じて定めるべきですが、安全を担当する部署(例示：安全推進部)、運輸事業を直接担当する部署(例示：運輸部、事業部、船舶部)及び運輸事業を直接実施する部署(例示：営業所)を対象とすることも考え

られます。
② 経営トップに対する内部監査
　経営トップは、一般に業務を行う手順書を持たないため、「実施している／実施していない」という適合性監査に馴染まないことから、安全に関する各種の取組みに関する課題に対応するための投資を含む指示、報告、達成状況に基づく評価、見直し改善の状況を把握する有効性監査を実施することが望まれます。
　具体的な方法としては、以下に掲げる3つの方法がありますが、この3つに限定されるものではなく、監査側、被監査側にとって気付きが得られ、意義があり、有効であると思われる方法を考えて選択することが望まれます。
１．インタビュー
　経営トップに対して内部監査要員が直接インタビューする方法
２．発言、発信及び記録の確認
　経営トップの発言（会議、年頭の挨拶）、社内外への発信（社内報、安全報告書）マネジメントレビューの記録等に基づいて実施する方法
３．安全に関する会議体の活用
　安全に関する会議（例示：安全推進委員会）に同席して、安全に関する議題に対する議論を見聞きして実施する方法
③ 安全統括管理者に対する内部監査
　安全統括管理者は、一般に経営トップと同様に業務を行う手順書を持っていませんが、安全管理に関する各種手順に業務が定められていることが多く、適合性監査と有効性監査の双方の観点から監査を実施することができると考えられます。
　安全統括管理者及びその他の経営管理部門に対する内部監査の具体的な方法は、「インタビュー」、「発言、発信及び記録の確認」、「安全に関する会議体の活用」が考えられますが、手順に業務が定められていることも多いため、定められた手順の実施状況とその見直し改善に重点を置いてチェックリストを用いる適合性監査も活用できると考えられます。

（2）親会社、グループ会社、協力会社、民間の専門機関等の活用

　監査は、一般に社内の要員を内部監査要員に指名して行いますが、親会社、グループ会社、協力会社、民間の専門機関等を活用して内部監査を実施することも可能です。
　社外を活用するのは、以下の理由による場合が考えられます。
① 自社に適任者がいない等の理由で取組みが困難な場合

②　監査手法を学びたい場合
③　社内の内部監査員による監査では新たな気付きが得られなくなった場合等

このように、自社のみでは内部監査に係る取組みが困難と感じる場合には、親会社、グループ会社、協力会社、民間の専門機関等に内部監査の実施またはOJT（On the Job Training）を含む教育訓練の支援を仰ぐことも考えられます。

ただし、自社以外の要員は、自社の業種、業態、業務及び輸送の安全に関するリスクについて必ずしも詳細な知見を有していないため、被監査部門の取組みを詳細に内部監査することについては限界があることを予め理解し、以下の事項に留意する必要があります。

① 実施主体・責任の所在
　　内部監査を委託する場合であっても、実施主体・責任は内部監査を受ける事業者側にあること
② 双方向のコミュニケーション
　　監査を全て委ねるのではなく、監査の対象、範囲、時期、監査チームの力量、実施方法、報告等について認識の相違が発生しないよう双方向のコミュニケーションを図ること
③ 実施した内部監査の有効性
　　内部監査の結果について、その有効性・有益性について評価できる仕組み（被監査側からの監査実施者に対する評価等）の導入を図り、評価に応じて、社外の選任見直し、監査方法の見直しを図ること

（3）内部監査で確認する事項

① 内部監査で確認する事項
　内部監査で確認する事項は、以下の2つに大きく分けることができます。
　　・安全管理体制に関する規程・手順書に対する適合性の確認を行う適合性監査
　　・安全に関する各種の取組みが適切に運営されているか、有効に機能しているかの確認を行う有効性監査
② 適合性の確認（適合性監査）
　適合性の確認とは、組織が定めた業務手順に業務が適合しているかを確認することとイメージすると理解しやすいかもしれません。組織が定める業務手順の必要性と運用及び適合性監査のイメージを解説します。
　　1．組織が定める業務手順
　　　組織は、組織の目的を達成するために組織体制を整備して、部署ごとに

業務を定めています。業務を定められた部署は、業務の手順を定めて手順に従って業務を行うことにより、誰が当該業務に就いても業務が実施できるよう手順の標準化を図り、業務記録を作成するのが一般的な運用と考えられます。

2．適合性監査のイメージ

適合性監査をイメージするのであれば、例えば、路線バスにおいて利用者からの料金収受に関する業務手順を思い浮かべると、利用者からの適正運賃の収受・交通系 IC カードのチャージ等を行って料金箱を営業所に持ち帰る、営業所は路線ごとの売上を計算して記録する、という手順をイメージします。

この場合、全乗務員及び全営業所に同一の現金収受と売上管理に関する各種手順が必要になり、手順通りに実施されているかを業務監査で確認しています。この業務監査が適合性監査に近いイメージと考えられます。

現金収受と売上管理に関する各種手順について、例えば、事故削減目標に基づく取組み計画の実施手順・進捗管理に置き換えれば、適合性監査で見るべきポイントのイメージが容易になると思われます。

③ 有効性の確認（有効性監査）

有効性の確認とは、「安全管理体制が適切に運営され、有効に機能しているか。」とガイドラインに記載されていますが、安全に関する各種の取組みに関する課題（リスク）に対応するための投資を含む指示、報告、達成状況に基づく評価、見直し改善の状況を把握することとイメージすると理解しやすいと思われます。

なお、理解のために具体的な事例を以下に掲げていますが、安全確保に関する全体または個々の取組みが目標に対してどのように貢献しているかを把握し、より貢献させるための見直し改善をどのように行っているかを把握することだと捉えると、いっそう具体的にイメージできると思われます。

1．課題（リスク）に対する対応の有効性の確認

有効性の確認をイメージするために以下の３つの事例を掲げています。

a） 事業拡大（路線バス事業者）の対応

例えば、路線バスの事業者が路線譲渡等により路線が拡大する場合、路線拡大に伴う増員・増車の課題（リスク）に対応するため、要員の採用・教育）、車両の調達・保守整備、増員・増車に対応するために営業所の整備等の安全投資を行います。

経営管理部門は、このような安全投資を行った組織が安全確保に的確に

取り組むことができるかについて、例えば、事故・苦情・添乗監査等の報告を受けて安全確保に対する達成状況を把握して、必要があれば、追加の安全投資を行い、その地域ならではの特性（例示：高齢者が多い）があれば従前からの業務手順、運行ダイヤ等を見直すこととなります。

　この例示からは、課題（リスク）に対応するための輸送の安全を確保するための安全投資、安全重点施策等の検討状況、安全目標の達成状況、安全目標を達成するための取組みの見直し改善（PDCAサイクル）状況から有効性が確認できると考えられます。

　　ｂ）　路線バス会社の車内人身事故の対応
　一般に、安全重点施策で定める事項は、自社の課題（リスク）への対応と捉えることができます。仮に路線バスの会社が「車内人身事故削減20％」という目標と３つの計画（１．車内アナウンスの推進、２．着席確認後の発進、３．緩やかな発進停止）に取り組むのであれば車内人身事故が自社の課題（リスク）と捉えられます。

　この事例の課題（リスク）に対する取組みの有効性については、計画した成果が削減率で示されるため定量的に有効性の確認が可能であり、また、計画に基づいて実施した個々の取組みの成果に応じた見直し改善（PDCAサイクル）状況から有効性が確認できると考えられます。

　　ｃ）　勤続年数の短い運転者による事故の対応
　例えば、入社２年未満の運転者が全事故の５割を惹起しているトラック事業者であれば、入社２年未満の運転手の事故が自社の課題（リスク）と捉えられます。

　課題（リスク）に対応するために、１．入社２年未満運転手の事故件数・内容を収集して傾向を把握して傾向に応じた運転技能訓練の強化、２．点呼時における声掛けの活性化、３．営業所長による個人面談の実施、４．添乗（業務監査）強化による運転技能の確認・指導等を講じた結果、事故件数・内容が低減・軽減するのであれば、課題に対して実施された上記１．～４．の取組みの見直し改善は、有効性があったと確認できるものと考えられます。

（４）内部監査の手順
　内部監査の一般的な手順は、次頁の図２-14に示しますので、全体の流れをイメージください。

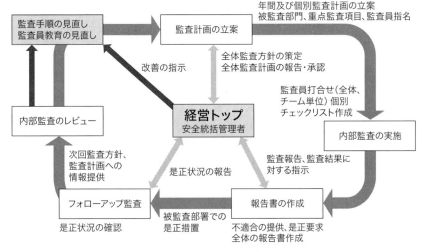

図2-14　内部監査の流れ

① 監査計画

監査計画では、内部監査の範囲、監査の対象となる経営管理部門等、監査を実施する内部監査員、実施時期・頻度、実施方法、重点監査項目を策定します。

１．内部監査の範囲、監査の対象

内部監査の範囲は、安全管理体制全般とし、経営トップ、安全統括管理者等の経営管理部門及び必要に応じ現業実施部門に対して実施します。

２．内部監査員

内部監査員は、教育・訓練を受けた内部監査要員から指名します。

３．実施時期・頻度

実施時期は、自社の輸送の安全確保に関する取組み計画の時期に応じて設定することが望ましく、4月から翌年3月までの取組み計画を策定しているならば、ある程度取組みが進捗した時期であってマネジメントレビューの実施時期以前が望ましいと考えられます。

これは、取組み未着手の段階では取組み状況が確認し難く、マネジメントレビューの実施時期以前とするのは、内部監査の結果をマネジメントレビューに反映するためです。

また、頻度については、取組みが12月単位で実施されていることが多いことから、少なくとも1年ごとに実施することが望まれ、重大な事故等が発生した場合は、臨時に内部監査の実施を検討することも望まれます。

4．実施方法

実施方法については、被監査部署に応じて工夫することになりますが、適合性監査、有効性監査を組み合わせながら、インタビュー、記録の確認等により実施することになります。

5．重点監査項目

内部監査において特に重視して監査する項目を重点監査項目と言います。例えば、今年度は、経営管理部門と現業実施部門のコミュニケーション強化を図るという重点目標を設定して取組み計画に盛り込んだのであれば、コミュニケーション強化の取組み計画の進捗状況とその有効性を重点監査項目にするという考え方であり、自社の考え方に応じて設定することが望まれます。

② 監査の客観性

監査の客観性とは、被監査部署の業務に従事しない者が監査員となって監査を実施することです。

一方、例えば、2名で構成される監査チームが被監査部署を監査する場合、1名が被監査部署の業務に従事していることを自社の手順として認めていることがあります。これは、監査チームに被監査部署の業務に従事している者を1名参加させることにより、当該部署の業務内容を広く深く監査することを目的としており、監査チームの専門性を高めることを目的としています。このように監査の客観性に配慮しつつ有効な監査となるよう工夫を凝らすことも重要です。

③ 監査結果の取り扱い

監査結果は、被監査部署、経営トップ及び安全統括管理者等に報告します。報告を受けた被監査部署は、報告内容に応じて是正措置、予防措置[注4]を講じます。

また、取りまとめられた監査結果の報告は、マネジメントレビューの際に安全管理体制の現状に関する情報として活用することが重要です。

(注4) 是正措置及び予防措置の考え方は、100～101頁を参考ください。

（5）内部監査の重要性の周知

内部監査は、自社の安全管理体制を見直す取組みとして重要ですが、一方で監査を受ける被監査部署からは「あら探し」と見られる傾向があること、また、監査する側も「何か課題を見つけ出す」という意識を持つ傾向があります。このため、双方に信頼関係が築けないまま監査を実施すると前向きな取組みにな

りません。

経営トップは、内部監査が安全管理体制を見直す重要な取組みであること、監査側、被監査側双方が信頼関係を築きつつ前向きに監査を行うこと、監査における指摘をマイナス評価として捉えないこと等を社内に周知することが重要です。

(6) 内部監査要員
① 内部監査要員の教育・訓練

内部監査要員は、一般に社内の要員を指名して育成します。内部監査要員に付与することが望まれる教育・訓練は、以下に掲げる事項が考えられます。

1．自社の輸送業務、安全業務に関する知識、経験

充実した内部監査を実施するためには、自社の輸送業、安全業務に関する知識・経験が必要となります。経験は教育・訓練で付与し難いものですが、過去の経験を知識化(テキスト、経験談)するのも手法の一つと考えられます。

なお、経験豊かな内部監査要員は、被監査部署において見出された事項(課題)に対する解決策についての提案、相談すべき者・機関を示すことが期待されます。

2．内部監査に関する基本的な知識

内部監査に関する心得、手法(インタビューの仕方、記録の確認の仕方)等に関する一定程度の基本的な知識は必要であり、当初は外部機関が主催する研修・セミナーに参加することも意義があります。ただし、外部機関で得られた知識がそのまま自社の内部監査に応用できるとは限らないため、学んだ知識を基礎に工夫を凝らすことが望まれます。

3．理解しておくべき手法

内部監査は、「あら探し」ではないと前述しましたが、内部監査結果として数多くの事項が見出され、報告されることがあります。全ての見出された事項について是正を求めても事項の影響の大きさ・個数から判断して被監査側が速やかに対応できないと考えられるのであれば、見出された事項の報告方法を再考する必要があります。

見出された事項が多い場合における対応の手法について、以下掲げた3つの事項を参考にされることが期待されます。特にc）の優良事項は、信頼関係を築くためにも積極的に見出すことが期待されます。

a）見出された事項の是正を求める場合（是正要求事項）

見出された事項が重大で緊急に対応を要する事項（例示：法令要求事

項）であれば、是正を求め改善状況の報告を求めます。
    b）　見出された事項の是正を求めない場合（観察事項／所見）
　見出された事項が速やかに是正を求める内容ではないが、将来的に問題となる可能性がある場合、事実関係と所見は記載しますが、特に是正を求めることなく、次回の内部監査で確認します。
    c）　見出された事項を褒める場合（優良事項）
　見出された事項が秀でている取組み等である場合、報告書に記載するとともに、積極的に経営管理部門に報告して、社内で共有します。
②　力量の把握、教育訓練の見直し改善
　内部監査は、内部監査要員の力量によって出来映えに大きな差が生じると考えられます。
　力量とは、安全管理体制の取組み状況を監査して課題（リスク）を見出す力、被監査部署に課題（リスク）を説明する力、被監査部署と協力して課題（リスク）を解決する力、さらには、被監査部署から信頼を得る力等が考えられます。
　このため、内部監査を実施する内部監査要員の力量を把握して、内部監査の方法及び教育訓練の見直し改善に繋げることが重要です。
　力量を把握するためには、以下に掲げる3つの方法等が考えられますが、自社に合った方法を選ぶこと、また、試行を繰り返すことにより最適な方法を模索することが重要です。
　1．被監査側に内部監査の感想を聴取
　2．監査報告書に被監査側のコメントを記載
　3．安全統括管理者または安全を担当する管理者を内部監査に同席
　（7）内部監査の見直し改善
　内部監査の方法、内部監査要員に対する教育訓練等を網羅的に見直し改善することは、内部監査の取組みの実効性を高めるために重要と考えられます。例えば、全ての内部監査が終了した時点で内部監査を担当した全ての内部監査要員を集め、問題点を収集して見直し改善を行うことが重要と考えられます。
　また、同業他社が実施している内部監査の方法等についても、可能な範囲で情報収集して見直しの材材として活用することも望まれます。

---

(12) マネジメントレビューと継続的改善
　1）マネジメントレビュー

① 経営トップは、事業者の安全管理体制が適切に運営され、有効に機能していることを確認するために、安全管理体制の機能全般に関し、少なくとも１年毎にマネジメントレビューを行う。さらに、重大事故等が発生した際は適宜実施する。
② 経営トップは、マネジメントレビューの際に、例えば以下に示す安全管理体制に関する情報を確認し、安全管理体制の改善の必要性と実施時期、必要となる資源等について検討を行う。
・社員・職員への安全方針の浸透・定着の状況
・安全重点施策の進捗・達成状況
・情報伝達及びコミュニケーションの確保の状況
・事故等の発生状況
・是正措置及び予防措置の実施状況
・安全管理体制の実施状況及び改善の必要性の有無
・内部監査の結果
・改善提案
・過去のマネジメントレビューの結果に対する対応状況
・外部からの安全に関する要望、苦情
・国の保安監査や運輸安全マネジメント評価の結果
・その他必要と判断した情報　など
③ マネジメントレビューの具体的な実施体制、方法は、事業者の安全管理の実態に見合ったものとする。
④ 経営トップは、マネジメントレビューの結果として、例えば以下に示す事項を決定する。
・今後の安全管理体制の構築・改善に関する取組目標と計画（次年度の安全重点施策を含む。）
・輸送の安全に関する取組の手順・方法の見直し・改善
・輸送の安全に関する組織・人員体制の見直し・改善
・輸送の安全に関する投資計画の見直し・改善　など

2）継続的改善（是正措置及び予防措置）
　　事業者は、「マネジメントレビュー」、「内部監査」又は日常業務における活動等の結果から明らかになった安全管理体制上の課題等については、その原因を除去するための是正措置を講じ、輸送の安全に関する潜在的な課題等については、その原因を除去するための予防措置を適時、適切に講じる。是正措置及び予防措置を実施する際には、以下に定める

手順で行う。
① 明らかとなった課題等及び潜在的課題等の内容確認
② 課題等の原因の特定
③ 是正措置及び予防措置を実施する必要性の検討
④ 必要となる是正措置及び予防措置の検討・実施
⑤ 実施した是正措置及び予防措置の事後の有効性の評価

(注) マネジメントレビュー及び継続的改善の取組の具体的手法等については、国土交通省大臣官房運輸安全監理官室が公表した冊子「安全管理体制に係る「マネジメントレビューと継続的改善」の理解を深めるために」を参照願う。

【解　説】　この項目では、(1)マネジメントレビュー、(2)継続的改善について解説します。

(1) マネジメントレビュー

マネジメントレビューは、安全管理体制に関する運営が有効に機能していることを確認するための総括と捉えると理解しやすく、そのポイントと流れは、図2-15に示しますので参考ください。

〈ポイント〉
●予算と連動したマネジメントレビューが必要（実効性の確保）。
●内部監査結果等を踏まえ、安全マネジメント態勢の機能全般に対し、少なくとも1年ごとに見直しをする⇒継続的に改善。

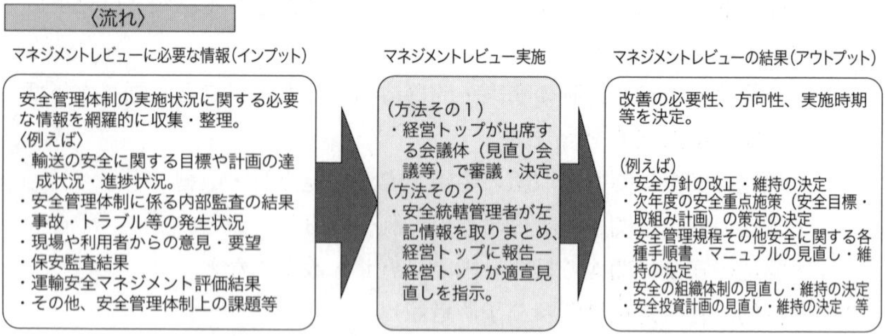

〈流れ〉

マネジメントレビューに必要な情報(インプット)

安全管理体制の実施状況に関する必要な情報を網羅的に収集・整理。
〈例えば〉
・輸送の安全に関する目標や計画の達成状況・進捗状況。
・安全管理体制に係る内部監査の結果
・事故・トラブル等の発生状況
・現場や利用者からの意見・要望
・保安監査結果
・運輸安全マネジメント評価結果
・その他、安全管理体制上の課題等

マネジメントレビュー実施

（方法その1）
・経営トップが出席する会議体（見直し会議等）で審議・決定。
（方法その2）
・安全統括管理者が左記情報を取りまとめ、経営トップに報告―経営トップが適宜見直しを指示。

マネジメントレビューの結果(アウトプット)

改善の必要性、方向性、実施時期等を決定。

〈例えば〉
・安全方針の改正・維持の決定
・次年度の安全重点施策（安全目標・取組み計画）の策定の決定
・安全管理規程その他安全に関する各種手順書・マニュアルの見直し・維持の決定
・安全の組織体制の見直し・維持の決定
・安全投資計画の見直し・維持の決定　等

図2-15　マネジメントレビューのポイントと流れ

① マネジメントレビューの目的、範囲、頻度

マネジメントレビューは、安全管理体制が適切に運営され、有効に機能していることを確認する目的で行います。そのため、安全管理体制の機能全般

を対象範囲として少なくとも1年ごとに実施すること、安全確保に関する1年間の取組みを総括して翌年の計画に活かすことが重要です。
② マネジメントレビューに必要な情報（インプット）
　マネジメントレビューを実施する際に必要となる情報は、例えば、以下に掲げる事項が考えられます。
　1．社員・職員への安全方針の浸透・定着の状況
　2．安全重点施策の進捗・達成状況
　3．情報伝達及びコミュニケーションの確保の状況
　4．事故等の発生状況
　5．是正措置及び予防措置の実施状況
　6．安全管理体制の実施状況及び改善の必要性の有無
　7．内部監査の結果
　8．改善提案
　9．過去のマネジメントレビューの結果に対する対応状況
　10．外部からの安全に関する要望、苦情
　11．国の保安監査や運輸安全マネジメント評価の結果
　12．その他必要と判断した情報　など
③ マネジメントレビューの結果（アウトプット）
　マネジメントレビューを実施した結果として、例えば、以下に掲げる事項を決定することが考えられます。
　1．今後の安全管理体制の構築・改善に関する取組み目標と計画（次年度の安全重点施策を含む。）
　2．輸送の安全に関する取組みの手順・方法の見直し・改善
　3．輸送の安全に関する組織・人員体制の見直し
　4．輸送の安全に関する投資計画の見直し改善　など
④ 実施体制、方法
　マネジメントレビューは、経営トップが主体的に関与することが重要ですが、具体的な実施体制、方法等については、自社の安全管理の実態に見合ったものであることが望まれます。具体的には、以下に掲げる実施方法が考えられます。
　1．会議体の活用
　　経営トップが出席する既存の会議体若しく安全に関する議論を行う会議体（例示：安全推進委員会）を活用する方法が考えられます。

2．職制を通じた上申

　安全管理を担当する部署が1年間の振り返りと翌年の計画案を策定して職制を通じて安全統括管理者、経営トップに上申する方法が考えられます。

⑤　マネジメントレビューのポイント

1．脆弱性に対する対応

　安全を確保するための取組みを進めるうえで、補強することが望まれる事項（脆弱性）に対する対応状況を確認して翌年の安全投資（経営資源：人材、機器、資金）の判断に活かす観点でマネジメントレビューを行うことがポイントになります。

　例えば、輸送用機器の代替え促進、新規採用者の研修強化、貨物の仕分け・配送手順の標準化の強化が脆弱性に対する対応であれば、その状況をマネジメントレビューで確認することが望まれます。

2．予算との連動性

　安全を確保するための取組みを行うためには、予算の必要性があります。このため、翌年または翌年度の予算と取組みを連動させることがポイントになります。具体的には、取組みに内容に応じた予算を念頭に置いておくことが重要であり、マネジメントレビューの実施時期を予算立案する時期に併せて実施することも一案と考えられます。

3．マネジメントレビューで使用する資料

　マネジメントレビューで使用する資料は、経営トップ、安全統括管理者等の経営管理部門が目を通して議論する資料です。多くの場合、自社の1年間または過去数年間の課題（リスク）と課題への対応状況が簡潔かつ定量的に記載されています。

　事故が課題（リスク）であれば、事故の発生状況と事故対策の効果が記載されており、人手不足が課題（リスク）であれば、人材確保の状況と新規採用者への教育訓練の効果が記載されます。

　マネジメントレビューで使用する資料は、経営管理部門が1年間の取組みを総括して次年度に繋げる取組みであることから、取組みの効果が定量的・定性的に判断できる資料であることが望まれます。

　なお、同資料は、記録としての価値が高く、過去の資料を保存して検索可能な状態にして、同種の課題（リスク）が発生した際には、参考とすることが望まれます。

（2）継続的改善

継続的改善は、マネジメントレビュー、内部監査、日常業務における活動等

の結果から明らかになった安全管理体制の課題等について、どのように措置するかを決めて、是正措置、予防措置を講じることであり、1年度（年間）の振り返りであるマネジメントレビューと比較して考えると「日々の振り返り・見直し改善」と捉えるとイメージできます。

　また、「ガイドライン」に記載されている継続的改善を要約すると、「明らかになった課題等には是施措置」、「潜在的な課題には予防措置」を講じると記載されています。

① 継続的改善のポイント
　1．実施時期
　　　継続的改善は、日々の振り返り・見直し改善であり、時期を定めて行うマネジメントレビューとは異なり日常的に実施することが重要と考えられます。
　2．対象範囲
　　　対象範囲は、日常的に実施している安全管理体制に関する業務全般となりますが、「ガイドライン」5．（2）～（14）の取組みに仕分けて考えると理解が促されます。
　3．取組みのイメージ
　　　継続的改善に関する取組みは、各部署が日々行う業務の中で不具合・課題が発生すれば、見直し改善を行うという業務が溶け込んでいることが一般的であり、特別な手順があるわけではないと思われます。
　4．重要性
　　　内部監査、マネジメントレビューは、計画的に実施されるため準備も必要となることからPDCAサイクルの中でも特に重視されると考えられます。
　　　一方、継続的改善は日々の振り返り・見直し改善であるため着目度合いは低いと思われますが、日々の継続的改善の活動の積み重ねがないと内部監査、マネジメントレビューにおいて、安全管理体制の見直し改善が十分に実施できないと考えられます。
　　　継続的改善は、安全管理体制におけるPDCAサイクルにおけるC（チェック）の要と考えて重視すべきです。
② 是正措置及び予防措置の手順
　是正措置及び予防措置は、以下に掲げる手順で行います。
　1．明らかとなった課題等及び潜在的な課題等の内容確認
　2．課題等の原因の特定

3．是正措置及び予防措置を実施する必要性の検討
4．必要となる是正措置及び予防措置の検討・実施
5．実施した是正措置及び予防措置の事後の有効性の確認

③　是正措置

　是正措置は、輸送の安全に関する明らかとなった課題等について原因を除去するための措置ですが、是正措置の流れと例示を示した図2-16でイメージできると思われます。是正措置は、発生した事項に対する対応であり、日常的な業務の中で無意識に行っていることが多いと考えられます。

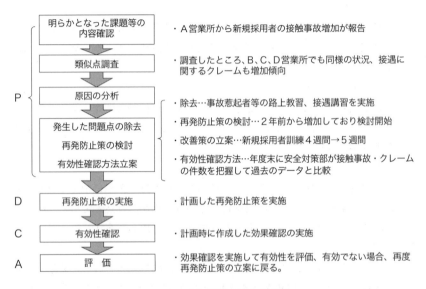

図2-16　是正措置の流れと例示

④　予防措置

　予防措置は、輸送の安全に関する潜在的な課題等について原因を除去するための措置ですが、予防措置の例示を示した次頁の図2-17、2-18でイメージできると思われます。予防措置は、発生していない潜在的な事項に対する対応であるため、起きそうなこと予見する感覚を備えることが望まれます。

　この起きそうなことを予見する感覚は、「リスク感受性」という言葉で表現しますが、リスク感受性の詳細については、135頁「4章　4．リスク感受性」を参照ください。

| 運転者採用募集に対する応募が不調だが、一定数の採用が不可避（昨年春からの傾向） | → | 人事部は、必要数確保のため採用基準の緩和を運輸部と調整中（昨年秋からの状況） | → | ・採用基準緩和での発生想定
・想定事項への予防を検討（安全推進部の検討） |

○安全推進部が考えた予防措置

1. 採用基準緩和で運転経験・技量が十分でない新採運転者が増加
2. 経験・技量不足による事故・苦情増加が想定
3. 教習センターでの教習期間延長（4週間→5週間）
4. 見極め後の監査回数増加（2回→3回）
5. 営業所の指導運転者による面談（週1回）を実施

図2-17　予防措置の例示（その1）

| 新たな取引先への配送業務を検討中だが、配送時間の厳守を強く求められている。（5カ月前） | → | 運輸部は、ドライバーの焦りが事故を招くリスクと考え安全推進部と調整中（3カ月前） | → | ・焦り運転による事故の発生を想定
・想定事項への予防を検討（安全推進部の検討） |

○安全推進部が考えた予防措置

1. 焦り運転が事故を招くリスクを高めることをドライバーに周知
2. 取引先からの急ぎの配送依頼は、ドライバーではなく営業所が受けるルールを確立
3. 営業所は、取引先に状況説明を行い理解を求める等、個人対応から組織対応で、ドライバーの焦りを防止

図2-18　予防措置の例示（その2）

(13) 文書の作成及び管理

1）事業者は、安全管理体制を構築・改善するために、次に掲げる事業規模等に合った文書を作成し、適切に管理する。

① 安全管理体制を構築・改善する上で、基本となる必要な手順を規定した文書

（ア）文書管理手順：文書の承認、発行、改訂等を定めた文書

（イ）記録管理手順：記録の分類、保管、廃棄等を定めた文書

(ウ) 事故情報等管理手順：事故、ヒヤリ・ハット情報等の収集・活用の手順を定めた文書（（7）関係）
(エ) 重大事故等対応手順：重大な事故等の対応の手順を定めた文書（（8）関係）
(オ) 内部監査手順：内部監査の手順を定めた文書（（11）関係）
(カ) 是正及び予防に関する手順：是正措置及び予防措置を決定するための手順を定めた文書（（12）2）関係）
② 関係法令等により作成を義務付けられている文書
③ その他安全管理体制を構築・改善する上で、事業者が必要と判断した文書

なお、適切な文書化を行うことのねらいは、以下のとおりである。
① 安全管理体制の運営上必要な業務内容が明らかとなる。
② その内容が必要とされる要員に理解されることとなる。
③ ①及び②により、必要な手順が確実な再現性を伴って実施される。
④ 当該業務に関し、内外の評価が容易となる。

2）文書は、文書の様式、書式、形態（電子媒体を含む。）等を含め、文書化すべき文書の範囲、程度、詳細さは、事業者が1）の文書化のねらいを踏まえ実効性のある文書管理を行うために適切と判断したものとする。過剰、複雑な文書化は、却って文書管理の効率を損なうこととなることから、既存文書をできる限り活用し、過剰に文書を作成しないよう留意し、また、必要に応じ、フローチャート、図、表等を活用する等文書内容を簡明化する。

【解　説】　この項目では、安全管理体制を円滑かつ効率的に行うための文書に関し、（1）文書作成の考え方、（2）文書管理の考え方について解説します。

（1）文書作成の考え方

① 文書作成の目的、文書化の範囲
　文書は、担当者の異動等があったとしても誰もが業務を引き継げるよう標準化することを目的としており有効な手法と考えられます。
　一方、過度に文書を作成すると業務の変化に応じて多くの文書の改正が必要となるため、全ての業務を文書化するのではなく必要と考えられる業務のみを文書化する方が合理的であると考えられます。

② 手順（システム）運用後の文書化
　新たな業務若しくは業務の見直しにより手順を設定・変更することは日常

的に発生することですが、手順の運用が安定するまでの間は頻繁な手順の変更が生じます。頻繁な変更の都度、文書を改正するのは煩雑であるため、一定程度の期間は無理に文書を作成せずに運用が安定してから文書作成に着手することも一案と考えられます。

(2) 文書管理の考え方

文書は、簡潔明瞭で容易に理解できる内容であることが望まれますが、管理のポイントは、最新の状態を維持すること、容易に入手（アクセス）できること、文書の変遷等が理解できるよう改廃履歴を付すること等が考えられます。

---

(14) 記録の作成及び維持
1) 事業者は、安全管理体制の運用結果を記録に残すために、次に掲げる記録を作成し適切に維持する。
　① 安全管理体制を構築・改善する上で、基本となる記録
　(ア) 安全統括管理者から経営トップへの報告内容に関する記録（(4) 2) 関係）
　(イ) 事故、ヒヤリ・ハット情報等の収集・活用内容に関する記録（(7) 関係）
　(ウ) 安全管理体制の構築・改善に必要な教育・訓練に関する記録（(10) 関係）
　(エ) 内部監査の実施に関する記録（(11) 関係）
　(オ) マネジメントレビューに関する記録（(12) 1) 関係）
　(カ) 是正措置及び予防措置に関する記録（(12) 2) 関係）
　② 関係法令等により作成を義務付けられている記録
　③ その他安全管理体制を構築・改善する上で、事業者が必要と判断した記録
なお、適切な記録を行うことのねらいは、以下のとおりである。
　① 安全管理体制の実施結果が明確になり、内外に達成状況を示すことができる。
　② ①により、その実施結果の評価や「継続的改善等」が可能となる。
　③ データとして蓄積され、業務の一層の効率化が図られる。
2) 記録は、記録の様式、書式、形態（電子媒体を含む。）等を含め、作成・維持すべき記録の範囲、程度、詳細さは、事業者が1) の記録を行うことのねらいを踏まえ、事業者が実効性のある記録管理を行うために

> 適切と判断したものとする。さらに、過剰、複雑な記録化は、却って記録管理の効率を損なうこととなるから既存の記録をできる限り活用し、過剰に記録を作成しないよう留意し、また、記録は読みやすく、容易に識別かつ検索可能なものとする。

【解　説】　この項目では、安全管理体制の運用結果を残すための記録に関し、（１）記録作成の考え方、（２）記録管理の考え方について解説します。

（１）記録作成の考え方

　記録は、安全管理体制の運用結果を的確に残して、運用結果の評価を行うことにより見直し改善が容易に実行できることを目的としています。

　例えば、過去５年間の取組みの記録と事故状況の推移を重ね合わせて評価すれば、事故削減に有効であった取組みが浮き彫りになる可能性があります。

　また、過去10年間の取組みがデータ化されていれば、安全管理を担う人員が世代交代しても過去の取組みの状況把握と評価が可能となります。

　一方、過剰、複雑化した記録は、検索・識別を困難とするため、自社にとって利用可能な範囲とすること、詳細の度合いも必要な範囲内に留めることが重要と考えられます。

（２）記録管理の考え方

　記録は、簡潔明瞭で容易に理解できる内容であることが望まれますが、管理のポイントは、記録の時点（最終、中間等）が識別できること、容易に検索できること、可能であれば経年変化が把握できる形式とすること等が考えられます。

第3章　運輸安全マネジメント評価の解説と取組みの傾向

　本章は、評価の考え方等について理解することを目的に、1．にて運輸安全マネジメント評価の基本的方針、流れ、手順及び内容について記載します。
　また、公表された「運輸安全マネジメント制度の現況について」から、2．以降において評価結果から得られた全分野を通じての取組みの傾向、分野別の取組みの傾向・特徴及び問題点、大手事業者とその他の事業者の取組みに関する特徴の相違並びに運輸安全マネジメント実施の効果について記載します。

1．運輸安全マネジメント評価の基本的方針

　運輸安全マネジメント評価は、法律に基づき運輸審議会に対し、「安全管理規程に係る報告徴収又は立入検査の実施に係る基本的な方針」ついて諮問し、答申を受けることと規定されています。

　諮問答申は、制度当初の平成18年、4年が経過した平成22年、11年が経過した平成29年に合計3回行われており、各答申のうち特に評価の方向性について記載された部分を以下の通り抜粋します。
　なお、各答申は、173頁以降の資料（その1〜その6）に収めてありますので参考ください。

[平成18年の答申一部抜粋]
　2　当審議会は本事案の審議に当たり、専門委員の参加を得て「運輸安全確保部会」を設け、検討を行った。
　また、参考人意見聴取会を開催し運輸分野の事業者・事業団体関係者の意見を聴取するとともに、公聴会を開催し所管局の陳述及び一般公述人の口述を聴取したほか、当審議会に提出された資料、所管局から聴取した説明等に基づき検討を行ったが、それらの結果は次のとおりである。
（1）今般、「運輸の安全性の向上のための鉄道事業法等の一部を改正する

法律（平成18年法律第19号）」により、運輸事業者において、絶えず輸送の安全性の向上に向けた取組を求めるとともに、安全最優先の下、経営トップ主導による経営トップから現場まで事業体が一丸となった安全管理体制の適切な構築を図るため、運輸事業者に対して、安全管理規程の作成が義務付けられることとなった。

　　本事案は、この安全な管理規程の記載事項のうち、その基本となる「輸送の安全を確保するための事業の運営の方針に関する事項」の実施状況を確認するために国土交通大臣が行う報告徴収及び立入検査（以下「報告徴収等」という。）の実施に係る基本的な方針を定めるものである。

（２）この基本的な方針は、国土交通省内に設けられた「公共交通に係るヒューマンエラー事故防止対策検討員会」で策定された「とりまとめ」及び「運輸安全マネジメント態勢構築に係るガイドライン等検討会」で策定された「安全管理規程に係るガイドライン」等を踏まえて、「実施に係る基本的な考え方」、「実施方針（報告徴収等における重点確認事項、実施の方法、実施方法の見直し及び改善、結果の取り扱い、実施計画）」等について定めたものである。

（３）本方針においては、当面は、新たに導入される安全管理規程制度の関係者への周知、啓発等に努め、事業者における基本的な理解や実際の実施状況の確認、安全管理規程の更なる改善等に向けた助言を中心として実施することとしており、実施に当たっては、

①　事業者が自主的に作成した安全方針等に従った安全管理体制の運用等についての確認と必要に応じた助言を重点としていること

②　保安監査実施部局との連携等により効率的な報告徴収等の実施を行うとともに、事業者における取り組みの総合的な把握、分析に努めること

③　新たに導入される制度であることもあり、報告徴収等の実施方法等について、継続的な見直し及び改善を行うとしていること

④　報告徴収等の所見について、当該事業者に説明を行い、所要の措置を講じるとともに、報告徴収等の結果については、事業者の機密も含まれることを勘案しつつ、事業者の安全に関する意識向上を促すために、その概要を公表するとしていること

⑤　当面、特に大規模な事故が発生し、トラブルが多発している大量高

速輸送機関である鉄道及び航空分野を重点とし、運輸各分野について計画的に報告徴収を行うとしていること
等が記載されており、いずれも法律の趣旨にかんがみ適切なものである。

（4）以上のことから、本事案については、諮問案のとおり定めることが適当であると認められる。

［運輸安全確保部会一部抜粋］
　2　部会所属の委員、専門委員からは、多岐に亘る意見が出されたが、そのうち主なものは、次のとおりである。

・企業それぞれの個性に応じた管理態勢を尊重する必要があり、一律の規制は望ましくない。
・企業トップが「安全はマネジメントの中心に据えられなければならない。」という理念とリーダーシップをもって、現場と意思疎通を図り、PDCAサイクル（輸送の安全の確保に関する計画の策定、実行、チェック、改善のサイクル（Plan Do Check Act））に経営トップが積極的に関わることが必要である。
・安全を確保するためには、現場に潜在する危険を抽出し、目に見える形にするプロセスが重要である。事業者にこのような取組を促すことができれば、結局は安全の確保につながる。
・運輸安全マネジメントの報告徴収等にあたって、事業者は、自己の安全管理について、その現状を正しく伝え、さらなる改善に向けてどのように取り組もうとしているのかが分かるように説明する責任を持つことを明確にする必要がある。
・運輸安全マネジメントの報告徴収等にあたって、行政は、安全管理に対する事業者の自主的な取組を尊重し、助言、指導を中心とし、安全確保の実現に向け事業者と協調して取り組む姿勢が望まれる。
・事業者間で、小規模なアクシデント、インシデント等の事故発生の原因となりうる情報、いわゆるヒヤリ・ハットの情報を共有・活用して、業界全体で知見を高めていくことは、安全対策として有意義である。

[平成22年の答申一部抜粋]
　4．当審議会としては、国土交通大臣に対し、輸送の安全の確保、運輸事業者の安全管理の重要性を踏まえ、引き続き運輸安全マネジメント評価の効率的かつ効果的な実施に努めるとともに、その実施に当たっては特に次の事項に配慮した対応をしていただくことを要望する。

（1）中小規模の事業者に対する運輸安全マネジメント評価の促進に積極的に取り組むこと
（2）運輸安全マネジメント評価が効果を上げるか否かは評価員の技量による部分が大きいことを踏まえ、評価員の一層の技量向上を図ること

[平成29年の答申一部抜粋]
　2．当審議会は、本事案の審議に当たり、運輸安全確保部会に付託して討議を行うとともに、当審議会に提出された資料、所管局から聴取した説明等に基づき検討を行ったが、それらの結果は次のとおりである。

（1）安全管理体制に係る報告徴収又は立入検査の実施に係る基本的な方針の改正
　　改正後の方針では、次のとおり基本的な考え方が提示されている。
　　運輸安全マネジメント制度は、運輸事業の安全性の向上に有効であり、更なる展開を図ることが必要である。
　　このため、今後の運輸安全マネジメント制度については、
① 運輸安全マネジメント制度の対象範囲をさらに拡大すること
② 中小規模事業者に対し、事業規模に応じた安全管理体制の構築を促すこと
③ 自動車輸送分野において、安全管理規程の作成等の義務付けの適用除外とされている事業者が運輸安全マネジメント制度に参画することを促進するための措置を具体化すること
④ 自然災害、テロ等への対応に関する社会的要請についても可能な限り取り入れていくこと
　　といった対応が求められている。
　　同時に、貸切バス事業者への安全性確保の社会的要請の高まりを受

け、重点的な運輸安全マネジメントの実施が求められる。
　その上で、今後5年間の運輸安全マネジメント評価の実施に関する視点として、
① 　貸切バス事業者に対する運輸安全マネジメント評価の重点的実施
② 　中小規模事業者向けのガイドラインの見直し
③ 　高齢化や輸送施設等の老朽化、自然災害、テロ、感染症等の今日的な課題や事故、ヒヤリ・ハット情報の収集・活用や内部監査等更なる向上が必要な事項についてのガイドラインの見直し
④ 　安全統括管理者の活動の支援
⑤ 　運輸安全マネジメント評価体制の強化
　といった点に重点を置いて進めるべきであるとされている。
　このように、上記方針の改正は、いずれも法律の趣旨に沿った適切なものである。

（2）運輸事業者における安全管理の進め方に関するガイドラインの改訂
　　改訂後のガイドラインでは、次に掲げる考え方を踏まえて改訂している。
① 　今日的な課題である人材不足から生じる高齢化、輸送施設等の老朽化、自然災害、テロ、感染症等につい明記する。
② 　多くの運輸事業者において未だ改善の余地が大きい事故、ヒヤリ・ハット情報等の収集・活用や内部監査について、円滑な取組の促進を図る参考手順等を追記する。
③ 　引き続き、事業者の自主性が最大限発揮できるようなものとする。
④ 　中小規模自動車運送事業者における安全管理体制の構築・改善等の実情を踏まえ、本ガイドラインを基礎に理解しやすさに留意した「中小規模自動車運送事業者における安全管理の進め方に関するガイドラインを」本ガイドラインの付属書として添付する。
⑤ 　平成22年3月の改訂において本ガイドラインの付属書とした取組事例集は、本ガイドラインの付属書とはせず、適時適切に事例の収集・更新・公表を行う。
　また、運輸安全部会での討議の結果、ガイドラインの位置付けと適合しない記載事項等を修正すべきであるとされたが、これらの修正はいずれも妥当なものであると認められる。

このように、前記ガイドラインの改訂は、いずれも法律の趣旨に沿った適切なものである。

２．運輸安全マネジメント評価の概要

　運輸安全マネジメント評価とは、国が事業者の安全管理体制を評価することを言い、具体的には、複数名以上で１チームを構成する評価員（以下「評価チーム」と言う。）が事業者の経営管理部門の所在する場所（原則、本社所在地）に赴き、概ね２日間、事業者が構築・維持している安全管理体制について、経営トップを含む経営管理部門を対象としたインタビューと文書・記録類の閲覧・確認を行い、事業者の安全管理体制についての講評・指摘を実施し、運輸安全マネジメント評価報告書を手交するものです。

　評価は、従来から実施している監査・検査と異なり、事業者の輸送の安全を確保する取組みについて支援するスタンスで実施されます。

３．評価の流れ

　評価の流れは、以下に図示（図３-１）します。

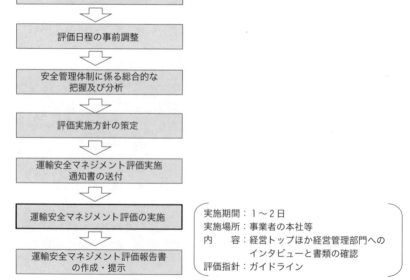

図３-１　評価の流れフローチャート

（1）評価日程の事前調整等

評価チームは、選定した事業者と評価予定日前に実施内容、準備に関する説明及び評価日程の事前調整を開始します。

（2）評価日程

評価日程は、インタビュー対象者を確保できる日程のうち、事業者及び評価チームが合意した日程となります。（下記参照）

【運輸安全マネジメント評価の日程例（2日間の場合）】

	時間	内容
1日目	10:00～10:30	オープニング・ミーティング
	10:30～12:00	経営トップインタビュー
	13:00～14:30	安全統括管理者インタビュー
	14:30～16:00	安全推進室長インタビュー
	16:00～17:00	文書・記録の確認
	17:00	初日終了
2日目	09:00～10:30	文書・記録の確認
	10:30～16:00	評価担当者打合せ
	16:00～16:30	クロージング・ミーティング
	16:30	評価終了

（3）オープニング・ミーティング

オープニング・ミーティングでは、評価員の紹介から始まり、運輸安全マネジメント評価の主旨、方法の説明、日程の確認及び評価報告書に関する説明を行います。

（4）インタビュー

評価員が行う経営トップほか経営管理部門に対するインタビューについては、運輸審議会の答申から、安全管理に対する事業者の自主的な取組みを尊重し、安全確保の実現に向け事業者と協調して取り組む姿勢に基づき、次に掲げる視点を持っていると考えられます。

① 事業者の行う安全管理の取組みについて、事業者の自主性を尊重しつつ自主的に作成した安全方針等に従った運用の状況を確認する視点

② 経営トップが「安全はマネジメントの中心に据えられなければならない。」という理念とリーダーシップをもって現場と意思疎通を図り、見直し改善のPDCAサイクルに主体的に関与していることを確認する視点

③ 現場に潜在する課題・危険を把握して対応を図っていることを確認する

視点

（5）文書・記録の確認

確認を受ける文書・記録は、ガイドライン（13）、（14）に記載されたものとなります。

（6）クロージング・ミーティング

評価チームから経営トップほか経営管理部門に対して、評価結果を説明して運輸安全マネジメント評価報告書を手交します。

4．評価結果から得られた全分野を通じての取組みの傾向

平成18年10月に導入された「運輸安全マネジメント制度」（以下「制度」と言います。）に基づき運輸安全監理官室が実施する運輸安全マネジメント評価（以下「評価」と言います。）の対象となっている約180事業者（以下「大手事業者」と言います。）について、平成23年度から平成25年度の3年間で実施した評価を、各年度における全分野あるいは個別分野の取組み状況の推移で概観した結果、以下に述べるような各種取組みの傾向を確認することができました。

なお、レーダーチャート（図3-2）中の1～14は平成22年3月に策定・公表した「運輸事業者における安全管理の進め方に関するガイドライン～輸送の安全性のさらなる向上に向けて～」（以下「ガイドライン」と言います。）の項目番号に対応する番号であり、各項目の取組みの進捗率を示しています。

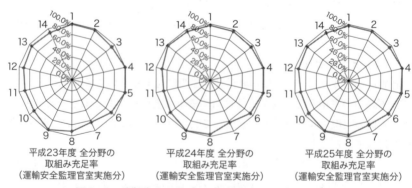

図3-2　運輸安全マネジメント評価のレーダーチャート

ガイドラインの14項目：①経営トップの責務、②安全方針、③安全重点施策、④安全統括管理者の責務、⑤要員の責任・権限、⑥情報伝達及びコミュニケーションの確保、⑦事故、ヒヤリ・ハット情報等の収集・活用、⑧重大な事故等への対応、⑨関係法令等の遵守の確保、⑩内部管理体制の構築・改善に必要な教育・訓練等、⑪内部監査、⑫マネジメントレビューと継続的改善、⑬文書の作成及び管理、⑭記録の作成及び維持

（1）安全方針（ガイドライン項目：2）

　安全に係る方針は、ほとんどの事業者において制度導入以前から作成されていましたが、制度導入以降は、マネジメントレビューを通じた内容の見直し等、実効性をさらに高めるための取組みが定着しつつあります。

（2）安全重点施策（ガイドライン項目：3）

　安全重点施策（目標・取組み計画）は、ほとんどの事業者において制度導入以前から作成されていましたが、制度導入以降は、マネジメントレビューを通じた定期的な施策の見直し等、実効性をさらに高めるための取組みが年を追うごとに充実してきています。

（3）情報伝達・コミュニケーション（ガイドライン項目：6）

　組織内の上から下へのトップダウンコミュニケーションに加え、下から上へのボトムアップコミュニケーション、関係部署間の水平的なコミュニケーションの取組みが定着してきています。また、事業委託先、利用者一般等への情報伝達についても充実しつつあります。

（4）事故、ヒヤリ・ハット情報の収集・活用（ガイドライン項目：7）

　事故情報の収集・分析を行い、再発防止に活用するリスク管理の取組みは、制度導入以降、着実に充実度を増しつつあります。また、ガイドラインの他の項目と比較すると、若干取組みの余地が多く残ってはいるものの、事故情報の収集・分析にとどまらず、ヒヤリ・ハット情報の収集や傾向分析等、再発防止のみならず未然防止に取り組む事業者も増加しつつあります。

（5）教育・訓練（ガイドライン項目：10）

　制度導入後、制度のコンセプトの理解を深めるための教育・訓練や、過去発生した事故体験共有の取組み、技能教育の効果把握や見直しの取組み等が年を追うごとに充実してきています。また、業務委託先に対しても、安全管理体制の維持・改善に不可欠な教育・訓練を自社同等に実施する事業者が増加しつつあります。

（6）内部監査（ガイドライン項目：11）

　安全管理体制に係る内部監査は、制度導入当初、ほとんどの事業者で実施されていませんでしたが、現在はほとんどの事業者で実施されており、また、監査要員の養成や力量把握等、内部監査の有効性を高めるための取組みも充実しつつあります。PDCAのC（Check）に相当する部分であるために、他の項目と比較して、若干取組の余地が多く残るものの、年を追うごとに着実に取組みは進捗しています。

（7）マネジメントレビュー・継続的改善（ガイドライン項目：12）

マネジメントレビュー・継続的改善については、PDCAサイクルを回してスパイラルアップを図るための要の取組みとして、内容の充実を図る事業者が増加しつつあります。PDCAのA（Act）に相当する部分であるために、内部監査と同様、他の項目と比較して、若干取組みの余地が多く残るものの、年を追うごとに着実に取組みは進捗しています。

5．分野別の取組みの傾向・特徴及び問題点

大手事業者について、平成23年度から平成25年度における鉄道、自動車、海運及び航空各分野の制度に係る取組みの状況をそれぞれレーダーチャート（図3-3～3-6）で示し、全分野の傾向と比較することで読み取れる傾向・特徴及び問題点を、以下にまとめました。

鉄道分野

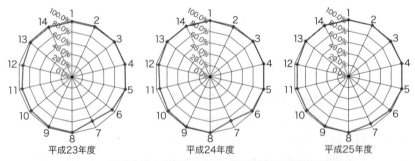

図3-3　鉄道分野の取組み充足率（運輸安全監理官室実施分）

① 従来から制度に係る各種取組みの水準が高く、ほとんどの事業者において、安全管理体制に関するPDCAの一連の流れを円滑に進める仕組みが定着しています。
② やや取組みが遅れている傾向にあった、教育・訓練、内部監査、マネジメントレビューについても、平成25年度には他の項目と同等に取組みが進捗した状況となっています。
③ 事故情報、ヒヤリ・ハット情報等の活用についても、平成25年度には、取組みの充実度が目に見えて向上しています。

自動車分野

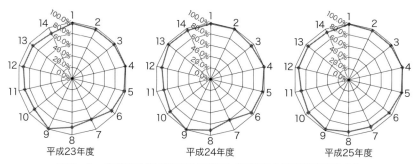

図3-4　自動車分野の取組み充足率（運輸安全監理官室実施分）

① 全体的に制度に係る各種取組みは大きく改善されつつあり、従来やや取組みが遅れている傾向にあった安全管理体制に関するPDCAサイクルのCA（Check、Act）に相当する取組みについても着実に改善が進んでいます。

② 事故、ヒヤリ・ハット情報等の収集・活用や、重大な事故等の対応については、平成23年度から平成25年度にかけて、大幅な改善が進み、他の項目と比較しても遜色ない段階に到達しつつあります。

③ 上記の結果として、安全管理体制に関するPDCAの一連の流れを円滑に進める仕組みが、バランスよく構築されつつあります。

海運分野

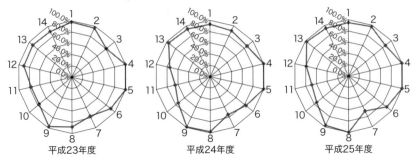

図3-5 海運分野の取組み充足率（運輸安全監理官室実施分）

① 全体的に制度に係る各種取組みの改善は進んできてはいるものの、安全管理体制に関するPDCAサイクルのCA（Check、Act）にあたる取組みが他の項目と比較して弱い傾向が依然として続いています。
② また、安全重点施策に係る取組みや、ヒヤリ・ハット情報の安全対策への活用についても改善の余地があります。
③ これらの傾向は、事業者の事業規模や、経営管理部門から離れた洋上での行動が多いなどの海運分野独自の事業実態等にも関係するものと考えられるため、これらの実態を踏まえた適切な評価を通じて改善を促す必要があります。

航空分野

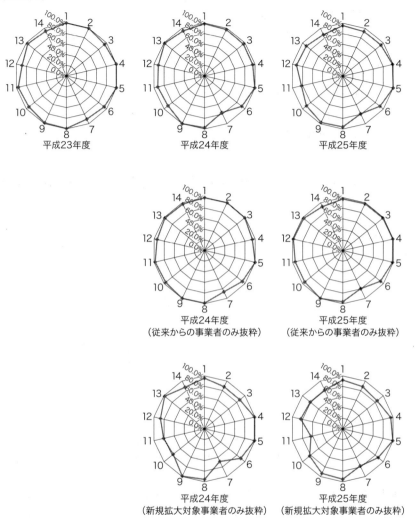

図3-6　航空分野の取組み充足率

① 制度導入以前からSMS（Safety Management System）の取組みが自主的に行われてきたこともあり、他分野に比べ、制度に係る各種取組みの水準が高い傾向にあります。
② 平成24年度以降、チャートが縮小する傾向にありますが、これは、評価の対象が平成23年度より全ての航空運送事業者に拡大され、平成24年度か

らそれまで評価対象ではなかった事業者の評価を新規に開始したことが影響していると考えられます。
(従来からの評価対象事業者のみを抜粋したチャート及び新規拡大対象事業者のみを抜粋したチャートを参照ください。)
③ 今後、このような新規事業者については、特に、安全管理体制に関するPDCAサイクルのCA（Check、Act）にあたる取組みや、ヒヤリ・ハット情報の安全対策への活用などの観点に着目し、適切な評価を通じて改善を促していく必要があります。

6．大手事業者とその他の事業者の取組みに関する特徴の相違

その他の事業者の平成25年度評価における取組み状況をレーダーチャート（図3-7）で比較したものを以下に示します。

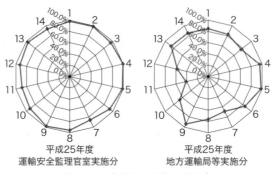

平成25年度　　　　　　　平成25年度
運輸安全監理官室実施分　　地方運輸局等実施分

図3-7　全分野の取組み充足率

・制度に係る取組みについては、依然、大手事業者とその他の事業者の差が大きいことから、その他の事業者に対しては、安全管理体制に関するPDCAサイクルのCA（Check、Act）にあたる取組みや、ヒヤリ・ハット情報の安全対策への活用などを中心に、さらなる取組みを促す必要があります。

第3章　運輸安全マネジメント評価の解説と取組みの傾向

7．運輸安全マネジメント実施の効果について

　平成29年８月に公表された「運輸安全マネジメント制度の現況について」において、運輸安全マネジメント実施の効果が以下の通り記載（抜粋）されています。

（１）制度導入以降の鉄道、自動車、海運及び航空各運送事業分野別の事故発生率等の推移

　制度導入以降の鉄道、自動車、海運及び航空各運送事業分野別の事故発生率等の推移は以下に示す通りであり、輸送モードごとにおおよそ以下の通り考察できます。

鉄道分野

　部内原因による輸送障害の発生件数の推移のグラフを図３−８に示します。

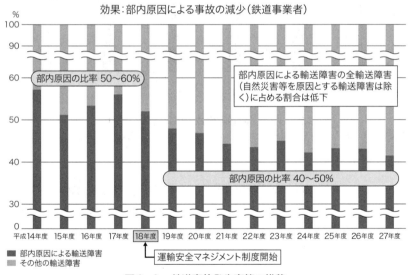

図３−８　鉄道事故発生率等の推移

※　輸送障害とは列車の運転を休止したものまたは旅客列車にあっては30分（旅客列車以外にあっては１時間）以上遅延を生じた事象を言う。
※　部内原因とは発生した輸送障害のうち主たる原因が、鉄道係員、車両、鉄道施設に起因するものを言う。
※　鉄道局資料より作成。

制度導入以前に比べ、制度導入以後は輸送障害に占める部内原因の比率が減少しています。全てが制度導入の成果と断定することはできないものの、制度には一定程度の効果があるものと推定できます。

自動車分野（トラック）の制度対象事業者及び全事業者の死傷事故件数の比較

自動車分野（トラック）については、図3-9に示す通り、死傷事故件数について、制度の対象事業者と非対象事業者とで比較を行いました。

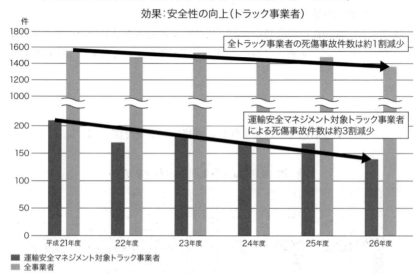

図3-9　死傷事故件数の比較（トラック）

※運輸安全マネジメント制度対象トラック事業者：保有車両数300両以上の事業者
※自動車局資料より作成

トラック事業者では、制度対象事業者、全事業者ともに減少傾向を示しているが、制度対象事業者の減少率の方が大きく、制度対象事業者の安全面での優位性を示すものとなっています。

海運分野

　平成18年以降の旅客船、貨物船及びタンカーの海難発生隻数の推移を図3-10に示します。

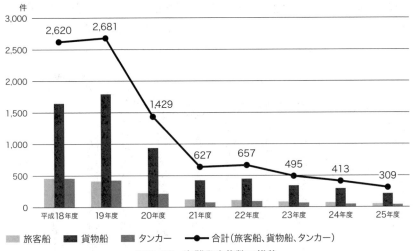

図3-10　海難発生隻数の推移

※「レポート海難審判」（海難審判所）を基に作成。
※海難の定義：海難審判法第2条の規定に基づく「船舶の運用に関連した船舶又は船舶以外の施設の損傷」、「船舶の構造、設備又は運用に関連した人の死傷」及び「船舶の安全又は運航の阻害」

　平成19年から21年にかけての急減は、平成20年10月に母数の定義に変更があったことに伴うものであり、その前後での比較は困難であるが、平成21年以降では全体的に減少の傾向を示しており、全てが制度導入の成果と断定することはできないものの、制度には一定程度の効果があるものと推定できます。

航空分野

　平成18年度下半期以降の航空事故、重大インシデント及び安全上のトラブルの発生件数の推移を図3-11に示します。全体的な傾向として発生件数は概ね横ばいであるが、航空運送事業者の運航時間総計と比較した場合、運航時間が明らかな増加傾向にあることから、全てが制度導入の成果と断定することはできないものの、制度には一定程度の効果があるものと推定できます。

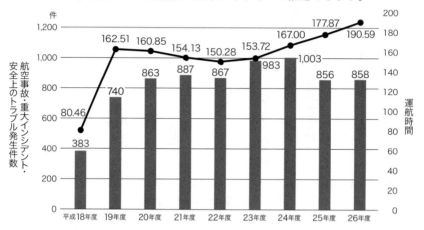

図3-11　航空事故、重大インシデント及び安全上のトラブルの推移

※本邦航空運送事業者に係る航空事故・重大インシデント、安全上のトラブルの発生件数については、「航空輸送の安全にかかわる情報」（航空局）を基に作成。
※「航空事故・重大インシデント・安全上のトラブル」とは、航空法第111条の4の規定に基づき、本邦航空運送事業者が国に報告することが義務付けられている航空輸送の安全に関わる情報。
※運航時間については、本邦航空運送事業者及び航空機使用事業者を対象とする「航空輸送統計」（国土交通省）における、「国内定期航空月別運航及び輸送実績」、「国内不定期航空月別運航及び輸送実績」及び「国際航空月別運航及び輸送実績」の運航時間並びに「航空機使用事業等の月別稼働実績」の「遊覧」及び「貸切（建設協力、その他）」の稼働時間の合計。

　全体的な傾向として発生件数は概ね横ばいであるが、航空運送事業者の運航時間総計と比較した場合、運航時間が明らかな増加傾向にあることから、全てが制度導入の成果と断定することはできないものの、制度には一定程度の効果があるものと推定できます。

（2）自動車分野（バス）の制度の対象事業者及び非対象事業者の支払保険金額比較

自動車分野（バス）については、図3-12に示した通り、車両1,000台当たりの支払保険金額について、制度の対象事業者と非対象事業者とで比較を行いました。

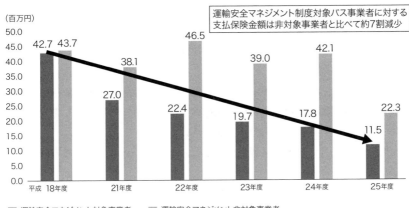

図3-12 保険金支払額の推移（バス事業者）

※任意保険契約台数1,000台当たりに換算した支払保険金額（対人障害事故、対物事故及び自損事故）。
※保険会社の協力により、任意保険契約を締結している事業者の中から上記カテゴリーごとに無作為に20〜40者程度抽出し、各年度における支払保険金を集計した。
（安全管理規定作成等が義務付けられていない事業者は、比較的規模の大きいものから抽出）

バス事業者では、その傾向に有意な差が見られ、制度対象事業者が大きな減少傾向を示しています。

（3）平成25年4月、運輸安全マネジメント実施の効果について

保険契約（任意保険）台数1,000台当たりに換算した支払保険金に着目した資料が次頁図3-13の通り公表されています。

「運輸安全マネジメント制度」（平成18年10月より導入）について、安全管理規程作成等が義務付けられ、運輸安全マネジメントに取り組んでいる事業者（以下、「安全管理規程作成等義務付け事業者」）と、安全管理規程作成等が義務付けられていない事業者において、安全性向上の度合いに違いが生じているかどうかを把握するため、保険会社及び損害保険料率算出機構の協力を得て、事故後に支払われた保険金（自賠責保険は除く）の調査を行いました。

この調査は、乗合旅客自動車運送事業者及び貨物自動車運送事業者のうち、

「運輸安全マネジメント制度」が開始された平成18年度とその3年後の平成21年度及び4年後の平成22年度において、同じ保険会社と保険契約を締結している事業者の中から無作為にそれぞれ28～83者抽出し、当該年度における支払保険金を集計することにより行いました。また、安全管理規程作成等が義務付けられていない事業者は、義務付け対象となる保有車両数に近い事業者から抽出しました。

その結果、図3-13の通り、乗合旅客・貨物ともに安全管理規程作成等義務付け事業者の支払保険金減少率が大きいことが確認され、特に、貨物自動車運送事業者については、平成22年度の支払保険金が平成18年度より6割以上減少していることが確認されました。なお、比較のため、損害保険料率算出機構へ加入する損害保険会社と自動車保険を締結する全ての旅客自動車運送事業者及び全ての貨物自動車運送事業者の支払保険金（自賠責保険は除く）を掲載しました（損害保険料率算出機構のデータを基に作成）。

今後、さらに調査対象事業者数を増やし、本調査データの信頼性の向上につなげることとしています。

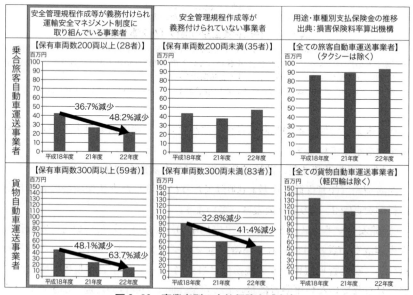

図3-13　事業者別の支払保険金減少率

※：上記は、保険契約（任意保険）台数1,000台当たりに換算した支払保険金（対人傷害事故、対物事故及び車両事故）

第4章　研究会のコメント

　本章は、主として国土交通省が公表等を行った情報を中心に解説した前章までと異なり、運輸事業者として関心があると思われる事項について、研究会の立場で解説するので参考情報として活用ください。

1．運輸安全マネジメントに取り組む際の3つのポイント

　運輸安全マネジメントに取り組む際のポイントは、会社の規模にもよりますが、①経営トップの意識、②コミュニケーションの活性化、③取組み結果の検証の3つと思われます。

1.1　経営トップの意識

　会社組織は、経営トップを頂点に目的に向かって進んでいきます。営利追求を例にとれば、売り上げを伸ばすために魅力的な商品を開発・販売し、コストを管理します。マーケティング、商品開発、営業、販売、製造・製品管理は、経営トップの最終判断に基づいて実施されるのが一般的であり、組織の要員は常にトップを意識して、経営トップの方針に基づいた業務を実施します。

　このため、株主総会で承認を得る年度の事業方針は、経営トップの考えを色濃く現したものと言って差し支えないでしょう。

　運輸安全マネジメントも同様に、経営トップが会社の目的として「安全」を打ち出せば、会社組織は安全を追求します。経営トップの安全に関する意識が高まると、安全確保と安全性の向上に関する方針を強く示すために、例えば、以下に掲げる活動等を通じて社内に安全最優先を示すことになり、「社長の姿勢が企業の姿勢になる。」と言えます。

① 　安全部門のビジョン、安全投資への短期・中期計画に関する考えをヒアリングして、年度予算の優先順位付けに反映させるよう指示する。
② 　安全に関する教育・訓練の効果を踏まえた教育・訓練計画の再構築を指示する。
③ 　各部門の安全確保に関する活動について、達成度合いの検証と改善方策を加味した年一回程度（場合によっては四半期ごと）の報告を求める。

1.2 コミュニケーションの活性化

　人の話をよく聞いて、人に理解しやすく説明する力量は、安全の活動のみならず企業の活動においても重要視される力量ですが、誰もが問題点を把握して合理的かつ簡潔に説明できるものではありません。

　企業であれば、高いコミュニケーション能力が時間の節約を生み、効率的な業務に直結するのは理解できるところですが、ほぼ単一民族で同一言語に近い我が国では「以心伝心」、「仕事は見て覚える」的なコミュニケーションでも、相当程度わかりあえる時代が長かったようです。

　会議の場で「何か意見はないか」と上司が発言しても意見はでないが、意思疎通は十分だと満足しているという不思議な状況は、世代間のコミュニケーション不足が叫ばれる昨今では説得力に欠け、運輸安全マネジメントの観点からは双方向の意見交換が無く、疑問符が付くところです。

　さて、コミュニケーションの活性化を図るために、留意すべきことは、次の5つに要約されると考えられます。それでは、掲げた5つの項目（1）場の作り方、（2）話の進め方、（3）否定では無く肯定から、（4）対応は速やかに、（5）間接コミュニケーションごとに解説してみます。

（1）場の作り方

　現場の情報は現場にあり、経営管理部門は現場の情報を現場から文書等（電話・Ｅメール含む）で入手するのが一般的であり、安全に関する情報がそのまま報告・上申されるのであれば、問題ないでしょう。ただし、現場のナマの情報は、現場を管理する部門によって取捨選択されていることが多く、現場の声をダイレクトに聞く機会を設けることが望まれます。

　この場合、ポイントになるのは、話を聞く場の作り方です。形式的なことですが、例えば机を置かず、椅子をランダムに置き、経営管理部門側と現業実施部門が対面して座らないよう工夫するのも一つの考え方です。堅苦しくない雰囲気を作るために、ノーネクタイで腕組みせず、温和な表情でリラックスして座るというのも一案です。

　また、参加頂く現場の方の選定を現場管理部門に任せず、経営管理部門が案件に沿って選定（例えば、新人主体あるいはベテラン主体）し、話しやすい程度の人数に絞るのも違った観点での意見が出る可能性があります。

（2）話の進め方

　「それでは、ただいまから安全部長の講話を頂きます。」から始まった場で、現場の社員・職員が、現場の声を経営管理部門に届かせようとするのは、一大決心が必要でしょう。コミュニケーションは双方向であってこそ意味があり、

指示・伝達のみに重きを置かない工夫があるべきです。

仮に、15時から話を聞く場があり、10分早く来られた現場の方と雑談して、名前と職種を把握し、その職種での最近の出来事を聞き出して、15時から「いま、雑談で、○○さんから最近の現場の出来事をうかがったのですが、内容をご披露頂けませんか。」と繋げるのも一つの手法でしょう。現場は現場で起きた出来事の情報共有が速やかに行われており、その後の状況、会社の対応に関心があります。話の切り出しに身近な話題を振るのは、場に参加した全員の意識を集めるのに適しています。

（3）否定では無く肯定から

「今の意見は、受け入れられない。その理由は・・・」と言われたら、次の情報は得られないでしょう。人は押さえ付けられたと感じたら、黙るか、反発するか、表面上は取り繕っても協力しなくなるものです。

欲しいのは情報と良好なコミュニケーションの確保であり反発ではないので、どんな意見、情報であっても、まずは提供してくれたことを感謝すべきであり、相手との話し合いを通じて、意見・情報の真意を確認することです。

情報を要約するのに秀でた者が「今のお話を取りまとめると、……ということだと理解しましたがいかがでしょうか」と確認する手法がありますが、誰もが話上手では無いことから、真意を正確に確認しないと対応を誤ることになるからです。

（4）対応は速やかに

さて、架空の話です。現場の話を入社2年以内の職員から1時間かけて、熱のある活発な意見を数多く頂くことができました。担当者は、研修所での個人評価が営業所で新人を指導する担当者に正確に伝わっておらず、新人に対する担当者の評価が研修所の研修プログラムに反映されていないことに気付きました。

担当者は、上司への報告書を作成して、1カ月後に営業所の担当者と研修所の研修プログラム担当者とのミーティングをセットし、双方に事情説明のメールを送り改善に着手する回答を受け取ったので、本件終了と判断しました。

なかなか優秀な担当者です。報告・会議のセット・根回しを手際よく片付けていますが、大きく抜けているのは、現場に対して「その後の対応はこうなった。」という連絡です。

システムの改善には相当の時間を要するのが現実であり、円滑に実施されないことも数多くありますが、現場への連絡は容易であり、対応が早ければ、次の意見・情報を経営管理部門に連絡する励みになります。

実際には、①即時対応が可能な案件、②システム改善等で時間が必要な案件、③経営資源の措置が必要で早急に対応できない案件に分類して、期限を定めて現場に回答するシステムを採用すると、現場からの意見・情報が寄せられる良好な環境と言えそうです。

（5）間接コミュニケーション

経営管理部門が現場と顔を合わせる直接コミュニケーションは、一般に、実施できる回数が限定され、話が聞ける人数にも限りがあるのが現実であり、企業規模にもよりますが、間接コミュニケーションの補完に直接コミュニケーションを活用するというのが実情でしょう。

さて、間接コミュニケーションの主役は、現場との橋渡し役である現場管理部門になります。企業規模が大きくなればなるほど現場管理部門の役割は大きく、現場の情報をいかに吸い上げ、安全確保に関する情報をいかに浸透させるかは現場管理部門に担わされていることから、現場管理部門のコミュニケーションに係る力量向上が留意点であると言えます。しかしながら、力量向上の特効薬は見たことがなく、外部の研修に参加して刺激を受ける以外では、意識を持って力量の高い者の手法を見習って身に付けるしか方法がないようです。

1.3 結果の検証
（1）安全投資の例示

これも架空の話です。バス事業者が安全方針に基づいて、年度の安全重点施策を策定し、年度予算に合わせて以下に掲げる5項目の安全投資を行いました。

① 輸送設備の更新
　輸送設備の更新としてドライブレコーダー、デジタルタコグラフの新設
② 安全設備の追加
　安全設備の追加として車内にウレタン被膜手すりの増設
③ 研修制度の充実
　研修制度の充実策として新規採用2年目運転士に対して慣れからくる不安全行動防止を意図した運転技能研修（見極め含む）
④ 事故分析と対策のシステム化
　事故分析と対策のシステム化については、分析結果から得られた事故対策として急アクセル、急ブレーキをしないよう省エネ運転キャンペーンを実施して優秀者に対する表彰制度の構築

さて、安全投資の結果、理由はわかりませんが、回送時の事故と車内転倒事故が減少して定時制が向上し、「時刻表どおりにバスが来ない」という苦情が

大きく減少し、省エネ運転キャンペーンを実施した営業所の燃料費が昨年比3％削減できました。さらに、苦情・事故に対応する要員の時間数（工数）が減り、自動車保険の保険料が幾分下がりました。

（2）安全投資の効果の見える化

一般に、経営トップは、会社が継続して利益を得ることを目的に、目的のために様々な取組みを行います。利益を得るためには、売り上げを伸ばし、経費を削減することがポイントで、効率よく輸送力を向上させて、輸送力を確保するための経費を削減することに努力を注ぎます。

経営トップから見れば、会社の経営に責任がある以上、上記の5つの安全投資も輸送力の品質（安全性、定時性）向上と経費削減（事故・苦情対応の人件費、保険料）の効果をねらってのことです。

このような状況下にあって、経営トップは、株主総会における株主説明を考える時期になって、「投資に対する収益がどの程度であったか」という観点から、今年度の安全を振り返って何を思い浮かべるでしょうか。

普通に考えると、経費削減効果を金銭に換算した数字が欲しいでしょう。また、安全投資並びに各部門の1年間の取組みのうち、良い結果を出せた取組みはどれで、どれだけの成果があったかを、可能であれば数値化した報告を求めるでしょう。

平たく言えば、「投資に対する収益がどの程度であったか」ということであり、言い換えれば「安全に係る取組みがどれだけの結果（効果）を得たか」ということです。

結果を検証するのは大事なポイントで、結果が出た取組みは継続し、結果が出なかった取組みは問題点を検討して翌年度の計画に反映することが望まれます。

安全は、結果を視覚化し難いとの意見もありますが、検証が容易（見える化）に行えるよう予め指数化する等、工夫した数値目標を立てておくのも一案でしょう。

2．経営管理部門が対応を考えるべきリスク（安全を阻害する要件）

運輸事業を営むうえで最も発生して欲しくないのは事故ですが、事故が発生した要因は、運行（運航）者だけに限定されるものではなく、多くの要因が重なり合って発生しています。事故対策・予防の対象は運行（運航）者に偏りが

ちですが、経営管理部門から見た場合、運輸事業を安全に運営するためには、安全を阻害する要件を予め念頭に置いた対策作りが必要になると考えられます。

（1）安全を阻害する5つのリスク（要件）

安全を阻害する要件は、表4-1に掲げた5つの要件と考えられますが、多くの運輸事業者は、それぞれ軽重あるものの何らかの対策を講じていると考えられます。

表4-1　安全を阻害する要件の具体的なイメージと対応の考え方

要件	具体的なイメージ	対応の考え方
人的要件	うっかりミス、不安全行動	ヒューマンエラー対策（設備、手順、システム、安全管理体制）
技術的要件	輸送用機器・設備の経年劣化	技術リスクの管理（保守の時間管理、状態管理）、新替え・補修の優先順位付け
自然的要件	地震、集中豪雨、豪雪、突風、高温、感染症、小動物（運航阻害する鳥、鹿、猪）	防災対策（BCP含む）、衛生管理、小動物対策
社会的要件	テロ、侵入、いたずら	セキュリティ対策、保安対策
事業計画的要件	事業拡大・縮小、吸収合併、提供サービスの見直し、路線拡大、採用計画	事業計画の実現に応じて発生するリスクの洗い出し

（2）安全対策の基本的な考え方

安全対策の基本的な考え方は、①安全を阻害する要件が安全上許容できるまで減少させること、②許容できないならば輸送（大量輸送、高速輸送、定時性重視）の計画を見直して安全上許容できるまで減少させること、③計画の見直しで対応できないならば計画そのものを根底から考え直すこと、これらが基本的な対応になると考えられます。

また、輸送の計画は、経営資源である要員（ひと）、運送用機器（もの）、システム（手順）、資金で成り立っており、安全を阻害する要件の変化に応じて経営資源も見直す必要が生じると考えられます。

例えば、輸送需要の拡大に伴って従前において時速100kmで走行していた鉄道車両を時速120kmで走行させるのであれば、経営管理側は、以下に掲げる5つの項目等の評価に関して総合的に判断する必要があり、また、10年以上の長期間に渡って高速運行するのであれば、車両の更新時期を念頭に置いた新型車両の開発と投入時期の検討も必要となるでしょう。

①　鉄道車両の連続高負荷と経年劣化の進行速度に関する評価
②　保守整備の内容、頻度と時間に関する評価

③ 運行要員の負荷に対する評価
④ 軌道に与える負荷と保守整備に関する評価
⑤ 高速化に伴う運行ダイヤ変更（輸送力増大）の評価

3．現業実施部門の管理者（管理者層）に求められる3つの力

　経営トップを含む経営管理部門が安全管理体制の構築・実施の取組みを図り、一定程度の仕組みが構築されると、ふと気付き、疑問に思うことがあります。
　「経営トップ、安全統括管理者、経営管理部門の安全に関する想い、考え方、取組みの働きかけは、現場に伝わっているのだろうか？」
　そして、次に気付くのは、第一線の現場に伝える役割を担っている現業実施部門の管理者（管理者層）は、的確に現場に伝える力を持っているのだろうかと考えます。
　さて、経営管理部門の考え方（方針、安全重点施策、取組み計画）を現場に伝え、現場で明らかとなった課題、潜在している課題等を経営管理部門に報告・上申するのは管理者層の役割になります。経営管理部門のマネジメントに対する意識と考え方が向上してくると現場との橋渡しを行う管理者層の意識と考え方が非常に重要だと気付くことになります。ここでは管理者層に備えることが望まれる以下の3つの力を解説します。
① 伝える力
　　経営管理部門の考えを現場に伝えるのは、現場の管理者層
　→　現場に伝えるべきことを現場に理解しやすく現場視線で伝える力
② 気付く力（リスク感受性）
　　現場での発生課題（リスク）、発生する可能性ある課題（リスク：人、もの、システム）に気付くべきは、現場の管理者層
　→　現場で起きていること、起きそうなことに気付く力（リスク感受性）
③ 報告する力
　　経営管理部門に現場の状況を伝えるのは、現場の管理者層
　→　現場のリスク（起きていること、起きそうなこと）を経営側に改善提案を添えて報告する力
　この項目では、特に①の伝える力、③の報告する力について解説し、②の気付く力（リスク感受性）については、135頁「4．リスク感受性」で解説します。

（1）伝える力

　伝える力は、現場の管理者層が第一線の現場に対して何かを伝えている場面を見ていれば、どの程度の力があるのかが把握できると思われます。以下の例示を通じて伝える力の把握、課題と対応について解説します。

　【例　示】　営業所の助役が参加可能な乗務員を集めて、説明を行います。「先週、本社から燃費向上のための取組みについて、指示がありました。再来週の月曜日から2週間を燃費向上運動のキャンペーン期間と定めて、運動に取り組むこととします。目標は、燃費の2％向上です。各人の燃費データは、整備担当が集めるので省エネ運転に各自努めること。以上だが質問ありますか？無ければ解散します。」

　さて、助役の説明は、簡潔であり説明する力はあるように思われますが、「伝わったか」という観点からは、以下の課題があり、対応に改善の余地があると思われます。

① 　訓示は伝わるのか。

　　この助役の説明は、いわゆる訓示であり「申し伝えるから聞いておくこと。」という双方の暗黙知があり、伝わったか・理解できたかを確認することを重視していないと考えられます。また、仮に乗務員が質問したくても聞ける雰囲気ではありません。

　　【対　応】　テクニックだが、訓示形式　→　会話形式　に変更する。

　　会話形式で伝え、伝えたことの感想を求め、感想が得られるならば伝わったと考えられます。感想とは、聞いたことを理解して、考えて言葉にすることであり、伝わった証と捉えられます。

② 　訓示でも「聞いてもらえる関係」か。

　　この助役は、着任して5カ月。乗務員の名前と顔は一致しているものの、気軽に乗務員に声を掛ける、または話しかけられる関係は築けていません。訓示でも「聞いてもらえる関係」には至っていないと考えられます。

　　【対　応】　聞いてもらえる信頼関係の構築

　　「あの助役の話なら真剣に聞かなければ」という職場の雰囲気があれば、この訓示でも乗務員に聞いてもらえるかもしれませんが、管理者層と乗務員の間に信頼関係が築けていないと、訓示に多くを期待するのは難しいと思われます。この信頼関係については、以下の（2）で説明します。

③ 　具体的な内容か（省エネ運転）。

　　省エネ運転に努めるとの訓示をうけて、経験豊富なベテランは「行ってはいけないこと、行うべきこと」がイメージできますが、経験豊富でない乗務

員はイメージし難いと考えられます。

　【対　応】　抽象的な説明から具体的な説明

　抽象的な説明である「省エネ運転」から具体的な「行ってはいけないことは急発進、急ハンドル、急ブレーキ」、「行うべきことは前車との車両間隔を広めにとって、急操作が不要となるよう努める。」との説明を心がける。

④　話すスピード、ボリューム、間の取り方は適当か。

　人は、年齢を重ねると聞く力が衰えて速いスピードの話しを聞くのが苦手となり、背景音（雑音）が多いと聞き取りにくくなります。また、小さな声は聞き取り難く、抑揚のない平板な説明では何が重要なのかを把握できなくなります。

　【対　応】　聞く側に配慮した理解を促す説明

　聞く側の年齢に応じた説明のスピード・ボリュームに配慮することが重要であり、平板な説明ではポイントが掴み難いため、強弱のある話し方を心がけ、重要なポイントの手前で間をおけば聞く側の注意を引くことができると考えられます。

（2）聞いてもらえる信頼関係の構築

　管理者層が現場の信頼を得る方法として、「現場が解決を願う課題を見出して解決する。」という取組みが挙げられます。取組みに際して参考となる視点の例示を以下の通り掲げて解説します。

　これは、現場の不平不満に対する対応と捉えるのではなく、課題の解決は、従業員にストレス軽減と気持ちの余裕を持たせることにより、ストレス軽減によるイライラ運転の防止（安全確保）、気持ちの余裕から生まれる高いレベルでのお客様対応（接遇の向上）に繋がる可能性があること、また、経営側、現場の管理者層が信頼関係の構築を重要視しているとの姿勢（本気度）を見せる効果が期待できます。

①　衛生環境

　管理者層が、現場の要員が日々使用するトイレの清掃状況、石けんやアルコール消毒液の備置について把握し、改善余地があれば改善を行う。

　清掃状況、石けんの備置　⇒　衛生向上（疾病予防）

　アルコール消毒液の備置　⇒　インフルエンザ予防対策

②　職場の環境

　管理者層が、休息スペースの広さ、明るさ、快適性、室温、照度等について把握し、改善余地があれば改善を行う。

　休息スペースの広さ、明るさ、快適性、室温、照度　⇒　疲労の回復、ス

トレス低減
③ 健康管理

　管理者層が、食事（社員・職員食堂、仕出し弁当）について把握し、改善余地があれば改善を行う。

　　食事　⇒　塩分・カロリー表示、栄養バランスが取れたメニュー作成の依頼

　　福利厚生　⇒　健康維持に配慮した定食（例示：ヘルシー定食）等に補助を本社担当部署に依頼

④ その他

　理解しやすい課題として、衛生・労働環境、健康管理を例に挙げて解説しましたが、実際の現場では、人手不足、実情に見合ってないダイヤ、余裕のない整備計画・労働時間等の課題があると考えられます。現場の課題を現場で解決させるのではなく、経営管理部門が積極的に解決することが最も重要と考えられます。

（3）報告する力

　報告する力とは、現場のリスク（起きていること、起きそうなこと）を経営側に改善提案を添えて報告する力であり、経営管理部門に現場の状況を伝えるのは、現場の管理者層となります。以下の例示で「報告する力」を解説します。

　【例　示】　A営業所の整備担当責任者は、整備場内に予備部品が乱雑に置かれて部品の取り違えが発生しているという課題に対応するため、仕分け棚の購入稟議を本社に上げることとなりました。起きていることの内容と改善提案を添えて、以下の通り報告しています。

　　件名：営業所整備場の仕分け棚購入（稟議）
① 整備場に予備部品の仕分け棚（木製：35万円（見積り添付））設置依頼
② 現状：A営業所では、業務拡大に応じて整備件数が30％増加しており、また、整備する車種が3種類から5種類に増えたため、予備部品の種類・数が増加しました。このため、従前の部品棚では収納しきれないため、床に敷いたパレットに保管する等の対応を行っていましたが、整理整頓し難いため部品の取り違えが月4～5件発生（従前は月1～2件）しています。そこで、仕分け棚を購入することとしたいので宜しくお取り計らいください。
③ 目的：部品取り違え予防
④ 効果（目論見）：部品取り違え予防による車両故障の防止

さて、さらに整備場の写真が添えてあれば、なかなかよく出来た稟議書かもしれませんが、受け取り側（本社）は、受け取った報告＋稟議を読んで上司に合理的な説明が可能かを考えます。最初に考えるのは、棚を購入する以前に可能な対応はないかとの視点になり、以下に掲げる追加の視点の記載を求めるかもしれません。

報告して改善を求めることは予算との兼ね合いもあり、簡単なことではありませんが、対応の優先順位が高くなるよう心がけて作成することが望まれます。

【追加の視点】
① 仕分け棚の購入を検討する前に行うべき対応
　a） 整理整頓
　　いらないものを処分することが整理であり、欲しいものがいつでも取り出せることを整頓と言いますが、整理整頓の実施がなされているかの記載が望まれます。
　b） 予備部品の必要数管理
　　過度に予備部品を持てば多くのスペースを必要とします。必要数の管理を適正に実施しているかの記載が望まれます。
② 部品取り違え予防による車両防止以外の効果（目論見）
　部品を探す時間の削減（業務の効率化）、従業員のモラル向上、職場環境の美化も目論見としての記載が望まれます。

報告する力は、現場のリスク（起きていること、起きそうなこと）に気付くこと、気付いて対応を図ろうとするところから始まりますが、報告を受けた側が「現場で何が起きているのか、何を求めているか」がイメージできる報告を行うことがポイントであり、現場の管理者層は、報告を受け取る経営管理部門の立場に立って考えることが重要です。

4．リスク感受性

前項の「3．現業実施部門の管理者（管理者層）に求められる3つの力」において、起きていること、起きそうなことに気付く力（リスク感受性）が管理者層に求められると前置きしました。

本節では、ガイドライン（7）に記載されている「潜在する危険」、ガイドライン（12）に記載されている「予防措置」を補完的に説明しながら、管理者層に求められるリスク感受性について解説します。

（1）潜在する危険：ガイドライン（7）

① 潜在する危険

　実際に発生した事象である事故、ヒヤリ・ハットは、発生した事象であり報告書という目に見える形で内容を把握することが可能ですが、「潜在する危険」とは、日常の業務に潜む事故につながるおそれがある事象を言います。

　例えば、以下のような状況は、現に事故を惹起(じゃっき)していないものの、事故を惹起する可能性が潜んでいると考えられます。輸送現場に潜在する危険の掘り起こしとは、このような潜在する危険を明らかにして事故を未然に防ぐ取組みです。

　・身体機能（視力、動作の反応）の加齢による変化に気づいていない。
　・新装開店したスーパーマーケット近辺の道路で歩行者が乱横断している。

② 潜在する危険の掘り起こし方法

　次の方法により行うことができます。

　　a）過去に起こった事故やヒヤリ・ハットの原因となった出来事を整理し、潜在する危険の典型的な事例を取りまとめる。
　　b）潜在する危険の典型的な事例を所管する業務に当てはめ、同じような事故が起こる可能性のある場所、業務、作業内容、時間帯などを検討する。

　さて、簡単に思える「潜在する危険の掘り起こし」ですが、実践してみると「簡単にできないことをするのが仕事」であり「危険をある程度承知しても何とかするのがプロ」と意識している社員・職員には、潜在する危険を危険だと感じることが難しく、「危険を排除若しくは低減する」という発想に至らないことが想定されます。このような潜在する危険についての敏感度合いを「リスク感受性」という言葉で表現します。

（2）予防措置：ガイドライン（12）

　予防措置は、輸送の安全に関する潜在的な課題等について原因を除去するための措置ですが、発生していない潜在的な事項に対する対応であるため、起きそうなことを予見する感覚を備えることが望まれます。この起きそうなことを予見する感覚も上記（1）と同様に「リスク感受性」という言葉で表現します。

（3）リスク感受性

　「潜在する危険の掘り起し」及び「予防措置」は、記載された文書を読めば簡単にできそうなイメージを持ちますが、日々の業務に追われている管理者層が現場の業務を見つめ直すのは大変なことであり、何から手を付けるのか、どのような意識を持つべきなのかがポイントになります。

この項目では、トラック、路線バスの営業所をイメージして身近な職場における潜在する危険（リスク）を探してリスク感受性を向上させる取組みについて、以下の事例を参考に解説します。

① 営業所の駐車場に潜むリスク

営業所の駐車場で発生するリスクで誰もが感じるのは、1．バック駐車する際の接触事故、2．駐車場から車道に出る際における歩行者、自転車、他の車両との接触事故であり、多くの管理者層は、営業所におけるリスクとしてこの2点を挙げます。

そこで、取組みを1歩進めて「なぜ、リスクが高いのか」「リスク低減のために考えるべき取組みはなにか」について考えることが、リスク感受性を高めることに繋がります。

それでは、1．及び2．について、以下に掲げる順番で考察してみます。

a） バック駐車する際の接触事故

一般に車両は、前方に比較して後方が見にくいため、他の車両・構造物の視認が難しく、接触のリスクが高まります。リスクの軽減には、バックしないで駐車する頭入れ・頭出しの駐車手順が事故予防に効果的ですが、広い駐車スペースを必要とするため、バック駐車を前提として、例えば、以下の課題とリスク軽減のための取組みを考えることになります。

・リスクの高い時間帯

駐車場・構内が暗くなる時間帯は、さらに後方を見にくくします。駐車場内の照明、構内に引かれた駐車線の対策が考えられます。

・リスクの高い場所

バックする際の転回スペースが狭く、複数回の切り替えが必要になる駐車場所は、どの営業所にも存在します。高い運転技能が求められる駐車場所に運転技能の低い要員を割り当てない対策が考えられます。

・駐車の手順

櫛の歯状に駐車された車両と車両の間に駐車する場合、後方左右に注意を払わないと、どちらかの車両に接触する可能性があります。過度な注意力を必要とせず、左右いずれかに注意を向けられるよう櫛の歯状に駐車しない手順を定める対策が考えられます。

・後方確認の手順

バックする際に降車して後方確認するのは一般的な手順ですが、必ずしも遵守されないために接触事故が減少しない傾向があると考えられます。

　　　　出庫した車両の駐車スペースにカラーコーンを1個置けば、ドライバーが帰庫時に自ら降車してカラーコーンを移動させることになり、併せて後方確認を促す対策が考えられます。
b）　駐車場から公道に出る際の歩行者、自転車、他の車両との接触事故
　　営業所の駐車場は、歩道、車道に接しているのが一般的であり、車両と歩行者・自転車の動線が交差する駐車場の出入り口は、接触のリスクが高まります。また、車道に出る際は、車道を走行している他の車両との接触のリスクも高まります。出入り口に信号機があればリスクの低減が可能ですが、実現が難しい対策であることから、例えば、以下の対策が考えられます。
・視界の確保（境界のフェンス）
　　　駐車場の出入り口付近は、営業所の敷地と歩道との境界にフェンスを設置していることが一般的です。フェンス設置の際に留意することは、駐車場から歩道を横断して車道に出ようとするドライバーの視界を妨げない構造であることです。
　　　ドライバーが最徐行していてもフェンスの陰から飛び出す歩行者、自転車に気付いて停車するのは容易ではなく、予め歩行者・自転車の通行状況が確認できるよう、例えば視界を妨げない金網のフェンスを設置する等によりリスクを低減する対策が考えられます。
・視界の確保（街路樹）
　　　安全確認を実施して出入り口に面する歩道を横断したドライバーは、車道に出る際、まずは右側から走行してくる他の車両を確認します。この際、右側の視界が良好であれば問題ありませんが、視界を妨げる街路樹等が生い茂っている場合、道路管理者に剪定等の対策を申し入れることによりリスクを低減する対策が考えられます。
　現場の管理者層は、前記a）b）に掲げたような現場での発生課題（リスク）、発生する可能性ある課題（リスク：人、もの、システム）に気づいていることが多いと思われますが、「リスクを受け入れている・リスクを過小評価している傾向」もあります。
　リスクと感じた身近な事柄について、リスク低減の方法が何かないかと意識して考えることが重要です。

5．事故分析・対策立案を行う要員の育成（リスク管理要員）

　一般的な傾向ですが、事故報告書に記載されている対策の多くが「事故惹起者に注意喚起」、「安全運行に関する指導の励行」となっている場合、事故惹起者以外に注目した原因の分析・対策が盛り込まれていないと考えられます。

　注意喚起・指導の励行で事故が減少するのであれば、有効な対策かと思われますが、多くの場合、注意喚起・指導の励行だけでは事故が減少しないため、事故分析・対策立案が的確であることが望まれ、担当している要員の役割が非常に重要になります。ここでは、重要な役割を担う要員の育成について解説します。

（1）事故分析・対策立案を行う要員に望まれる事項

　事故分析・対策立案を担当している要員は、「事故等がなぜ発生したか」について、以下に掲げる5つの視点から分析することが望まれますが、運行者（ドライバー）側の原因のみに目を向ける傾向が強いと考えられます。この背景には、会社が原因究明より責任追及を重視する文化・社風を持っており、事故惹起者が責任を認めればそれ以上の原因究明を行わない手順となっていることが多いと考えられます。

　一方で、事故分析・対策立案を担当している要員が以下の5つの視点に基づいて広く深く原因究明を行うことが出来れば会社の文化・社風に変化を与える可能性があります。

① 運行者（ドライバー）、運航者側の原因
② 事故の相手方の原因
③ ハード面の原因（車両の故障など）
④ 周囲の環境にある原因（道路環境、天候など）
⑤ 安全管理・運行管理上の原因

（2）事故分析・対策立案を行う要員の育成

　短期的に対応し難いのが「事故分析・対策立案」を行う要員の育成ですが、育成には、外部・内部の研修を通じての知見の確保と経験の積み重ねが必要となり、育成に向けた長期の視点も必要になると考えられます。

① 外部・内部の研修

　自社内で事故分析・対策立案の研修を実施することも可能ですが、一般的に研修プログラム、教材を自社内で作成するのは困難であり、基礎的な知識と分析・対策の流れを体験できる外部の研修を受講させるのが効率的と考え

られます。

　また、国土交通省では、以下のHPにて「事故報告書のデータ化、傾向分析、対策立案を演習形式で学習する研修教材について」を公表しています。

　　　　　http://www.mlit.go.jp/unyuanzen/unyuanzen_kyozai.html

② 経験の積み重ね

　要員は、事故分析・対策立案の経験の積み重ねにより、事故・失敗から得られる教訓から事故の背景要因を広く深く分析する分析能力の向上が期待できます。

　具体的な方法として、個々の事故報告書から自社の事故にどのような傾向があるのかをエクセルシート上でデータベース化すれば、事故分析数の母数増加に応じて、例えば、以下に掲げた傾向を把握することが可能となります。

・事故の50％は、経験3年未満のドライバーが惹起
・後退事故の90％は営業所内で発生。最多発生時間は日没後
・人身事故は、信号機のある横断歩道右左折時、配送のためお客様の所在地に面する歩道の横断時に発生
・特定の配送ルートで配送遅延に伴う焦りの事故が年に4件発生

③ 育成に向けた長期の視点

　経験を積み重ねるためには、安全を担当する部署に一定期間専従または兼職させる配慮が必要となります。育成に向けた長期の視点からは、経験を積み重ねる方法の一つとして、安全担当としてのキャリアを積ませる人事的な配慮を行うこと、長期計画で経験豊富な人材を育成することが重要と考えられます。

　さて、一定規模以上の事業者であれば、事故分析・対策立案を行う要員は、現場の要員（例示：運行管理者）、現場管理部門（例示：営業所長、現場長）・本社安全担当部署（例示：安全推進課）、経営管理部門（安全統括管理者）の3層でそれぞれ安全に関する業務を担当していることが多いと考えられます。このため、安全を拠り所として段階的に組織全体の安全を俯瞰できる人材を育成する組織方針を持つことが望まれます。

6．事故の報告書、事故の統計データ（中小規模事業者）

　事故は、モードによって発生頻度が大きく異なり、「航空・鉄道の事故発生頻度」と「交通事故に代表される自動車の事故発生頻度」を比較すると前者の頻度が低いものの、社会に与える影響が大きいため、航空・鉄道の事故は、公

的機関が原因究明と再発防止に力を注いでおり、過去の事故に関する報告書（事実、分析、事故原因、再発防止策）は、誰もが検索して自社の安全性向上に役立てることができます。

一方、自動車事故は件数が多く、公的機関の調査が主に道路交通法の観点から分析されているため、原因究明の観点からは先に述べた「事故の背景要因の5つの観点」を必ずしも網羅していないと思われ、個々の事故に関する情報は検索し難いと思われます。

このため、事業者は、自社が惹起した事故の報告書、報告書を積み上げた統計データが自社の事故傾向を分析するために非常に役立つ資料だと考えられます。この項目では、自社が持つ事故の報告書、統計データについて解説します。

（1）事故の報告書

① 保険金請求書

一般に事故が発生すれば事故報告書を作成しますが、安全管理体制が十分でない場合は、原因究明・再発防止に着目した記載が乏しくなるのが実態です。

ただし、自動車保険を使って保険金請求を行うときは、事故の状況を記載した請求書を作成する必要が発生します。

保険金請求書は、過失の割合を定める観点から事故の事実関係を記載しますが、記載された事実関係は、事故の原因究明に役立つ内容であることが多いと考えられます。

② 過去に遡っての事故分析

安全管理体制を強化すると事故報告書の作成・分析も実施できる要員を育成できますが、過去に惹起した自社の事故を遡って分析する場合、事故報告書が作成・保管されていないと実施が困難になります。

この場合、保険金請求書は会計処理上の理由から一定年数保管されていることがあり、自社の惹起した事故を分析する資料として有効です。

（2）事故の統計データ

一般に、事故は事業規模に応じて発生件数が大きくなるため、車両数50両の会社と300両の会社では、年間の事故発生件数に差が生じます。

事故件数の少ない事業者の場合、仮に年間10件程度の事故件数ならば、個々の事故の分析は可能ですが、事故の傾向を分析するのに十分な母数（件数）とは言えないため、十分な母数を得るために長い期間（100件必要ならば10年）が必要になります。

このため、たとえ内容が不十分であっても過去の事故報告書（保険金請求

書）を読み返して、母数に加えるという作業を行うことにより、事故の傾向を正確に把握することが可能になります。

7．内部監査の考え方の整理

　この項目では、「運輸安全マネジメント制度」における内部監査の考え方を整理しています。予め本項目を読まれた後に、次項目以降の「8．経営トップに対する内部監査」、「9．内部監査での指摘が皆無という状況」を読まれると理解が促されると思われます。
① 　内部監査の成果、成果に基づく見直し
　　内部監査の成果は、被監査部署に気付き（適合性、有効性）を与えることであり、得られた気付きから見直し改善に繋がることが期待されると考えられます。
② 　内部監査のPDCAサイクルにおける位置付け
　　内部監査は、ガイドライン（12）に記載されている継続的改善（PDCAのCA）の手法の一つであり、その特性は内部監査を受ける部門の業務に従事していない者が監査を実施することによる「客観性の確保」にあると考えられます。
③ 　内部監査の「客観性」と「専門性」の相関関係
　　内部監査は、被監査部門以外の要員が内部監査を実施するため、被監査部門の業務の専門性を理解するのが困難または時間を要するという実態があります。このため、事業者によっては、監査チームに被監査部門の要員を参加させることにより専門性を補完して気付きを得て、見直しの成果を得ている事例が見られます。
　　このことから、客観性は重要視される必要があるが、被監査部門の要員を内部監査に参加させることによる効果に着目すべきであり、客観性と専門性のバランスを取った柔軟な内部監査が成果から見ると有効であると考えられます。
④ 　「事業規模」と「内部監査」の相関関係
　　一般に事業規模が大きな事業者は、規模が大きいために取組みの実施・見直し改善状況に目が届かない傾向があると考えられます。このため、経営管理部門は、内部監査体制を構築・実施して実態を把握することに意味があると認識していると思われます。
　　一方、事業規模が大きくない事業者（例示：本社と生産・現場部門が同一

箇所にある事業者）は、規模が大きくないため自社内の取組みについて目が届くことから新たに内部監査の仕組みを導入することに消極的な考えを持つと思われます。
⑤　「組織の独立性」と「内部監査」の相関関係
　事業者内の組織が組織ごとに高い専門性を有している場合（例示：鉄道における運転・土木・電気・車両、航空の運航・整備・乗員）、組織間の独立性・専門性が高いため他の部署との人事交流・情報共有が乏しくなる傾向が見られ、組織外からの指摘（内部監査）に対して必ずしも前向きな反応を示さない傾向があると考えられます。事業規模の大小を問わず事業者内組織の専門性の高さに応じて独立性が高まる傾向があると考えられます。

8．経営トップに対する内部監査

　経営トップに対する内部監査は、実施が困難と考える可能性があり、その対応について、以下に解説します。
（1）内部監査を実施できない状況
「運輸安全マネジメント制度」は、経営トップに対する内部監査を勧めていますが、以下に掲げる理由から内部監査の実施が困難となる状況があると考えられます。
①　経営トップに内部監査を受ける意向がない。
　【対　応】　安全を担当する部署が、時期を捉えて粘り強く重要性・期待される効果を説明することが必要だと思われます。また、同業他社と情報交換を行い、他社がどのような対応状況であるかについて、経営トップに説明することも重要だと思われます。
②　経営トップは内部監査を受ける意向があるが、内部監査の要員に遠慮がある。または、内部監査する適任者がいない。
　【対　応】　経営トップは組織の頂点にあり、部下からすると頂点の上司に対して遠慮があり、インタビューを通じて感じたこと、思ったことを発言するのに遠慮があり、たとえ事実から導き出される課題であっても経営トップにコメントするのは大変な勇気を必要とします。
　このため、内部監査という業務の内容、業務が持つ性格を社外の研修機関で学ぶことが重要と考えられます。専門の研修で学んだ知識・業務手順は、内部監査業務の標準的な内容であることから、必要なことは遠慮なく経営トップにコメントするのが標準的な内部監査だという説明が可能になると思われます。

また、内部監査を実施する要員は、事業の業務内容全般を知り、各部署での経験が豊富であれば、多角的な視点で経営トップに対して気付きを与える内部監査が実施できることから、年齢と経験を重ねた要員の起用を考えるのも一案と思われます。
③　部下が上司を監査することを容認する雰囲気・文化が社内にない。
　【対　応】　当面は、親会社、グループ会社、協力会社、民間の専門機関等の活用を検討することになると思われますが、内部監査の効果・有効性を把握してアピールすることにより、内部監査そのものの重要性を周知し、社外ではなく社内で実施したいという雰囲気を醸成することが重要と思われます。

（2）内部監査を実施する際に直面する状況

　経営トップは、一般に業務を行う手順書を持たないため、「実施している／実施していない」という適合性監査に馴染まないのが実態と考えられます。このため、安全に係る取組みの課題に対応するための投資を含む指示、報告、達成状況に基づく評価、見直し改善の状況を把握する有効性監査を実施することが望まれます。

　具体的な方法としては、以下に掲げる3つの方法がありますが、この3つに限定されるものではなく、監査側、被監査側にとって気付きが得られ、意義があり、有効であると思われる方法を考えて選択することが望まれます。
①　インタビュー
　　経営トップに対して内部監査要員が直接インタビューする方法
②　発言、発信及び記録の確認
　　経営トップの発言（会議、年頭の挨拶）、社内外への発信（社内報、安全報告書）マネジメントレビューの記録等に基づいて実施する方法
③　安全に関する会議体の活用
　　安全に関する会議（例示：安全推進委員会）に同席して、安全に関する議題に対する議論を見聞きして実施する方法

（3）経営トップに対する内部監査を円滑に実施するための準備

　経営トップに内部監査を実施する場合、時期、実施者、手法、内容について事前に説明を行うこと、実施した場合にどのような効果が期待できるのかを予め説明することが望まれます。

　事前説明は、経営トップの内部監査に関する考え方、関心・疑問のある事項、内部監査で重点的に確認して欲しい事項を把握するのに有効であり、例えば、インタビュー形式で内部監査を実施するのであれば、どのような進め方になるのかを説明することにより、円滑な内部監査が期待できます。

9．内部監査での指摘が皆無という状況

　内部監査を実施した多くの事業者が直面する課題に「指摘が皆無」という状況が挙げられます。考えられる原因と対応を以下の通り解説します。

（1）「指摘が皆無」の背景にある原因
　指摘が皆無の背景には、以下に掲げるような事項が影響していると考えられます。
① マイナス評価を嫌う会社文化・雰囲気（取組み実態の不開示）
　　監査側から指摘されることを前向きに受け止められない会社の雰囲気がある場合、被監査側は、取組み実態を正直に説明する可能性は低くなります。
② 手順・ルールからの逸脱が監査の重点事項
　　監査側が定められた手順・ルールから逸脱した事項を監査の重点事項とする場合、被監査側は、手順・ルール通りに実施していることを説明できる記録の作成、手順を逸脱した状況に対する合理的な説明の作成に注力し、指摘を受けないことを重視します。
③ 内部監査要員の力量不足（訓練の問題）、監査側が被監査部署の業務内容についての理解不足（専門性の問題）
　　a．監査側の要員が内部監査の考え方、手順を理解していない場合、指摘すべきポイントを見出すことが難しくなります。
　　b．監査側が被監査側の業務内容を理解していない場合、被監査側の抱える課題・問題点は把握できず、見直し改善のための指摘も難しくなります。
④ 内部監査体制、要員育成が不十分な状態で内部監査の実施を優先
　　大手・中堅事業者であれば、内部監査の体制、要員育成が可能ですが、中小事業者の場合、人手不足等の理由から速やかな体制整備は難しく、規模に応じた段階的な取組みを計画することが必要になります。

（2）原因に対する対応
① マイナス評価を嫌う会社文化・雰囲気（取組み実態の不開示）
　　「平成29年ガイドライン」は、5．(11) 2) ④に「被監査部門の責任者は、監査で指摘を受けた問題点の原因を遅滞なく除去するために、必要な是正措置・予防措置を実施する。」と記載されており、マイナス評価を嫌う会社文化を持つ事業者から見ると、内部監査は、被監査部署の問題点をあぶり出すのが目的であるかのように受け取られます。
　　内部監査の目的は、被監査部署の取組みが効果的に運用されていることを

確認することであり、見出された問題点は「最優先の改善すべき課題」と前向きに理解することが重要です。
　また、問題点を見出すだけでなく、a）改善の提案を実施する、b）優良事例を見出すという観点も併せて内部監査を実施すれば、被監査部署が捉える監査のイメージは変えられると思われます。

② 手順・ルールからの逸脱が監査の重点事項
　手順・ルールは、だれもがミスなく業務を実施して同じ成果が得られるよう標準化されたものですが、手順・ルール通りに業務を実施していない場合、監査側は問題点を見出したと捉えて「手順・ルール通り実施すること」と報告書に記載することが多いと考えられます。
　考察すべきは「なぜ、手順・ルール通り実施できないか」です。業務環境は年月とともに変化しており、手順・ルールを作成した当時は合理性を持っていても、現状に整合しない内容となっている可能性もあります。監査は、「なぜなのか」の背景まで把握することを重視して実施することが望まれます。

③ 内部監査要員の力量不足（訓練の問題）、監査側が被監査部署の業務内容についての理解不足（専門性の問題）
　内部監査要員の力量を向上させるためには、以下に掲げる事項が有効だと考えられます。
　　　ａ．外部の研修機関が提供するセミナー等の訓練を受けること
　　　ｂ．内部監査の業務に従事して経験回数を重ねること
　　　ｃ．内部・外部を問わず内部監査経験が豊富な者の知見を収集して取り込むこと
　また、監査側が被監査部署の業務内容について理解するためには、以下に掲げる事項が有効だと考えられます。これらは、監査の客観性を確保しながら専門性を付加する手法と考えられます。
　　　ａ．被監査部署の要員が自らの部署の課題を洗い出して、監査側と協議
　　　ｂ．被監査部署の要員１名を監査チームに組み込んで監査を実施

④ 内部監査体制、要員育成が不十分な状態で内部監査の実施を優先
　内部監査は、PDCAのＣに位置付けられており、自社の取組みを見直す仕組みとして優れていると考えられますが、体制整備と要員育成が伴わないと運用が難しく、成果を得がたいと思われます。このため、最初から高度な見直しである内部監査を実施せず、内部監査以外の見直しを実施して経験を重ねてから内部監査に移行する段階的な取組みも検討すべきと考えられます。

以下に段階的な取組みの例示を記載するので自社の体制・考え方に応じて対応することも一案と考えられます。
　　第一段階：内部監査要員も参加させてマネジメントレビューを実施
　　第二段階：内部監査要員は、被監査部署と取組みの実態について自由討議
　　　　　　 を行い双方が課題と認識した事項の洗い出し
　　第三段階：内部監査に対する事業者内の理解を図ってから、客観性と専門
　　　　　　 性のバランスに配慮した内部監査を実施

10. マネジメントレビューの内容を記録する重要性

　マネジメントレビューの際に1年間の振り返りを行うために作成された資料は、自社の安全管理に関する課題と目標、課題への対応と目標を達成するための取組みを取りまとめた資料となっていると考えられます。
　「1年間の振り返りを行うために作成された資料」に基づいて、3年前、5年前、8年前と遡って振り返ると会社の安全管理に関する課題と対応には、以下に掲げる状況が見られます。
　① 毎年異なる課題が挙げられるわけではない。
　② 同じ課題に数年間対応することがあり、段階的に取組みを向上させたことがある。
　③ 過去に対応できた課題が再び課題としてクローズアップされることがある。
　課題は、社会情勢、時間の変化に応じて変化するものですが、過去に対応した課題が再び課題となることがあると考えられます。
　過去に直面した課題に当時の担当者がどのような対応を行ったのか、効果のあった取組み、効果のなかった取組みについては、当時の「1年間の振り返りを行うために作成された資料」を見ることにより把握することが可能であり、現に起きている課題に対応するための資料として有効だと考えられます。
　なお、課題と対応について年表的に取りまとめておけば、自社の課題と対応の歴史を把握することが可能であり、今後、課題となる可能性のある事柄を推測する参考にもなると思われます。

11. 正しい作業の考え方

　運輸事業における現場の要員は、定められた手順、作業基準に従って正しい

作業を遵守することが強く求められています。正しい作業を定める背景には、安全性・効率の確保があり、過去の作業における事故、事故に至る前の事象の教訓から作業基準が整備されているのが一般的と考えられます。

例えば、高所作業を行うのであれば、作業現場周辺の安全確保のため見張り員、作業員及び作業補助員の手配・配置を行い、安全帽、安全靴、安全帯等の保護具の装着を確認し、作業前ミーティングで作業手順の確認とKYT（危険予知訓練）の実施を行う等の作業基準に沿った対応を行います。

この手順、作業基準の作成・見直しを検討する際には、以下に掲げる事項を十分に配慮することが望まれます。

（1）正しい作業内容を知っているか。

作業は、現場の要員が「正しい作業内容」を知っていることが前提となります。

一般に正しい作業内容は、研修で知識を教育し、訓練で作業を体験させ、OJT（On the Job Training）で作業に習熟し、経験豊富なベテランから応用作業を学びます。また、作業を標準化するために手順書（マニュアル）を作成します。

現場の要員に対して、どうやって正しい作業を教育、体験、習熟、マニュアル化して理解させるかは、重要なポイントであり整理しておくことが望まれます。

（2）正しい作業を実施できる能力等に見合う作業内容か。

作業は、現場の要員が平均的な能力（視覚、聴覚、判断力、覚醒度合い、動作精緻力等）を持ち、平均的な教育訓練を受けて実施可能な内容であることを前提としています。

このため、平均的な能力に変化が生じるのであれば、変化に応じた教育訓練の見直しが必要であり、教育訓練の見直しで対応し難いのであれば、作業内容そのものを見直すことが望まれます。

手順、作業基準が作成された時代・社会情勢と現代が同じ背景であれば問題は発生しませんが、例えば、人手不足の対応のために、採用基準の緩和、退職者の雇用延長、外国人労働者の雇用、作業の外部委託の促進等が長期間に渡るのであれば、前提である平均的な能力に変化が生じます。従前であれば、2週間の教育訓練で誰もが習熟できた作業が3週間の教育訓練を実施しても習熟できない状態となった場合、作業の内容を軽減化するまたは作業の効率を下げる等の見直しが必要になると思われます。

（3）正しく作業しようとする意識があるか。

作業は、現場の要員が正しく作業しようとする意識をあって正しく作業され

ます。

例えば、鉄道の保線工事は、作業員とは別に見張り員を配置する手順が講じられています。これは、作業中は作業以外のことに注意を払えないという人間特性から、接近する電車を見張ることに専念する見張り員を配置して安全を確保する手順です。一見すると見張り員が作業を手助けすれば早く作業が終了するのでは考えますが、過去の事故の教訓を踏まえた手順と言えます。

作業を正しく行うために「なぜ手順、作業基準」が定められているのか、手順飛ばし・不遵守から過去にどのような事故が発生しているのかの背景を理解することが正しく作業する意識を持たせるのに有効と考えられます。

12. 海事における任意ISMと安全管理体制との関係性

「ISM（International Safety Management）コード」は、1998年7月の適用から約20年経過し、その考え方とSMS（Safety Management System）構築、実施・維持のノウハウは相当程度蓄積されていることから、認証を継続している企業にとっては若干の整理を図るだけで、「ISMコード」と近似した「平成29年ガイドライン」をベースにした安全管理体制は既存のシステムを大きく変更することなく取り込めるものと思われます。

さて、大前提として1つの企業に2つのシステム（「ISMコード」によるSMS、「運輸安全マネジメント制度」による安全管理体制）を導入するのは混乱を招くことから、「ISMコード」をベースに安全管理体制を構築した企業の場合、「平成29年ガイドライン」で強調されている経営トップの役割に関する事項を既存のSMSに円滑に取り込むことがポイントであるとの前提で、運輸安全マネジメントを取り込む際に押さえておくべきポイントについて解説します。

（1）運輸安全マネジメントにおける経営トップの役割と「ISMコード」における経営トップの役割

「運輸安全マネジメントにおける経営トップの役割」と「ISMコードにおける経営トップの役割」を取りまとめた次頁の表4-2を見ると、「ISMコード」における経営トップの役割が両者を比較すると少ないことに気付きます。

このため、「ISMコード」における経営トップの役割の不足分に対応した仕組み、取組みを組み込むことが「平成29年ガイドライン」に対応した安全管理体制が構築のためのポイントであることが理解できます。

表4-2　「運輸安全マネジメント制度」と「ISMコード」における経営トップの役割の比較表

運輸安全マネジメントにおける経営トップの役割	ISMコードにおける経営トップの役割
①　関係法令等の遵守と安全最優先の原則を事業者内部へ徹底する。(ガイドライン5.(1)1)①)	対応なし。
②　安全方針を策定する。(ガイドライン5.(1)1)②)	②　方針の確立 (ISMコード2.1) 　会社は、1.2の目的を達成する方策を述べた安全及び環境保護の方針を確立しなければならない。
③　安全統括管理者、その他経営管理部門で安全管理に従事する者(以下「安全統括管理者等」という。)に指示するなどして、安全重点施策を策定する。(ガイドライン5.(1)1)③)	③　管理責任者の任命 (ISMコード4.) 　経営責任者に直接接することができる管理責任者を必要に応じて任命しなければならない。
④　安全統括管理者等に指示するなどして、重大な事故等への対応を実施する。(ガイドライン5.(1)1)④)	対応なし。
⑤　安全管理体制を構築・改善するために、かつ、輸送の安全を確保するために、安全統括管理者等に指示するなどして、必要な要員、情報、輸送施設等(車両、船舶、航空機及び施設をいう。)が使用できるようにする。(ガイドライン5.(1)1)⑤)	対応なし。
⑥　マネジメントレビューを実施する。(ガイドライン5.(1)1)⑥)	①　マネジメントレビュー (ISMコード1.4.6、12.2) 　会社は、設定された手順に従って、安全管理システムの効果を定期的に評価し、必要な場合は、見直さなければならない。

(2) 経営トップの役割がISM・運輸安全マネジメントで異なる背景と企業の実態

① ISMコード

　「ISMコード」は、経営トップの強いリーダーシップを必ずしも要求しておらず、管理責任者 (Designated Person(s)：DP) に管理に係る責任と権限を委ね、SMSの実施・維持を担わせることを認めています。これは、「ISMコード」が経営トップを軽視した訳でなく、船舶を実質的に管理する部署の長 (DP) がSMS (Safety Management System) の要である船舶管理会社 (COMPANY) の実情を踏まえてのことです。

② 運輸安全マネジメント制度

　「運輸安全マネジメント制度」は、経営トップについて「経営トップの責務」(ガイドライン5.(1))を強調しており、「ISMコード」をベースに

安全管理体制を構築した企業には、若干違和感のある事項となっています。
③　解説とポイント
　　ａ．SMS及びSMM（Safety Management Manual）の観点
　　　「ISMコード」は、経営トップの責務（特に「主体的に関与」）を強く要求していないため、SMS及びSMMにおける経営トップの位置付けを強調して規定・記載しないのが一般的と思われます。
　　ｂ．企業の実情
　　　経営トップは、企業としての重大な決定事項（例えば安全方針の策定）に、会議体若しくは稟議書を通じて何らかの関与を図るのは、ごく一般的なことです。また、要員に対する周知伝達（例えば、関係法令の遵守）についても、会議体若しくは職制を通じた周知、通達文書、社内報、社内イントラ等を実際に活用しているのが一般的であり、管理責任者に全権を委任せず、ポイントを押さえたSMSを構築しているのが一般的と言えます。
　　ｃ．検査（審査）、評価の観点
　　　ISMの検査（審査）は、権限委任の観点から、管理責任者へのインタビュー時間が長いのに比較して経営トップへのインタビュー時間が短く、運輸安全マネジメント評価は、経営トップへのインタビューを重視しているため、時間を長く設定しています。しかしながら、上述の通り、「ISMコード」の認証を得ている企業の経営トップが安全（SMS）への関与が乏しいということはなく、ごく日常的に安全への取組みに関与しているのが実態と思われます。

（３）経営トップの役割をSMSに取り込む際のポイント

　経営トップの役割をSMSに取り込む際のポイントは、企業が実際に行っている取組みを改めてイメージし、必要あれば、SMSにおける経営トップの位置付けを従前より強めにSMMに規定することが考えられます。
　言い換えると、「ISMコード」は、経営トップの役割をSMSに規定することを強く求めていないが、運輸安全マネジメントは強く求めていると言え、「ISMコード」をベースに安全管理体制を構築している企業は、実態として経営トップが安全管理に強く関与していても、SMMには敢えて記載することを求められなかったが、運輸安全マネジメントは経営トップの関わりに強い関心を抱いていると考えられます。
　具体的には、次頁表４－３にまとめましたので、参考ください。

表 4-3　「運輸安全マネジメント制度」における経営トップの役割を「SMS」に取り込む際のポイント

運輸安全マネジメント制度における経営トップの役割	SMS に取り込む際のポイント
①　関係法令等の遵守と安全最優先の原則を事業者内部へ徹底する。（ガイドライン5．(1)1)①）	①　安全方針への左記内容の反映状況を確認する。 ②　反映済みならば、安全方針の作成・見直しの手順に経営トップの関与を定める。 ③　未反映ならば、左記内容を安全方針に反映し、安全方針の作成・見直しの手順に経営トップの関与を定める。 ④　安全方針への反映以外の方法もあるので、自社の実態を確認のうえ、経営トップの関与を定める。
②　安全方針を策定する。（ガイドライン5．(1)1)②）	①　安全方針は、「方針の確立（ISM コード 2.1)」で担保されている。 ②　このため、通常は経営トップが安全方針の策定に関与している。 ③　自社の実態を確認のうえ、経営トップの関与を定める。
③　安全統括管理者、その他経営管理部門で安全管理に従事する者（以下「安全統括管理者等」という。）に指示するなどして、安全重点施策を策定する。（ガイドライン5．(1)1)③）	①　自社における安全重点施策に類する目標・取組み計画の実態を確認する。 ②　上記①の策定に関する手順について、経営トップの関与を定める。
④　安全統括管理者等に指示するなどして、重大な事故等への対応を実施する。（ガイドライン5．(1)1)④）	①　重大な事故等への対応は、「緊急事態への準備（ISM コード 8.)」で担保されている。 ②　上記①の対応に関する指示について、経営トップの関与を定める。
⑤　安全管理体制を構築・改善するために、かつ、輸送の安全を確保するために、安全統括管理者等に指示するなどして、必要な要員、情報、輸送施設等（車両、船舶、航空機及び施設をいう。）が使用できるようにする。（ガイドライン5．(1)1)⑤）	①　必要な要員、情報、輸送施設等の経営資源は、ISM コードに明確には規定されていない。 ②　一方、上記①の経営資源は、経営トップが判断に関与していることが多い。 ③　自社の実態を確認のうえ、経営トップの関与を定める。
⑥　マネジメントレビューを実施する。（ガイドライン5．(1)1)⑥）	①　マネジメントレビューは、「マネジメントレビュー（ISM コード1.4.6、12.2)」で担保されている。 ②　このため、通常は経営トップがマネジメントレビューに参加している。 ③　自社の実態を確認のうえ、経営トップの関与を定める。

第5章
運輸安全マネジメント一問一答

　本章は、運輸安全マネジメントに関して、制度、評価、現状、普及・啓発等について寄せられる質問を一問一答の形式で取りまとめてあります。

1．「運輸安全マネジメント制度」とは、どのようなものでしょうか。

　「運輸安全マネジメント制度」は、平成17（2005）年に発生した福知山線脱線事故をはじめとする様々な事故・トラブルにおいて、共通する因子としてヒューマンエラーとの関連が指摘されたことから、輸送の安全を確保するため、事業者が経営トップから現場まで一丸となった安全管理体制を構築、実施・維持（見直し、継続的改善を含む。）することを通じて安全文化の構築・定着を図り、これらを国が事業者の安全管理体制を評価することとした制度です。

　この制度は、平成18（2006）年10月に各事業法を改正した「運輸安全一括法」の制定に伴い実施されています。

2．運輸事業者には、どのような義務が共通に課せられたのでしょうか。

　輸送の安全性の向上の取組み、安全管理規程の作成及び届出、安全統括管理者の選任及び届出等が義務付けられています。また、これに対応して、安全管理規程に記載された事業者の安全管理体制の運用状況を国が確認する「運輸安全マネジメント評価」が行われます。

　また、「運輸安全一括法」の義務に関する関係条項は、次頁の表5-1に記載の通りになります。

表5-1 「運輸安全一括法」の義務に関する関係条項

法律名	輸送の安全の確保努力規定	安全管理規程届出	安全統括管理者選任・届出	安全報告書公表
鉄道事業法	法第18条の2	法第18条の3第1項	法第18条の3第4項・第5項	法第19条の4
	法第38条（索道事業者への準用規程）			
軌道法	法第26条（鉄道事業法の準用規程）			
道路運送法	法第22条	法第22条の2	法第22条の2第4項・第5項	法第29条の3
貨物自動車運送事業法	法第15条	法第16条第1項	法第16条第4項・第5項	法第24条の3
海上運送法	法第10条の2	法第10条の3第1項	法第10条の3第4項・第5項	法第19条の2の3
内航海運業法	法第8条の2	法第9条第1項	法第9条第4項・第5項	法第25条の3
航空法	法第103条	法第103条の2第1項	法第103条の2第4項・第5項	法第111条の6

3．安全管理規程の作成・届出、安全統括管理者の選任・届出は、どのような事業者が対象でしょうか。

安全管理規程の作成・届出、安全統括管理者の選任・届出等の対象となる事業者は、次の表5-2に記載の通りになります。

表5-2 安全管理規程の作成・届出等の対象事業者

法律名	安全管理規程の作成、届出等義務付け対象事業者	
鉄道事業法	許可を受けた鉄道事業者及び索道事業者全て	
軌道法	特許を受けた軌道経営者全て	
道路運送法	貸切バス事業	全ての事業者
	乗合バス事業（貸切委託運行の許可を得ているもの）	全ての事業者
	乗合バス事業（上記を除くもの）	乗合バス及び特定旅客の事業用自動車を合計200両以上所有している事業者
	特定旅客事業	乗合バス及び特定旅客の事業用自動車を合計200両以上所有している事業者
	一般乗用旅客自動車運送事業	左記事業の事業用自動車を合計200両以上所有している事業者

154

貨物自動車運送事業法	一般貨物自動車運送事業 特定貨物自動車運送事業 第二種貨物利用運送事業	左記事業の事業用自動車（被けん引を除く。）をそれぞれ200両以上所有している事業者
海上運送法	許可を受け又は届出を行った事業者全て	
内航海運業法	登録を受けた内航海運事業者全て（船舶の貸渡しをする事業のみ行うものを除く。）	
航空法	航空運送事業者全て	

4．「運輸安全マネジメント制度」導入の背景は何でしょうか。

　平成17（2005）年には、福知山線脱線事故をはじめとするヒューマンエラーが原因と考えられる事故等が多発しました。これらの事故・トラブルの多くに共通する因子として、システムの構成要素の1つである人間が、与えられた役割を果たせなかったことによるエラー、いわゆる「ヒューマンエラー」との関連が一般的に指摘されました。

　国土交通省は、その原因、背後関係の調査、再発防止及び未然防止の方向性を検討するために、「公共交通に係るヒューマンエラー事故防止対策検討委員会」を設置し、その検討会の中で、安全管理体制についての一つの方向性を出しました。

　「ヒューマンエラー」には、信号の見落としや管制指示間違いなどのうっかりミスや錯覚等により「意図せず」に行ってしまう狭義の「ヒューマンエラー」と、時間の短縮を図る状況に追い込まれて安全手順違反をするなど、行為者がその行為に伴う「リスク（危険性）」を認識しながら「意図的に行う不安全行動」があり、特に「意図的に行う不安全行動」の原因として、「不安全行動」を容認するような「職場環境・企業文化」というものがあるということが、上記委員会から指摘されました。

　また、その「不安全行動」を防止するためには、運輸事業者において経営トップから現場まで一丸となった安全管理体制を構築し、その安全管理体制の実施状況を国が確認する仕組みを導入することで、事業者内部における「安全意識の浸透」や「安全風土の構築」を図るメカニズムを組み込む必要性があることも指摘されました。そのためには、事業者が「PDCAサイクル」の考え方を取り入れた安全管理体制を構築し、その体制の継続的な運用・改善に取り組むこと、国が事業者における安全管理体制の確認を行う「安全マネジメント評価」を実施すること等が必要と、新たな方向性が示されました（15頁「図1-1　ヒューマンエラーの種類と事故防止」参照）。

5．安全管理規程とは、どのようなものでしょうか。

（1） 安全管理規程とは、運輸事業者において、輸送の安全を確保するために遵守すべき輸送の安全を確保するための事業の運営の方針、事業の実施及びその管理の体制、事業の実施及びその管理の方法等に関する事項を定めるものであり、運輸事業者に作成が義務付けられています。

（2） 安全管理規程は、安全最優先の方針の下、経営トップ主導による経営トップから現場まで一丸となった安全管理体制の構築を図ることが目的とされており、図5-1のようなPDCAサイクル（輸送の安全に関する方針等の策定、実行、チェック、改善のサイクル）を経営トップ主導で適切に機能させ、輸送の安全のための取組みを継続して向上させることが求められます。これにより事業者内部全体に安全風土、安全文化が構築・定着し、安全最優先の原則と関係法令遵守の徹底が図られます。

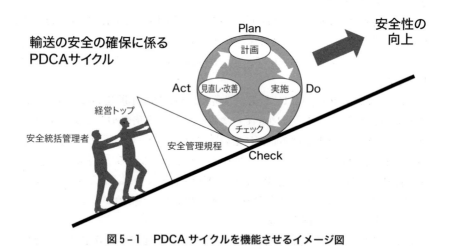

図5-1　PDCAサイクルを機能させるイメージ図

（3） 運輸事業者は、改正された事業法及び同法施行規則に従い、以下の事項を含む安全管理規程を作成する必要があります。具体的な内容は、「平成29年ガイドライン」に記載されているので、第2章を参照ください。
　① 輸送の安全を確保するための事業の運営の方針に関する事項
　　　安全方針／安全重点施策
　② 輸送の安全を確保するための事業の実施及びその管理の体制に関する事項
　　　経営トップの責務／安全統括管理者の責務／責任と権限（組織体制）

③ 輸送の安全を確保するための事業の実施及びその管理の方法に関する事項　情報伝達及びコミュニケーションの確保／事故、ヒヤリ・ハット情報等の収集活用／重大な事故等への対応／関係法令等の遵守／安全管理体制の構築・改善に必要な教育・訓練等／内部監査／マネジメントレビューと継続的改善／文書の作成及び管理／記録の作成及び管理

6．安全管理規程を変更しようとする場合、どうすればよいのでしょうか。

　安全管理規程を変更しようとする際は、所轄の地方運輸局等に届け出る必要があります。また、航空運送事業者の場合は、国土交通省本省または地方航空局に届け出る必要があります。

7．安全統括管理者とは、どのような人でしょうか。

　安全統括管理者とは、安全管理規程に記載された安全管理体制を総括管理する者であり、具体的には、以下のような業務を行うこととなります。
① 安全管理体制に必要な手順及び方法の確立、実施、維持
② 安全管理体制に係る施策等の実施状況及び改善の必要性の有無等の経営トップへの報告
③ 関係法令等の遵守と安全最優先の原則の事業者内部への徹底

　また、安全統括管理者は、各事業法令に従い、取締役クラス以上で、一定の業務経験（3年以上。鉄道については10年以上。）を有する者を選任する必要があります。（義務付け対象事業者については、本章の3番を参考ください。）

8．安全統括管理者を変更した場合、どうすればよいのでしょうか。

　安全統括管理者を選任し、または解任した場合は、所轄の地方運輸局等に届け出る必要があります。（航空運送事業者の場合は、国土交通省本省または地方航空局になります。）

9．運輸安全マネジメント評価とは、どんなものでしょうか。

　運輸安全マネジメント評価とは、国が事業者の安全管理体制を講評・指摘することを言います。

　具体的には、事業者との日程調整等を経て、国の職員である運輸安全調査官が複数名以上で1チームを構成する評価員が、事業者の経営管理部門の所在する場所（原則、本社所在地）に赴き、概ね2日間、事業者が構築・維持している安全管理体制について、経営トップを含む経営管理部門を対象としたインタビューと文書・記録類の閲覧・確認を行い、事業者の安全管理体制についての講評・指摘を実施し、運輸安全マネジメント評価報告書を手交します。

　運輸安全マネジメント評価は、事業者とのインタビュー等を通じて安全の確保を図り改善強化を促すねらいがあり、また、事業者の安全管理体制が適切に維持・改善され、それがシステムとして有効に機能しているかについて「運輸事業者における安全管理の進め方に関するガイドライン」を指針として活用しています。

10．運輸安全マネジメント評価は、いつ、だれが行うのでしょうか。

　運輸安全マネジメント評価は、複数名以上の国の職員（運輸安全調査官）が概ね2日間、事業者の本社にて実施します。

　評価の日程は、事業者と運輸安全調査官が事前調整して定めます。2日間で評価を行う場合の日程例は、111頁掲載の日程例（【運輸安全マネジメント評価の日程例（2日間の場合)】）を参照ください。

11．運輸安全マネジメント評価には、だれが出席するのでしょうか。

　運輸安全マネジメント評価には、経営トップ、安全統括管理者その他インタビューを受ける者の出席が求められます。

　評価冒頭のオープニング・ミーティングでは経営トップ及び安全統括管理者、インタビューではインタビューを受ける者、評価の最後に行われるクロージング・ミーティングには経営トップ、安全統括管理者の出席が求められます。（次頁の表5-3参照）

　なお、やむを得ない事情がある場合、経営トップは、クロージング・ミー

ティングを欠席することができます。

表5-3　評価で出席を求められる者

○：出席、△：出席が求められない。

	経営トップ	安全統括管理者	その他の要員
オープニング・ミーティング	○	○	○
経営トップインタビュー	○	△	△
安全統括管理者インタビュー	△	○	△
その他の要員（例示：安全推進部長）インタビュー	△	△	○
クロージング・ミーティング	○	○	△

12. オープニング・ミーティングでは、何が行われるのでしょうか。

　オープニング・ミーティングは、評価の冒頭に事業者側、評価側の双方が出席して、2日間の評価を円滑に進めるため、双方が理解しておくべき以下の内容を確認します。

① 出席者紹介

　事業者側、評価側の出席者を紹介します。

② 評価範囲

　一般的には、一つの事業モード（例示：鉄道）が評価範囲になりますが、二つの事業モード（例示：鉄道、乗合バス）を評価範囲とすることがあります。

③ 評価の趣旨等

　運輸安全マネジメント評価を行うことにより安全の確保を図るねらいがあること、事業者の安全管理体制が適切に維持・改善され、それがシステムとして有効に機能しているかについて「運輸事業者における安全管理の進め方に関するガイドライン」を指針として活用していること、取組みに関して優れている事項及びさらに推進して頂きたい事項について評価・助言等を行う制度であることを説明します。

④ 評価の方法

　経営トップをはじめとする経営管理部門の方々に対するインタビューと文書・記録の確認を行うことを説明します。

⑤ 運輸安全マネジメント評価報告書の説明

　評価報告書の目的、構成等を説明します。

⑥ 評価日程の確認

各インタビュー対象者のインタビュー日程、文書・記録の確認日程、クロージング・ミーティングの日程を説明します。

13. 経営トップへのインタビューでは、何が聞かれるのでしょうか。

経営トップのインタビューは、運輸安全調査官が概ね1～1.5時間、安全管理に対する事業者の自主的な取組みを尊重し、安全確保の実現に向け事業者と協調して取り組む姿勢に基づき、次に掲げる視点を持って実施します。
① 事業者の行う安全管理の取組みについて、安全方針等に従った運用の状況確認
② 経営トップが「安全はマネジメントの中心に据えられなければならない。」という理念とリーダーシップをもって現場と意思疎通を図り、見直し改善のPDCAサイクルに主体的に関与していることの確認
③ 現場に潜在する課題・危険を把握して対応を図っていることの確認

また、インタビューの事例を以下に記載しました。

【事例1：トラック事業者の人手不足】
　質問：若年ドライバーの人手不足が顕著になっていることを事前の資料で拝見しましたが、どのような対応を取られていますか。また、対応の効果はどうでしょうか。
　回答：人材確保のために3つの対応を実施しています。一つ目は未経験の若年者採用促進、二つ目は定年退職者の継続雇用、三つ目は女性の活躍促進になります。
　　　　一つ目の柱である高卒者は、採用担当者の努力もあり一定数確保できていますが営業運転に就かせるまでしっかり教育するシステムを構築中です。
　　　　二つ目の継続雇用は、本人の意欲があり健康問題がなければ70歳までの継続雇用を実施しており多くの方を雇用していますが時間・体力の負担が大きい業務に就かせないよう配慮しています。
　　　　三つ目の女性の活躍は、トイレ・更衣室・休息室等の環境整備と短時間勤務の導入で少しずつですが応募があり手応えを感じています。
　質問の背景：課題への対応状況の確認
　　　　人手不足の課題により「事業の安全に関するリスク」が従前より高くなることに対して、経営管理部門がどのような対策を行い、当該対策の

成果をどのように評価しているかを確認しています。

【事例2：全社的に対応すべき重大事故】

質問：全社的に対応すべき重大事故等の訓練について、今年度は「集中豪雨による河川の氾濫により多数の配送車両が浸水、ドライバー1名の安否が不明の状況」と設定した背景についてお聞かせください。

回答：昨年度までは、高速道路での追突事故を重大事故と想定して訓練していたが、集中豪雨による河川の氾濫等の発生頻度が高くなっており、遭遇する可能性が高くなっていると社内から指摘があり、訓練を実施してみました。

　訓練に先立ち配送地域の過去の水害の状況を調べたため、どこが危険かをある程度把握することができたと考えています。

　また、各車両の位置確認方法、連絡手段について、見直すべきことが発見できたのは収穫だと考えています。

質問の背景：PDCAサイクル運用状況の確認

　重大事故等の対応訓練について設定変更があり、経営管理部門が変更した背景をインタビューすることにより、新たに対応すべき課題に対して見直し改善が図られたかを確認しています。

14. 経営トップのインタビューには、他の社員・職員が出席してもよいのでしょうか。

　他の社員・職員の方々が出席して差し支えありません。

　経営トップのなかには、経営トップに対するインタビューについて、ご自身の安全に関する考え方、実行している取組みを社員・職員に直接伝えられること、社員・職員が自社の安全について改めて考える良い機会であること、運輸安全調査官からのインタビューにより新たな気付きを得られることから、インタビューの場に多くの社員・職員を同席させる場合があります。

15. 運輸安全マネジメント評価には、どのような文書・記録を準備すればよいのでしょうか。

　運輸安全マネジメント評価で確認を受ける文書、記録は、「平成29年ガイドライン」5．(13)、(14)に規定されており、詳細は、以下の通りになります。

①　安全管理体制を構築・改善するうえで、基本となる必要な手順を規定した文書
　（ア）文書管理手順：文書の承認、発行、改訂等を定めた文書
　（イ）記録管理手順：記録の分類、保管、廃棄等を定めた文書
　（ウ）事故情報等管理手順：事故、ヒヤリ・ハット情報等の収集・活用の手順を定めた文書（（7）関係）
　（エ）重大事故等対応手順：重大な事故等の対応の手順を定めた文書（（8）関係）
　（オ）内部監査手順：内部監査の手順を定めた文書（（11）関係）
　（カ）是正及び予防に関する手順：是正措置及び予防措置を決定するための手順を定めた文書（（12）2）関係）
②　安全管理体制を構築・改善するうえで、基本となる記録
　（ア）安全統括管理者から経営トップへの報告内容に関する記録（（4）2）関係）
　（イ）事故、ヒヤリ・ハット情報等の収集・活用内容に関する記録（（7）関係）
　（ウ）安全管理体制の構築・改善に必要な教育・訓練に関する記録（（10）関係）
　（エ）内部監査の実施に関する記録（（11）関係）
　（オ）マネジメントレビューに関する記録（（12）1）関係）
　（カ）是正措置及び予防措置に関する記録（（12）2）関係）
　なお、文書・記録に関しては、以下の留意点があります。
　文書は、担当者の異動等があったとしても誰もが業務を引き継げるよう標準化することを目的としており有効ですが、過度に文書を作成すると業務の変化に応じて多くの文書の改正が必要となるため、全ての業務を文書化するのではなく必要と考えられる業務のみを文書化する方が合理的であると考えられます。
　記録は、簡潔明瞭で容易に理解できる内容であることが望まれますが、管理のポイントは、記録の時点（最終、中間等）が識別できること、容易に検索できること、可能であれば経年変化が把握できる形式とすること等が考えられます。

16. クロージング・ミーティングでは何が行われるのでしょうか。

　クロージング・ミーティングでは、評価の終わりに際し事業者側、評価側の双方が出席して評価チームから経営トップを含む経営管理部門に対して、評価の趣旨、評価報告書の位置付けを説明したのち、運輸安全マネジメント評価報告書の総評、項目別評価結果一覧の内容説明を行い、報告書を手交します。
　なお、評価は、限られた時間内において実施するため事業者の輸送の安全確保に関する活動の全てを網羅することはできないこと、今回の評価活動で確認できた範囲内で事業者の安全管理体制を評価しているため他に問題点等が潜在している可能性もあることを伝え、今後とも、内部監査等による継続的改善を依頼します。

17. 評価報告書とは、どのようなものでしょうか。

　運輸安全マネジメント評価報告書は、評価チームが評価のアウトプットとして取りまとめ、評価終了時に事業者に手交します。評価報告書は、事業改善命令や業務改善勧告など、拘束力のあるものではなく、事業者における安全管理体制の向上に活かす目的で作成されます。
　運輸安全マネジメント評価報告書は、総評と項目別評価結果一覧で構成されます。
　総評は、事業者の輸送の安全の確保に関して総合的に評価した内容を記載しており、項目別評価結果一覧は、「平成29年ガイドライン」の各項目に対応して評価チームが確認した、事業者の輸送の安全を確保する取組みに関する客観的事実と、それに対する評価チームのコメント等を記載しています。
　また、総評は、評価事項、助言事項、期待事項の3つの項目で構成されており、それぞれの項目は以下の内容となっています。
① 「評価事項」とは、安全管理体制の構築・改善に関する取組みについて、経営トップをはじめ、職員が一丸となって安全の確保に取り組むことにより見直し・改善がなされている以下の事項になります。
　　・優れている事項
　　・創意工夫がなされている事項
　　・熱心に取り組まれている事項
② 「助言事項」とは、さらなる取組みを講じることについて検討するによ

り、安全管理体制が向上すると考えられる以下の事項になります。
- さらに推進すると効果が向上すると思われる事項
- 工夫の余地があると思われる事項
- さらなる向上に向け継続的に取り組む必要があると思われる事項

③ 「期待事項」とは、助言事項までには至らないものの、今後取組みを推進されることでさらなる安全管理体制の向上が期待されると考えられる以下の事項になります。
- 取組みを推進することでさらなる安全管理体制の向上が期待されると思われる事項

18. 運輸安全マネジメント評価で指摘された事項への対応はどうすればよいのでしょうか。

　事業者は、助言事項、期待事項に記載された内容について、対応方法を検討して取組みを行うことが望まれます。
　対応方法の検討に際しては、以下の3点がポイントになります。
① 指摘内容を十分に理解すること
② 対応の時期、担当者、期限、対応の内容、対応の成果をどうやって把握するか（見える化の仕組み）を定めること
③ 対応の進捗状況を把握する時期も予め定めておくこと

　また、助言事項、期待事項が複数指摘された場合には、対応を図る優先順位も議論する必要があります。自社の体制では、同時に対応できないのであれば、数年度での対応計画を定めることも必要になると考えられます。

19. 評価では、主にどのような指摘があるのでしょうか。

　運輸安全マネジメント評価は、運輸事業者の取組みの進捗度合いに応じて実施されるため、一律に同様の指摘を行うことはありません。一方、運輸事業者の取組み状況は、評価の回数に応じて運輸安全マネジメントへの理解が深まることにより見直し改善が進む傾向にあります。このため、評価回数に応じた運輸事業者の取組み状況と状況に応じた指摘の一例を以下に記載します。

　（1）評価1～2回目
① 安全方針及び安全重点施策は、作成されているものの、安全重点施策が自社の安全上の課題（リスク）に必ずしも対応した内容に至らない。（安

全重点施策は、自社の課題への対応という理解が乏しい。）
② コミュニケーションの仕組みは整備されているものの、ミスコミュニケーションによる課題の発生があり、実効性が問われる状況が発生している。
③ 自社の事故等を分析、原因究明して対策を立てる仕組みはあるものの、原因を個人の責任とする傾向が強く、対策が事故削減に寄与するに至らない。
④ PDCAのCAを担う内部監査、マネジメントレビュー、継続的改善の仕組みの構築に至っていない。

（2）評価2～3回目
① 自社の安全上の課題（リスク）に応じた安全重点施策を策定しているが、具体的な取組み計画の作成に至らない。また、課題対応の成果を把握することを念頭に置いた仕組みの構築に至っていない。
② 経営トップ、安全統括管理者の意向を受けて取り組むべき現場の中間管理職の重要性を認識するものの、力量向上の仕組みの構築に至らない。
③ 多様な取組みを実施しているが、効果のある取組みと効果の薄い取組みが把握できないため総花主義に陥っており、選択と集中が必要な状況となっている。
④ 内部監査、マネジメントレビュー、継続的改善の仕組みは構築されているものの、期待される機能を発揮するに至らない。

なお、事業者の安全管理体制は、評価回数に応じて向上する傾向にあると記載しましたが、事業の拡大・縮小、吸収合併並びに経営管理部門の交代、人事異動、世代交代等により安全管理体制は、向上ばかりではなく停滞若しくは後退する時期もあることから、過去の指摘への対応が現状においても有効かを確認しつつ安全管理体制の向上に努めることが望まれます。

これは、運輸安全マネジメント評価の指摘は、当該事業者の体質的な課題への指摘であることが多く、放置すると元の状態に戻る傾向があるためです。

20. 運輸安全マネジメントを学ぶためには、どうすればよいのでしょうか。

多忙な経営管理部門の要員（例示：安全統括管理者）の場合、運輸安全マネジメントを網羅的に学ぶための時間を捻出するのは困難です。このため、短時間で理解することがポイントであり、短時間で自社の安全管理体制の構築、実

施、維持に関するポイントを理解するためには、「運輸安全マネジメント制度」の指針である「平成29年ガイドライン」の内容を学ぶことが近道と考えられます。

「平成29年ガイドライン」の内容を効率よく学ぶためには、外部のセミナー受講または知識と経験のある社員・職員からの説明が考えられます。

外部セミナーについては、国土交通省が主催する運輸安全マネジメントセミナーと自動車モードの事業者を対象とした国土交通省が認定するセミナー(認定セミナー)があります。

国土交通省が主催する運輸安全マネジメントセミナーは、ガイドライン、リスク管理、内部監査の3種類があり、運輸事業者を対象に本省では年に24回(3種類×8日)程度、地方運輸局等では不定期に開催しています。開催日、開催場所、申込方法等の詳細については、以下のWebをご覧ください。

http://www.mlit.go.jp/unyuanzen/seminar.html

なお、認定セミナーについては、本章の21番で解説してあります。

21. 特に自動車モードの運輸安全マネジメントを学ぶためにはどうすればよいのでしょうか。

国土交通省は、民間機関等の活力とノウハウを活用して中小自動車運送事業者に対する運輸安全マネジメントのさらなる浸透・定着を図るため、民間機関等が実施するセミナーを認定する仕組み(認定セミナー制度)を平成25年7月に構築しました。

認定を受けた民間機関等は8者(2018年9月現在)あり、平成25年の制度構築から延べ43,000人が受講しています。

認定セミナーは、ガイドライン、リスク管理(基礎)、内部監査(基礎)、リスク管理(上級)、内部監査(上級)の5種類があり、以下の民間機関等が実施しています。

- 一般財団法人 日本品質保証機構
- 東京海上日動リスクコンサルティング 株式会社
- SOMPO リスケアマネジメント 株式会社
- MS&AD インターリスク総研 株式会社
- 独立行政法人 自動車事故対策機構
- 一般社団法人 日本海事検定協会
- 公益財団法人 関西交通経済研究センター
- 株式会社 創造経営センター

認定セミナーは、運輸安全マネジメントに関する知識と経験ある者が講師を務めており、受講することにより運輸安全マネジメントに対する理解が促進されると考えられます。認定セミナーの概要と認定を受けた民間機関等へのアクセスについては、以下のWebをご覧ください。

http://www.mlit.go.jp/unyuanzen/certif.html

22. 運輸安全マネジメントに取り組むことによる効果は何が期待できますか。

運輸安全マネジメントに取り組むことの効果は、事業者内部に安全文化が構築・維持されることにありますが、安全文化の変化を具体的に把握するのは簡単ではないため、定量的・定性的に把握できる効果を以下に説明します。

①経営トップの理解と対応

　経営トップが自社の安全に関する課題と対応の現状を把握することにより、把握に応じて対策（安全投資、組織体制、仕組み等）を前向きに検討・実施すること

②安全統括管理者

　安全統括管理者は、安全性の確保・向上が担当業務として位置付けられることにより、成果を得ることを意識して取組みを実施すること

③事故、法令違反等の発生するリスクの減少

　事故、法令違反等の発生するリスクを減少させること、結果として事故削減、法令違反等の削減に伴い、以下の効果が期待できます。

a) 事故後に生じる支出の減少

　人的・物的損害への支出、不稼働に伴う損失、次年度の保険料の減少

b) 事故処理に必要な労力の削減

　被害者、報道機関及び公的機関への対応、その後の刑事、民事、行政等の対応に必要な社員・職員の労力の削減

c) 利用者・荷主の信頼・評判の向上

　定時性の維持、経路誤り・バス停誤通過等の減少、貨物事故の減少に伴う信頼・評判の向上

d) 現場のモチベーションの向上

　事故、法令違反等が削減されれば、安心して働ける職場の雰囲気が醸成されることによるモチベーションの向上

23. 運輸安全マネジメントに取り組むことによるインセンティブはありますか。

自動車モードにおいては、以下のインセンティブがあります。
①貨物自動車運送事業者安全性評価認定事業（Gマーク）制度における加点要素
　　全日本トラック協会のGマーク制度（安全性優良事業所の認定制度）において、「運輸安全マネジメント認定セミナーを管理者が受講」、「国が認定する第三者機関による運輸安全マネジメント評価の実施」が加点要素となります。
②貸切バス事業者安全性評価認定制度における加点要素
　　公益社団法人日本バス協会の貸切バス事業者安全性評価認定制度において、中小規模事業者が認定セミナーを受講した場合、加点要素となります。
③保険会社による保険料割引特約
　　認定セミナーを受講した事業者に対する保険会社（三井住友海上火災保険株式会社、損害保険ジャパン日本興亜 株式会社）による保険料割引特約が提供されています。

24. 他社の良い取組みを学ぶことができますか。

　国土交通省は、運輸事業者における輸送の安全性のさらなる向上のため、これまでの運輸安全マネジメント評価等で確認した安全管理体制の構築・改善に関する取組みの具体例を取りまとめた「運輸安全取組事例集」を作成し、以下のWebで公表しています。

　　　　　　http://www.mlit.go.jp/unyuanzen/unyuanzen_torikumi.html

　また、同Webにて、運輸事業者における各取組み事例について、取組み内容、背景、効果を簡潔に記載し、理解を促すための写真、図表を交えた詳細を以下の項目別に紹介しています
　①　全件（新着順）
　②　輸送モード別（鉄道モード、自動車モード、海事モード、航空モード）
　自社の安全管理体制の構築・改善の取組みの充実・強化を図るため、本事例集に記載する各種取組み事例を参考として適宜活用ください。

25. リスク管理の手法を学ぶことができますか。

リスク管理の手法は、副読本を用いて自習することが可能であり、セミナー若しくは親会社、グループ会社、協力会社、民間の専門機関等を活用して学ぶこともできます。

① 副読本（冊子）

国土交通省は、「リスク管理」に関する理解を深めることを目的に「事故、ヒヤリ・ハット情報の収集・活用の進め方～事故の再発防止・予防に向けて～」という副読本（冊子）を作成し、以下のWebで公表しています。鉄道モード、自動車モード及び海事モードの3種類があるので、リスク管理に関する教育・訓練等の参考資料としてご活用ください。

http://www.mlit.go.jp/unyuanzen/documents.html

② セミナーの活用

本章の20番、21番を参考ください。

③ 親会社、グループ会社、協力会社、民間の専門機関等の活用

セミナー以外の方法でリスク管理を学ぶ場合、親会社、グループ会社、協力会社、民間の専門機関等にOJT（On the Job Training）を含む教育訓練の支援を仰ぐことも考えられます。

26. リスク管理における事故情報の分析・対策、要員への教育・訓練を依頼することはできますか。

リスク管理は、自社で実施することが望ましい取組みですが、情報の分類・整理、対策の検討及び効果把握・見直し、要員への教育・訓練に親会社、グループ会社、協力会社、民間の専門機関等を活用することができます。

なお、自動車モードを例にすると、活用する場合は、以下の状況に応じて活用内容を検討することが重要です。

① 専門的知見を要する事故分析に活用する場合

事故分析の業務経験が豊富で、自社の車両・運行の状況に詳しい社外による協力・連携を検討（例：親会社、グループ会社、協力会社）

② リスク管理を行う要員の育成（研修、実地訓練）の支援に活用する場合

③ 情報の分類・整理から、対策の策定と実施、効果の把握までを行う仕組みづくりの支援に活用する場合

上記②または③の場合は、職員の育成・仕組みの構築に関する業務経験が豊

富な民間の専門機関等を検討することが考えられます。

27．内部監査の手法を学ぶことができますか。

　内部監査の手法は、副読本を用いて自習することが可能であり、セミナー若しくは親会社、グループ会社、協力会社、民間の専門機関等を活用して学ぶこともできます。
① 　副読本（冊子）
　　国土交通省は、「内部監査」に関する理解を深めることを目的に「安全管理体制に係る『内部監査』の理解を深めるために」という副読本（冊子）を作成し、以下のWebで公表しています。内部監査に関する教育・訓練等の参考資料としてご活用ください。
　　　　　　　http://www.mlit.go.jp/unyuanzen/documents.html
　　なお、同副読本は、ガイドラインに関する運輸安全マネジメントセミナーを受講等して運輸安全マネジメントの考え方を一定程度理解している方々を念頭に置いて作成しているため、運輸安全マネジメントの考え方に関する基礎知識が十分でないと考える場合は、国土交通省が主催する運輸安全マネジメントセミナー（ガイドラインセミナー）若しくは第三者機関が実施する認定セミナーを受講してから副読本を活用することを勧めます。
② 　セミナーの活用
　　本章の20番、21番を参考ください。
③ 　親会社、グループ会社、協力会社、民間の専門機関等の活用
　　セミナー以外の方法で内部監査を学ぶ場合、親会社、グループ会社、協力会社、民間の専門機関等にOJTを含む教育訓練の支援を仰ぐことも考えられます。

28．内部監査の実施、要員への教育・訓練を依頼することはできますか。

　自社のみでは内部監査に係る取組みが困難と感じる場合には、親会社、グループ会社、協力会社、民間の専門機関等に内部監査の実施またはOJTを含む教育訓練の支援を仰ぐことができます。
　ただし、社外の要員は、自社の業種、業態、業務及び輸送の安全に関するリスクについて必ずしも詳細な知見を有していないため、被監査部門の取組みを

詳細に内部監査することには限界があることを予め理解しておく必要があります。
　また、以下の事項に留意する必要があります。
① 　実施主体・責任の所在
　　内部監査を委託する場合であっても、実施主体・責任は内部監査を受ける事業者側にあること
② 　双方向のコミュニケーション
　　監査を全て委ねるのではなく、監査の対象、範囲、時期、監査チームの力量、実施方法、報告等について認識の相違が発生しないよう、双方向のコミュニケーションを図ること
③ 　実施した内部監査の有効性
　　内部監査の結果について、その有効性・有益性について評価できる仕組み（被監査側からの監査実施者に対する評価等）の導入を図り、評価に応じて、社外の選任見直し、監査方法の見直しを図ること

29. 運輸安全マネジメントに取り組んでいますが、マンネリを自覚しています。どのような対応がありますか。

　現在と将来の課題・問題点を考えて、対応するための取組みを実施するのは、関係者の熱意と大変な努力を必要としますが、一方、社内のメンバーのみで議論していると、各要員の認識が同化され、新しい発見、発想が乏しくなるのが実態です。
　このため、新しい発見、発想を得るための工夫が必要であり、以下の方法が考えられます。
① 　Webの活用（安全報告書）
　　安全管理規程の作成・届出が義務付けられている運輸事業者は、安全に関する情報の公表が義務付けられており、「安全報告書」の名称で毎年公表されています。
　　安全報告書は、安全への取組みが記載されており、新しい発見、発想に繋がると考えられます。なお、同業他社のみならず他業種の「安全報告書」は、異なる発想を見つけるのに参考になると考えられます。
② 　セミナー、フォーラム、シンポジウムの活用
　　安全に関係するセミナー、フォーラム、シンポジウムは、国土交通省が主催する他、運輸安全マネジメント普及・啓発推進協議会のメンバー（NAS-

VA、保険会社系リスクマネジメント会社等）が開催しています。このような機会を活用して、取組みの活性化に繋げることは有効と考えられます。
③　運輸安全取組み事例
　　国土交通省は、以下の Web にて安全性が向上した事例、取組みに苦慮された事例等を「運輸安全取組事例集」として公表しています。これらの事例を活用することも有効と考えられます。

　　　　　　　http://www.mlit.go.jp/unyuanzen/unyuanzen_torikumi.html
④　親会社、グループ会社、協力会社、民間の専門機関等の活用
　　親会社、グループ会社、協力会社との連携・情報交換を図ることにより活性化を図ることが考えられます。
　　また、費用は必要ですが、民間の専門機関は、安全に関する取組みのコンサルタントを実施している専門家が取組みの実態、課題と対策状況を分析して、身の丈にあった提案を行う業務を行っており、選択肢として検討することも考えられます。

30. 運輸安全マネジメントに関する問い合わせ窓口はどこになるのでしょうか。

　運輸安全マネジメント全般に係る問合せについては、以下の部署にて受け付けています。
　　　　　国土交通省大臣官房　運輸安全監理官室　電話：03-5253-8111
　安全管理規程の届出、安全統括管理者の選任・届出については、所轄の地方運輸局等に問い合わせください。

資　料

その１

公共交通に係る
ヒューマンエラー事故防止対策検討委員会

最終とりまとめ

平成１８年４月

国土交通省

目次

はじめに　　176

Ⅰ　ヒューマンエラー発生の背景とメカニズム
  1. ヒューマンエラーと不安全行動　　177
    (1)「ヒューマンエラー」という概念　　177
    (2) リスクを認知した上でおかす「不安全行動」　　178
  2.「不安全行動」の防止と安全風土の確立に向けた課題　　179
    (1)「不安全行動」を容認する職場環境、企業風土　　179
    (2) 安全に対するリスク管理意識の不足　　180
    (3) 情報の迅速かつ的確な共有の不足　　181
  3. 人間と高度技術システムのミスマッチ　　181
    (1) 高度技術システム導入による人間の役割の変容　　181
    (2) 状況認識の喪失、自動化に対する過信　　182

Ⅱ　安全風土の確立に向けた取組み
  1. 安全風土の確立に向けた取組みの視点　　183
  2. 事業者に期待される取組み　　184
    (1)「安全風土」確立のための経営トップのコミットメント　　184
    (2)「安全マネジメント」態勢の構築と継続的取組み　　184
    (3) 内部における情報の共有　　185
    (4) 情報公開　　186
    (5) 教育・研修　　186
    (6) 危機発生時の対応方針（クライシスマネジメント）の確立　　187
    (7) 健康管理　　188

Ⅲ　事故防止技術の導入に関する考え方
  1.「予防安全型技術」の必要性　　189
  2. 人間と機械の協調を設計する上での視点　　189
    (1) 状況認識の強化（気づきの支援）　　189
    (2) 人間と機械の役割分担（自動化レベルの最適設定）　　190
  3. 運航品質保証の導入の検討　　190

資　料（その1）

Ⅳ　国の果たすべき役割
　1．社会環境の変化に伴う行政手法転換の必要性　　　　　　191
　　（1）従来の行政手法　　　　　　　　　　　　　　　　　191
　　（2）社会環境の変化と行政手法転換の必要性　　　　　　191
　2．ヒューマンエラー事故防止技術開発の必要性　　　　　　192
　3．検討に当たっての視点　　　　　　　　　　　　　　　　192
　4．「安全マネジメント評価」を含む事後チェック及び
　　　組織体制のあり方　　　　　　　　　　　　　　　　　　192
　5．事業者が事故防止に取り組むための環境整備　　　　　　193
　　（1）安全マネジメントに係るガイドラインの作成　　　　193
　　（2）人材育成・教育研修等　　　　　　　　　　　　　　193
　　（3）安全情報の収集・分析に基づいた予防的な対策の実施　193
　　（4）事故原因の究明の徹底　　　　　　　　　　　　　　194
　　（5）技術開発　　　　　　　　　　　　　　　　　　　　194
　　（6）中小企業対策　　　　　　　　　　　　　　　　　　194
　　（7）その他　　　　　　　　　　　　　　　　　　　　　194

Ⅴ　各交通モードごとの取組み
　1．鉄道　　　　　　　　　　　　　　　　　　　　　　　　195
　2．自動車交通　　　　　　　　　　　　　　　　　　　　　196
　3．海事　　　　　　　　　　　　　　　　　　　　　　　　198
　4．航空　　　　　　　　　　　　　　　　　　　　　　　　199
　5．横断的事項　　　　　　　　　　　　　　　　　　　　　200

おわりに　　　　　　　　　　　　　　　　　　　　　　　　　203

委員名簿　　　　　　　　　　　　　　　　　　　　　　　　　205
アドバイザリーグループ委員名簿　　　　　　　　　　　　　　206
ヒアリング企業一覧　　　　　　　　　　　　　　　　　　　　207

はじめに

　公共交通機関の安全の確保は最も基本的なサービスであり、国民の信頼の根本を成すものであることから、様々な輸送サービスの向上も、安全がその前提でなければならない。
　しかしながら、最近、航空分野において、部品の長期の誤使用、管制指示違反、非常口扉の操作忘れ等数多くのトラブルが発生するとともに、鉄道分野でも終端駅に衝突する事故、有人踏切において列車接近中に遮断機を上昇させて通行者が亡くなるという事故が相次いで発生し、また、昨年4月にはJR西日本福知山線において死者107名、負傷者549名という未曾有の大事故が発生した。さらに、バスや旅客船においても様々な事故が発生している。
　これらの事故には、現在、事故原因を調査中のものもあるが、その多くにおいて、共通する因子としてヒューマンエラーと事故との関連が指摘されている。
　従来、事故やトラブルが発生するとエラーをおかした人間のみが問題視されがちであるが、有効な対策のためには、エラーの背後関係を調べ、システム全体で事故防止策を検討することが重要である。
　このため、国土交通省では、ヒューマンエラーについて深く検討して安全対策を進めるため、「公共交通に係るヒューマンエラー事故防止対策検討委員会」（以下「検討委員会」という。）を設置し、ヒューマンエラーを要因とした公共交通機関の事故やトラブルについて、モード横断的に、その発生のメカニズムを検証するとともに、「ヒューマンエラーは発生するもの」との認識の下に、企業風土や組織のあり方、個人の教育、健康管理、事故防止技術など、総合的な対策の検討を行ってきた。
　本最終とりまとめは、これまでの検討委員会においていただいた専門家のご意見や企業の取組み事例のヒアリング等を踏まえて、陸・海・空の各輸送モードに横断的なヒューマンエラーの事故防止に係る問題点の整理と課題の抽出を行うことに加え、各輸送モードの特性も加味して、交通機関全般のヒューマンエラー事故防止対策の取組みをまとめたものである。

資料（その1）

I　ヒューマンエラー発生の背景とメカニズム

1. ヒューマンエラーと不安全行動

(1)「ヒューマンエラー」という概念

- 「ヒューマンエラー[1]」とは人間と機械が協同して目的を達成するためのシステム（ヒューマン・マシン・システム[2]）の中で、人間の側が自分に割当てられた仕事、あるいは人間のオペレーターに期待されたパフォーマンスの水準を満たすことに失敗したため、システム全体がトラブルを起こしたり、システムダウンになったものをいう。

- 従来、ヒューマンエラーが関連する事故やトラブルが発生すると、エラーをおかした人間の不注意（ミス）のみがあげつらわれる傾向があるが、不注意は災害の原因ではなくて結果である。なぜエラーをおかした人間がそういう不注意を招いたかの背後関係を調べることが重要である（「事故不注意論の克服」）。

- その際、Man(人間)、Machine(機械)、Media(環境)、Management(管理)の4M、あるいはMission(使命：与えられた「使命」を一生懸命果たそうとする使命感からリスクをおかし事故を起こすことがあると言われている。)を加えた5Mの複合原因ととらえて、事故分析を行うことが必要である。

- このようなシステム全体を考えるアプローチをとらないと、「ヒューマンエラー」を単なる「失敗」と同一視して、エラーをおかした人間だけをどう改善するかということが問題視され、エラー防止に有効なシステム改善がなされないで終わる危険がある。

---

[1] ヒューマンエラー：
　ヒューマンエラーの定義には様々なものがある。「失敗のメカニズム」（芳賀繁）には以下のように定義されている。
　「人間の決定または行動のうち、本人の意図に反して人、動物、物、システム、環境の機能、安全、効率、快適性、利益、意図、感情を傷つけたり壊したり妨げたものであり、かつ、本人に通常はその能力があるにもかかわらず、システム・組織・社会などが期待するパフォーマンス水準を満たさなかったもの」

[2] ヒューマン・マシン・システム：
　人間と機械が協調して目的を達成するシステム。自動車、航空機、鉄道、船舶等の交通機関、原子力プラントや化学プラントなど、事例は多岐にわたる。

○ 事故防止のためには、ヒューマン・マシン・システム全体を検討し、機械側の改善、人間側の改善、人間と機械のインターフェイス(ヒューマン・マシン・インターフェイス[3])の改善、システム管理や作業管理の改善、人間と機械の役割分担の改善などを検討する必要がある。

(2) リスクを認知した上でおかす「不安全行動」

○ 「ヒューマンエラー」には、うっかりミスや錯覚等により「意図せず」に行ってしまうもの(狭義の「ヒューマンエラー」)と、行為者がその行為に伴う「リスク」を認識しながら「意図的に」行う「不安全行動[4]」とがある。

○ 「不安全行動」は、リスクテイキング[5]行動であると同時に、多くの場合職場で定められた安全規則や安全手順に違反している。
　　リスク行動は、①リスクに気付かないか主観的に小さいとき、②リスクをおかしても得られる目標の価値が大きいとき、③リスクを避けた場合のデメリットが大きいとき、に起こしやすくなる。一方、違反する理由は、①ルールを知らない、②ルールを理解していない、③ルールに納得していない、④みんなも守っていない、⑤守らなくても注意を受けたり罰せられたりしない、⑥ルール自体が不合理・不整合である、が挙げられる。この9つの要因のいくつかが重なったところで、事故につながるような不安全行動が発生する。

○ このように、「不安全行動」を行うか否かについては、リスクテイキングの傾向など個人的な要素もさることながら、むしろ職場環境、企業風土等の行為者が置かれている状況等が大きく影響を与えていると考えられている。

---

[3] ヒューマン・マシン・インターフェイス:
　　人と機械が情報を相互にやりとりする「しかけ」。これを通して人間は機械に意思を伝え、機械は人間にシステムや外界の状態を知らせる。「ヒューマンインターフェイス」。

[4] 不安全行動
　　「不安全行動」の定義としては、他に、ニアミスやヒヤリハットに至る以前の幅広い不安全な行動を指すもの等があるが、本最終とりまとめでは、論旨展開の便宜から「意図」の有無を判断基準とする「失敗のメカニズム」(芳賀繁)の定義を採用した。
　　「本人または他人の安全を阻害する意図をもたずに、本人または他人の安全を阻害する可能性のある行動が意図的に行われたもの」

[5] リスクテイキング:
　　危険を認識したうえであえて行動すること

○ このため、「ヒューマンエラー」による事故を防止するためには、うっかりミス等狭義の「ヒューマンエラー」を極力減少させる人間工学等を生かしたシステム作りを行うと共に、行為者が「不安全行動」を行わないようにする対策を講じることが重要である。

2.「不安全行動」の防止と安全風土の確立に向けた課題
  ○ 前述のとおり、「不安全行動」を行うか否かについては行為者が置かれている状況等も影響を与えるものと考えられている。
  ○ このため、公共交通の安全確保を図る上では、公共交通機関の運行(航)に携わる者の置かれている状況、すなわち事業者の職場環境や企業風土がどのようなものであるかが重要な問題のひとつになると考えられる。
  ○ そこで、JR西日本による「安全性向上計画」や事業改善命令等に対するJALグループからの改善措置報告において触れられていた事項も含め、「不安全行動」を防止し、「安全確保を最優先とする企業風土(安全風土)」を構築するために確認が必要となる交通事業者をめぐる課題を整理すると以下のような点があげられる。

(1)「不安全行動」を容認する職場環境、企業風土
  ○ 公共交通機関にとって安全確保は最優先事項である、との意識が希薄化あるいは形式化して、建前だけとなっていないか。
  ○ 経営トップの安全確保に対するコミットメントは十分か。
    具体的には、担当役員や担当者任せにするのではなく、経営トップ自身が現場の状況や実態に関心を持つとともに、安全確保のための体制や取組み、現状での課題やその改善措置の進捗状況等を常時的確に把握できているか。
  ○「安全確保最優先」という考え方が、社内教育、研修等を通じて現場の社員レベルまで確実に浸透しているか。また、そのために有効な教育、研修方法だと言えるか。
  ○ 事案の処理、意志決定において「人」情報を重視し、「事柄」情報が軽視

されてしまう「属人思考」の組織風土[6]となってはいないか。
○ 事故が起きた直後にこそ、職位や職場の違いを超えて真摯に問題を議論する等、集中的な教育研修を行う体制となっているか。
○ 不安全行動を誘発する要因としては設備もある。設備の原理、動作、配置方法、配置条件他に起因して、当事者にとって不可解な兆候を示すといった要因が不安全行動を誘発していないか。

(2) 安全に対するリスク管理意識の不足
○ 事業に伴って生じる安全に関わる「リスク[7]」を的確に把握・評価できているか。
○ 不安全行動の「予兆」は、安全に運用されていると思われている「通常の行動」の中に存在しているので、事後分析ではなく、通常状態を継続的に観察（モニター）し、リスク因子の存在を見極める体制になっているか。
○ 把握・評価された安全に関わるリスクに対処するための方策がきちんと講じられているか。また、定期的な見直しが行われているか。
○ 現場のそれぞれの職務や担当に応じて、「不安全行動」が招くおそれのある事故、トラブルの可能性等、安全に関わるリスクの存在やリスクの認知等について十分な教育、研修が行われているか。
○ 社内の安全確保担当部門及び内部監査部門は、十分な独立性と権限を与えられた上で、経営トップに直結した体制になっているか。
　また、これらの部門に能力の高い人材が登用されるといった適正な人事が行われるとともに、十分な予算が与えられる等組織上十分な手当ては行われているか。

---

[6] 「属人思考の組織風土」とは、ことがらの決定や仕事の評価に「人」要素のウェイトが過大になり、「ことがら」要素本来のウェイトが軽くなる風土。このような風土では、ことがらに沿って決めるべき決裁が、起案者が誰などの要素の影響を強く受け、不公正になるとともに、上下の人間関係が濃密となり、対人的考慮から会議で率直な意見交換がなされなくなり、イエスマンがふえるとともに、反対意見を表明する人への有形無形の懲罰が強くなる。（岡本浩一著「権威主義の正体」より）
[7] リスク：
　生命の安全や健康、資産や環境に、危険や障害など望ましくない事象を発生させる確率、ないし期待損失（日本リスク研究学会 2000）（岡本浩一・今野裕之編著「リスクマネジメントの心理学」より）

○ 安全に関わるリスクへの対応は、事故、トラブル等への一時的な対応としてではなく、継続的な取組みとして定着しているか。

○ 事故や事故に近い重大事態が発生した場合に直ちに組織的に、系統的に取り上げて再発防止を優先した発生要因を分析するトップに直結した常設WG等、社内（組織内）手続きを制度として確立しているか。

(3) 情報の迅速かつ的確な共有の不足

○ 現場と経営陣の間、部門間のコミュニケーション、情報共有は十分図られているか。
　また、建設的な対話が行われる等労使間でのコミュニケーションは十分に図られているか。

○ 下請会社等も含めた現場の情報（特にマイナス情報）が経営トップに伝わる仕組みが十分に構築されているか。

○ 集められた情報は整理され、問題点・課題に対しては適切に対応策を検討し、現場へフィードバックするというシステムが構築されているか。

○ 集められたマイナス情報が、専ら個人責任追及、懲罰のために使われているという実態はないか。

3. 人間と高度技術システムのミスマッチ
(1) 高度技術システム導入による人間の役割の変容

○ 決してエラーをおかさないとはいえない人間を機械で代替してシステム全体の高信頼化を図ろうとしても、設計段階で予期し得なかった状況への対処は人間に頼らざるを得ない（「自動化の皮肉」）。世の中の多くのシステムがヒューマン・マシン・システムの形態を持つのはこのためである。

○ 交通機関においても、人間の負担を軽減してエラーの発生を抑制したいとして高度な技術システムが導入されてきたが、「機械化できるところを機械化する」等の名ばかりの「技術の高度化」が行われたケースでは、人間と高度技術システムの間にミスマッチが発生している。

○ ヒューマン・マシン・システムにおいて、「最終決定権を人間に与えることが重要だ」と言われている。しかし、交通機関の高密度化、複雑化等のなかで、運転者に課せられる役割は時に過大なものとなり得ることに配慮す

ると、「いついかなる場合でも最終決定権は人間に与える」ことは必ずしも適切とは言えない。交通モードや事態の緊急度によっては、人間の指示を待たずに機械が安全確保手段を講じることを許す等、状況に応じて人間と機械の役割分担を調整する仕組みを検討しておく必要がある。

(2) 状況認識の喪失、自動化に対する過信

○ 高度技術システムの導入は、人間の負担軽減及び交通機関の安全性向上に寄与しているものの、期待されたほどの低減効果には至っていないのが現状である。

○ 高度技術システムは、新しいタイプのヒューマンエラー事故を誘発させ得ることが知られている。すなわち、自動化システムが運転者の状況認識を喪失させ、機械の意図が理解できないまま的確な対応が取れず、事故に至った事例などがある。一方で、自動化システムへの過信するあまり人間が警戒心を喪失して漫然状態に陥って事故に至った例も知られている。

○ ただし、高度技術システムの導入や自動化に問題があるのではなく、人間と機械のインターフェイス設計についての適切な配慮がなされていないために、人間にとって何らかの意味で「わかりにくいシステム」となっている点に問題の本質がある。[8]

---

[8] NASA（1988）が公表した「自動化の原則」には以下のように記載されている。
　「してはならないこと」としては、1．作業者が特有のスキル、生甲斐を感じている仕事を自動化しない、2．非常に複雑であるとか、理解困難な仕事を自動化しない、3．作業現場での覚醒水準が低下するような自動化をしない、4．自動化が不具合のとき、作業者が解決不可能な自動化をしない。
　「すべきこと」としては、1．作業者の作業環境が豊かになる自動化をせよ、2．作業現場の覚醒度が上昇する自動化をせよ、3．作業者のスキルを補足し、完全なものにする自動化をせよ、4．自動化の選択、デザインの出発時点から現場作業者を含めて検討せよ。

II 安全風土の確立に向けた取組み

1. 安全風土の確立に向けた取組みの視点

○ I 2. で整理した「不安全行動」の防止と安全風土の確立に向けた課題の背景として、近年において、
- 経済のグローバル化と価値観の多様化
- 経済的規制の緩和等市場主義による熾烈な自由競争の結果、企業の優勝劣敗がより鮮明化
- 技術の急速な進展
- 雇用の流動化に伴う正社員割合の低下、若年労働者の離職の増大
- アウトソーシングの進展

等により、社会全体をめぐる状況が大きく変化し、これまでの終身雇用制度を前提とした労務管理や組織内の慣例や暗黙の了解に依拠した各種手続き、曖昧な責任体制が限界に達している状況が存在している。

○ 東海村のJCO臨界事故、雪印乳業による集団食中毒や日本ハムによる牛肉偽装事件、三菱自動車のリコール問題等特に名門企業に関係する事件の多発や、それらの多くが内部告発により表面化したことにも上記のような社会状況の変化が作用している可能性がある。

○ このような状況変化の下で、「不安全行動」を防止し、公共交通の安全を確保するためには、経営トップのリーダーシップの下、各交通事業者において「公共交通において安全の確保は最大、最優先の使命である」との大原則を再度確認し、「安全風土」確立のための具体的な取組みを強化することが必要不可欠である。

「安全風土」確立の取組みにあたっては、まず、「安全風土」がどのようなものか定義して明文化することが必要である。それにより、交通事業者の取組みの方向が示されることとなる。

○ なお、「安全風土」を確立することは「不安全行動」の防止のみならず、うっかりミスを含む広義の「ヒューマンエラー」が関連する事故の予防、機械の故障、自然災害などさまざまな要因で起きる事故の未然防止と被害軽減などにも効果が期待できるものである。

2. 事業者に期待される取組み(「安全マネジメント」態勢の構築等)
　　○　公共交通の安全確保を支える主役は、実際に輸送サービスを提供している交通事業者である。それぞれの交通事業者が安全確保の重要性を再認識し、「安全風土」の構築に向けて、経営のトップから利用者に直に接する現場まで一体となった日々の取組を行うことによって、利用者も安心して公共交通機関を利用することが可能となる。
　　○　このため、交通事業者には(2)に掲げる「安全マネジメント」態勢の構築をはじめとする以下の取組みを不断に行うことが強く期待される。
　　○　また、この場合、経営トップから現場職員まで「安全マネジメント」を深く理解する必要がある。

(1)「安全風土」確立のための経営トップのコミットメント
　　○　まず第一に、安全確保に対する経営トップの明確なコミットメントが必要不可欠である。
　　○　その具体例として、輸送の安全確保及び「安全風土」を構築することは公共交通機関として当然の責務であることを明確化した経営理念の再構築やそれに対する経営トップの署名、宣誓等があげられる。

(2)「安全マネジメント」態勢の構築と継続的取組み
　　○　また、コンプライアンス(倫理法令遵守)[9]やリスクマネジメント[10]の考え方、また、海運界での国際基準となっているISM(国際安全管理)コード[11]の考え

---

[9] コンプライアンス（倫理法令遵守）
　　単なる法令の文言のみならず、その背景にある精神まで遵守、実践していく活動。コンプライアンス（compliance）の直訳である「法令遵守」よりも広い概念で捉えられることが多い。（髙巖著「コンプライアンスの知識」より）
[10] リスクマネジメント（リスク管理）
　　企業の価値を維持、増大していくために、企業が経営を行っていく上で、事業に関連する内外の様々なリスクを適切に管理する活動（経済産業省研究会報告書「リスク新時代の内部統制」より）
[11] ＩＳＭ（国際安全管理）コード
　　海上人命安全条約（ＳＯＬＡＳ条約）付属書第Ⅸ章に規定する「船舶の安全航行及び汚染防止のための国際管理コード」
　　国際航海に従事する全ての旅客船と500総トン以上の貨物船は、ＩＳＭコードに適合していなければならない。

方（特に「PDCAサイクル[12]」）を取り入れた、プロセスとして機能する「安全マネジメント」態勢の構築と継続的取組みの実施が極めて重要である。
（主な具体的内容は以下のとおり。）
- 経営トップのコミットメントの明確化
- 基本方針の確立、明確化
- 事業に伴う安全に関わるリスクの洗い出し（リスクアセスメント）
- 把握した安全に関わるリスクの優先順位付けと対応策の検討・実施
- 社内体制の整備及び責任と権限の明確化
- コミュニケーション、情報共有のための適切なプロセスの確立
- 効果的な内部監査の実施（外部人材の活用を含む）
- 経営トップの関与の下での定期的な見直しと継続的な改善措置の実施

○ このほか、「安全マネジメント」に係る事項（基本方針、具体的な作業手順、責任と権限関係等）の文書化と適切かつ効率的な管理システムの構築にも配慮すべきである。ただし、その際に手続きばかりが煩雑となる「文書主義」に陥らないよう注意が必要である。

○ さらに、経営トップに直結した安全推進部門、内部監査部門の独立性確保と権限の明確化も重要な要素である。

○ 安全推進部門には、現場経験と専門知識を有し、新しい専門的知見を取り込む専門家が必要である。

○ 加えて、「安全マネジメント」態勢の構築にあたって、将来を担う若手社員の積極的な参画を求めることは事業者にとっても有益であると思われる。

(3) 内部における情報の共有
○ ヒヤリハット情報を含む現場での課題、問題点に関する情報が、確実に報告されるシステムの構築が求められる。
ただし、その際に、ヒヤリハット情報の報告については処罰やマイナス評

---

[12] PDCAサイクル
計画（Plan）を実行（Do）し、評価（Check）して改善（Act）に結びつけ、その結果を次の計画に活かすプロセス。品質管理の取組み（ISO9000シリーズ等）などに広く採用されている。
（参考）自動車交通安全対策のサイクル（4頁）、「安全と環境に配慮した今後の自動車交通のあり方について」答申、運輸技術審議会、平成11年6月14日。

価の対象としない、匿名性を確保することを明文化し公表しておく等の配慮が必要である。
- ○ また、収集された情報がデータベース化等により社内で共有され、どのような対応策がとられたかを確実に現場にフィードバックされるシステムの構築が重要である。
- ○ このほか、通常の情報伝達ルートとは別の、また複数の伝達ルートを用意すること、しかもそれが経営トップに直結する企業内ヘルプライン（ホットライン）を設置することが必要である。
- ○ 安全に関しては、労使双方が歩み寄り、率直に話し合える場が必要である。

(4) 情報公開
- ○ 「安全マネジメント」に関する取組みを安全報告書、安全レポートとして発行・公表する等の積極的な情報公開が重要である。
- ○ さらに、マイナス情報であっても積極的に情報公開することによる事業者としての透明性の確保を図るべきである。

(5) 教育・研修
- ○ 「安全を最優先する企業風土を構築することは公共交通機関として当然の責務である」ということを再確認・再徹底させること、また、「世界で最も誠実かつ安全な公共交通機関を目指す」などの高い目標設定の下で行うこと、さらに、自らの職業に自尊心を持つことができるようにすること、これらが公共交通に携わる者に対する教育・研修の理念といえる。
- ○ この理念を具体化するために、交通事業者が、次の事項に取り組むことを期待する。
  - ・ 従業員の自主性を尊重しつつ、必要な能力の習得及び獲得した技能の維持のための教育・訓練・研修プロセスの確立
  - ・ 企業内の教育指針の整備
  - ・ 現場レベルにおける教育・訓練を専門とする指導員の養成・配置
  - ・ 勤務時間内の一定時間を訓練に充てることが可能な仕組みの構築
  - ・ 定期的な再教育期間の設定

- ルールを理解し、納得させるための教育・訓練
- 「事故」体験の共有（事故を起こせば、利用者や会社、自分自身にとってどういうことになるのか、というイメージを、シミュレータ、ビジュアル映像・写真を使用して、より具体的に持つこと。なお、他社、他分野での失敗例も含む。）
- 事故を想定した訓練（総合訓練を含む。）
- 安全運転技術向上の教育の一環として位置づけられた各種の社内・外の競技会出場を目指した訓練
- 運転記録により危険な運転のおそれのある運転者に対する教育訓練
- ミスをおかした者に対するその後の教育訓練（ただし、教育という名の下の懲罰は決して行ってはならない）
- 職場の日常管理（朝礼、点呼、点検、情報伝達）の徹底。特に、運転者に対し、目視と声を出すことにより安全確認を行うことの徹底。
- リーダーシップを発揮するための適正な権威勾配[13]を前提としつつも、運行に直接関わる職員が、活発な会話を通してお互いに注意し合ったり、十分なコミュニケーションをとるといった並列の人間関係の形成
- 職位の下のものが上位のものに自由に述べることができる職場環境の整備
- 組織の中で部門や職種を超えて対話を行う教育
- 企業内部だけではなく従業員の家庭や地域社会を巻き込んで行う教育

(6) 危機発生時の対応方針（クライシスマネジメント[14]）の確立

  ○ 重大事故発生等の危機発生時における社内体制の明確化、対応マニュアルの作成等事前準備と対応方針の確立が必要である。

  ○ また、危機発生シナリオの作成と対応訓練等の個々の職員への教育・研修にも留意すべきである。

---

[13] 権威勾配
　　各従業員個人の権威の高低を比較し、その傾斜をいう。
[14] クライシスマネジメント（危機管理）
　　企業価値を大幅に低下させる重大な事象が発生した場合の被害の限定や復旧に向けた活動及びこれらを想定した事前の取り決め（経済産業省研究会報告書「リスク新時代の内部統制」より）

(7) 健康管理
　〇　経営トップにとって、交通従事者の健康な労働条件の確立と維持に努めることは当然の務めであり、交通従事者の日常的な健康管理は重要である。ただし、特に運行に直接携わる者に関しての身体適性や運転適性等の面についても、常に細心の注意を払う必要がある。
　①　身体適性（身体機能、疾病）
　　・職場環境の変化に伴う要注意疾病の抽出（特に心的疾病[15]）
　　・管理すべき疾病等に関する知識の普及
　　・企業から独立した外部組織による医学チェック
　②　運転適性
　　・現代の運転環境に応じた適性の再評価及び適性検査システムの再構築
　　・適性診断を受診させ、診断結果に基づく個別指導
　③　日常管理
　　・健康管理マニュアルと健康チェックリストの整備
　　・職場における医療受診体制の確保
　　・運転者のメンタル面（過度の緊張、パニック、ストレス）の健康チェックやモニタリング
　　・交替制勤務など不規則な勤務形態に関する再評価。勤務と生活習慣が運転・操縦中の眠気・疲労に及ぼす影響、その眠気・疲労と事故の関係についての分析および管理。

---

[15] 心的疾病
　　ＳＡＳ（睡眠時無呼吸症候群）、ＰＴＳＤ（心的外傷後ストレス障害）を含む。

Ⅲ 事故防止技術の導入に関する考え方

1.「予防安全型技術」の必要性

○ Ⅰ 3.に整理したように、交通機関の事故を抜本的に低減するには、単に新しい高度技術システムを導入するだけでは問題は解決しない。

○ 危険が迫っていることを知らせる警報も重要であるが、事故原因の80%とされるヒューマンエラーに対処するためには、通常（正常）からの逸脱を検出して通常状態への復帰を促したり、人間側の状況認識（気づき）を支援するシステムをあわせて導入することによって潜在的危険状態への移行をできるだけ早期に防止する「予防安全型技術」が必要である。

○ また、運転者のメンタルヘルスのチェックやモニタリングについての技術面からの対策についても検討すべき課題である。

2. 人間と機械の協調を設計する上での視点

○ 機械による人間への支援の設計は多層的に行う必要がある。平時は、ヒューマンインターフェイス設計による人間の状況認識の強化（気づきの支援）によって潜在危険への移行を抑止し、緊急時には、必要に応じて人間と機械の役割分担を調整し、場合によっては機械が自律的に安全確保手段を講じることもできるバックアップ機能の作り込みを検討しておくことが必要である。

○ 交通モードに応じて、人間は動的に変化する環境の中で認知、判断、操作を繰り返しており、それぞれを機械で支援するとしたら、どういう支援があり得るのか、どこまで支援すべきなのかということを情報獲得、情報解析、意思決定、行為実行の観点から考えていくべきである。

○ 運転状況の動的環境と運転者の状態に応じた支援により、交通機関の安心・安全を確保することが可能となる。

（1）状況認識の強化（気づきの支援）

○ すべての基本は「認知」である。したがって状況認識の基本となる「気づき」を支援する、つまり、「これは何か変だな」ということをいかにして早く気づかせるかということが重要である。

○ 高度技術システムの導入が安全確保・向上に真に寄与することができるようにするには、人間と機械が状況認識を共有し、人間が機械の意図や判

断根拠を容易に理解でき、機械の能力限界をも理解できるようなヒューマンインターフェイスを提供する必要がある。

(2) 人間と機械の役割分担（自動化レベルの最適設定）
○ ヒューマン・マシン・システムにおいて、安全確保に関する最終決定権を持つべきは人間か、機械かが議論されることがあるが、人間と機械が協力して目的を達成するというヒューマン・マシン・システムの原点に立ち返れば、いたずらに二者択一的議論を行うことは有益ではない。機械は万全ではないが、人間の能力も一様ではない。環境が動的に変化する交通機関の場合には、状況によっては人間が対処できない、あるいは、対処させるにはかなり無理がある場合がある。状況に応じて人間と機械の役割分担を調整することができる仕組み、すなわち、人間が最終決定権を持つことを基本としつつも、人間の対応が遅れている場合は機械が自律的な安全確保手段を講じることもできるような仕組みの検討を進める必要がある。[16]

3. 運航品質保証の導入の検討
○ IT技術を活用して、運航状況等をモニターし、基準値と継続的に比較することにより、「逸脱」を発見し、背後にある問題点の究明や対策の策定等を行う運航品質保証（FOQA）が航空分野で用いられているが、同等のシステムの導入を航空以外の交通機関でも検討すべきである。
○ このような技術は、データの視覚化技術と組み合わせると、自己研鑽のためのツールとしても利用可能である。
○ ただし、運航品質保証を導入する際には、運転者と企業との信頼関係、匿名性の確保について配慮が必要である。
○ また、上記各目的のために、運航品質保証により得られる大量のデータを効果的に活用できる形に処理する技術開発の促進が望まれる。

---

[16] 原子力発電の分野では、緊急事態発生時、機械の自動的な安全動作を前提に、最初の20～30分は事態の処理を機械に任せ、その時間内に次に何をなすべきか冷静に事態把握を行うような手法もある。

Ⅳ 国の果たすべき役割
1．社会環境の変化に伴う行政手法転換の必要性
（1）従来の行政手法
　　○　公共交通を含む交通産業に係る行政において、経済的規制については需給調整規制の廃止等緩和を行う一方で、社会的規制（安全規制）については維持・強化をしてきており、安全確保に関しては事業参入時等のチェックの他、「保安（安全）監査」等の事後チェックにより担保してきているところである。
　　○　「保安（安全）監査」は、「部分最適の集合が全体最適をもたらす」との考え方の下、現場主義的な静態的定点チェックとして実施されてきた。これは「現場において法令・基準等が遵守されていれば事業者全体として安全確保は大丈夫」との思想に基づくものである。
　　○　その背景には、「公共交通において安全確保は最大、最優先の使命である」という行政と事業者双方にとっての大原則のもとで、「経営トップは常に安全確保に留意し、現場の状況も把握しつつ問題があれば改善するマネジメント態勢を構築できているであろう」との暗黙の信頼関係が存在していた。

（2）社会環境の変化と行政手法転換の必要性
　　○　しかしながら、Ⅱ 1．で整理したような社会全体をめぐる状況変化の下で、公共交通の安全を確保するためには、従来にも増して、交通事業者が経営トップのリーダーシップの下でPDCAサイクルを重視したプロセスチェックを実現するためのマネジメント態勢を強化することが必要不可欠である。
　　○　一方、JR西日本の福知山線列車脱線事故やJALグループの各種トラブル等が相次ぎ、各社が作成した「安全性向上計画」や事業改善命令等に対する改善措置報告によれば、これらの事業者においては経営トップが現場の状況を把握せず、安全マネジメントが十分に機能していなかったという事実が判明した。
　　○　この際、事業者の安全確保に対する取組みをより確実にするためには、これまでの現場中心、定点チェック中心であった行政手法の転換を図る必要があるものと思われる。具体的には、従来から実施してきた「保安（安

全）監査」に加えて、事業者内における安全マネジメントの取組みについても、従来どおり事業者の自主性、自己責任原則を基本としつつ、それを補強する形で「経営トップのコミットメントはあるか」「プロセスとして機能しているか」等について、行政による評価を行うなど新たな行政手法についての検討が求められる。

2. ヒューマンエラー事故防止技術開発の必要性
   ○ 交通機関の高度化、交通の高密度化等により、今後ますますヒューマン・マシン・システムの高度化、複雑化は加速していく。
   ○ Ⅲ 1.に整理したように、新しい高度技術システムを導入するだけでは、交通事故の期待されたほどの低減効果にはつながらず、あわせて人間側の状況認識の強化（気づきの支援）を図り、潜在的危険状態への移行を早期に検出し、防止するための技術開発が必要とされている。
   ○ しかしながら、これまで、高度な知能と自律性を備えた機械と人間の相互作用を考慮に入れたヒューマン・マシン・システム設計技術やヒューマンエラー事故防止技術を真正面から見据えた技術開発は、まだまだ未成熟であり、緒についたばかりである。

3. 検討に当たっての視点
   ○ 上記1.及び2.を踏まえると、国の果たすべき役割については、今後、特に以下の点について検討を行うことが重要であると考えられる。
     ・「安全マネジメント評価」を含む事後チェック及び組織体制のあり方
     ・事業者が事故防止に取り組むための環境整備

4.「安全マネジメント評価」を含む事後チェック及び組織体制のあり方
   ○ 交通事業者における「安全マネジメント」を含む内部管理態勢の適切性を評価するプロセスチェック（「安全マネジメント評価」）を実施
   ○ 経営トップ自らのコミットメントを確認、検証
   ○「安全マネジメント評価」に当たっては、自己責任原則に基づき説明責任は事業者にあり、評価はそれを検証するためのものという自己管理型チェックを徹底

（例えば、安全に関する現場からの問題点について、具体的にどのような事項がどういうルートでトップに伝えられ、それにどのような対応策を検討し、現在どういう状況になっているかを事業者側から説明を行う、など。）
- 〇 安全マネジメント評価とともに、日常業務の現場を専門的見地から体系的に把握・確認するためのPDCAサイクルを取り入れることによる「保安（安全）監査」等の充実・強化
- 〇 各モードの特性に応じた実効あるサンクションの導入（事業停止処分等が実質的に困難な場合における課徴金制度の導入等の検討を含む）及びインセンティブ制度の導入
- 〇 違反事項を改善策とともに自己申告した場合の処分軽減（隠蔽の場合の厳罰化）と、それに合わせた行政処分基準の明確化
- 〇 安全監視要員の充実・強化、当該要員に対する研修の実施等
- 〇 モード横断的な安全監視組織の設置等、必要な組織・体制の強化
- 〇 当該モード横断的組織と航空・鉄道事故調査委員会との密接な連携
- 〇 外部の組織による第三者的チェック機能の活用

5. 事業者が事故防止に取り組むための環境整備
(1) 安全マネジメントに係るガイドラインの作成
- 〇 自己管理型チェックを可能とするための「安全マネジメント」に係るガイドラインの作成、提示

(2) 人材育成・教育研修等
- 〇 事業者内においてリーダーとなれる人材の育成（他の分野における失敗事例、ベストプラクティスの情報提供を含む）
- 〇 教育・訓練・研修指針の策定
- 〇 運転者等に対する健康管理のためのマニュアルやチェックリストの策定
- 〇 運転者等に対する適性検査の実施及び新しい適性検査の導入への支援
- 〇 シミュレータソフトの開発（従来の運転技能育成を主眼としたものからの発展的活用に向けた支援）

(3) 安全情報の収集・分析に基づいた予防的な対策の実施

○ トラブル発生情報等安全に係る様々な情報を収集・分析。その際、インシデント・レポートの効果的な収集・分析のための第三者機関の使用も考慮。
○ 分析結果に基づき、安全基準・指針の策定・改訂、教育訓練やマニュアルのあり方の見直しなどの予防的な対策を実施
○ 安全情報に関し、行政と事業者との間及び事業者間での情報共有が図れる仕組みの構築

(4) 事故原因の究明の徹底
　　○ 事故等発生時の原因の究明と適宜適切な情報の公表
　　○ 航空・鉄道事故調査委員会の組織・体制の充実・強化
　　○ 人間工学的な事故分析システムの研究

(5) 技術開発
　　○ 運転者側の潜在的危険状態（未だ危険は発生していないが、通常からは逸脱している状態）への移行を早期に検出し、通常状態への復帰を促進する技術、運転者の状況認識の強化（気づきの支援）を図る技術、運航管理側からの状況把握・支援を可能とする技術の開発
　　○ ヒューマンエラー事故の防止・被害軽減方策を定めた事故防止技術導入ガイドラインの策定

(6) 中小企業対策
　　○ 中小事業者への「安全マネジメント」態勢の構築等に関するアドバイスの充実（外部機関の活用を含む）

(7) その他
　　○ 「安全マネジメント」に積極的に取り組む事業者が市場等で評価される仕組みの構築
　　○ システムとして安全をチェックできるように、作業の分担や手順を明確化するマニュアルの策定、安全基準の設定等の事前安全対策とその評価

資　料（その１）

V　各交通モードごとの取組み

　ここでは、前章までに整理したヒューマンエラー事故防止のための対策等を踏まえ、各交通モードごとに、その特性を加味したうえでの課題と具体的な対策を取りまとめた。

1．鉄道

　鉄道分野においては、昨年3月、土佐くろしお鉄道の列車脱線事故、東武鉄道の手動踏切における踏切障害事故という人的要因に起因すると考えられる事故が相次いで発生したことから、全国の事業者に対して安全に直接関わる現場業務及び安全確保に関する体制の自主点検を指示していたが、点検期間中の4月25日にはJR西日本福知山線で107名の死者を生じる極めて重大な事故が発生した。

　事故の原因究明については、航空・鉄道事故調査委員会が進めているところであるが、その結論を待つまでもなく再発防止対策に取組む必要があることから、鉄道局内に「福知山線事故再発防止対策検討チーム」を設置して再発防止対策の検討を行った。

　また、技術基準のありかたや運転士の資質向上に関しては学識経験者や事業者団体等から構成する検討委員会を設け、鋭意検討を進めてきた。

　なお、9月6日には、福知山線事故を調査中の航空・鉄道事故調査委員会からの建議を受け、所要の対策を実施した。

（1）課題
- 〇　事故件数では鉄道外部に原因のあるものが多数を占めているが、死傷者の多い事故は鉄道内部の原因によるものが上位を占めており、鉄道システムそのものの安全水準の向上が必要
- 〇　事業者の経営トップが常に現場の実態を把握するとともに「事故の芽」など安全に関する情報を社内で共有化する仕組みが必要
- 〇　運転士としての資質を効果的に判定し、管理するための新たな制度、体制が必要
  - ・鉄道事業者において運転士の養成・資質管理が現場任せ
  - ・運転士としての資質を定期的・客観的に事後チェックする仕組みが不足
  - ・運転士の体系的・科学的な教育や資質管理が不十分

(2) 具体的な対策
- ○「技術基準検討委員会」において、鉄道システムの安全性や信頼性を一層高めるための包括的な検討を行い、速度制限装置の設置や運転士に異常が生じた場合の列車停止装置の設置、運転状況記録装置の設置を義務化
- ○ 事業者内の安全に関する責任の所在、情報伝達、共有化の方法、職員の教育方法等、安全確保に関して包括的な内容を定める「安全管理規程」の制定、届出を義務化
- ○ 運転士の資質の維持管理について運転士の資質の充足状況を管理し、必要な訓練や教育を実施する責任者として「乗務員指導管理者(仮称)」の選任と運転士に必要な資質の充足状況を定期的に確認し、その結果の国への報告を義務化
- ○ 免許制度等の見直しとして、指定養成所における学科講習に安全確保に関する科目の設定や、指定養成所への立入検査等の指導を強化
- ○ 新たな適性検査の必要性、有効性や風通しのよい職場、運転取扱い誤りやストレスを引き起こしにくい職場など、職場環境の改善方策等について検討するため「運転士の資質向上検討委員会」を設置

2. 自動車交通

　自動車交通分野においては、事業用自動車による事故件数は過去から増加して高止まりとなっており、また、事故の死者数は減少しているものの全交通事故死者数と比べて減少率が小さいという、厳しい状況にある。

　また、自動車運送事業の特徴として、運転者一人で運行されており、運行中の安全は運転者が全責任を負うこと、事業用自動車は自家用車等と混在して走行することから、運転者にはプロとして特に高い安全意識・能力が求められるところであるが、小規模事業者が圧倒的に多く、安全水準が経営トップの意識に左右されること、多くの運転者が長時間や深夜・早朝の不規則な乗務を行っていること等があり、他の交通モードと比べて決してよい条件にあるとは言えない状況にある。

　そのため、学識経験者や事業者団体等から構成される「自動車運送事業に係る交通事故要因分析検討会」において交通事故要因分析や再発防止対策を検討

してきたところであるが、「公共交通におけるヒューマンエラー事故防止検討委員会」の中間とりまとめを受けて、一層の安全対策の強化について検討を行い、以下の提言を得た。

(1) 課題
- ○ 安全対策が徹底されない部分がある
  - ・ 営業優先で利益を重視する経営トップが運行管理者の意見を尊重しない
  - ・ 自覚の足りない運行管理者が業務を適切に実施しない
- ○ 現行の安全対策ではカバーできない部分や弱い部分がある
  - ・ 安全対策の水準は経営トップの安全意識に大きく左右される
  - ・ 事業者の活動については、安全対策を運行管理者任せとし、企業全体での安全確保体制が弱体化する傾向がある
  - ・ 運行管理のやり方については、運行管理者から運転者への上意下達的指導監督が主たる内容となっている

(2) 具体的な対策
- ○ 安全対策が徹底されていないことに起因する事故等について、安全対策を充実・強化する
  - ・ 効率的な監査となるよう監査手法を見直す
  - ・ 処分基準の厳格化、運行管理者資格者証の返納命令の機動的に発令する
  - ・ 運行管理者制度の所要の見直しを図る
  - ・ 運行管理と安全技術の両面支援によって、過労運転の予防等の安全対策の強化を図る
- ○ 事業全体として安全を確保するため、安全マネジメントを導入する
  - ・ 経営トップが主導して安全確保に当たる取組みを行うことにより、企業全体に安全意識が浸透し、より高い水準での安全を確保する
  - ・ PDCAサイクルを活用した計画的・継続的な対策により、企業全体の安全のスパイラルアップを図る
  - ・ 参加意識、納得が得られるような研修を実施することにより、個々の運転者の能力が向上し、企業全体の安全水準を向上させる

3. 海事

　海事分野においては、国内旅客船の事故は近年、昭和30、40年代のピーク時の半数程度で推移しているところであり、大型死亡事故の発生も見られない状況にあるが、ヒューマンエラーに起因するとされる事故は、近年、国内で発生している事故や海外の重大海難においても多く見られるところである。

　また、海上交通では、旅客船、貨物船、漁船等多くの船舶が輻輳して運航されており、衝突等事故の原因も様々であること、また、旅客船事業の主体者には国際航路を営む大企業もあるが、その多くは中小企業であること等、他の交通モードと異なる点も多い。

　なお、ヒューマンエラー事故防止の検討のために設けられた学識経験者や事業者団体等から構成される「旅客船事故原因分析検討会」においては、海事分野における安全管理体制の構築の先進的な取組みとして進められている、外航船を中心とするISMコード(国際安全管理規則)への取組みを参考にしつつ、取り組むべき措置等について検討を行い、以下の整理を行った。

(1) 課題
- 安全関係法令等による規制は万能ではなく、その遵守だけで全ての事故を防止することは出来ない
- うっかりミスや不安全行動には背後要因があり、それを究明し対策を講じない限り真の安全確保、予防安全にはならない
- 運航管理制度やISMコード、また、それらに基づく監査等の事故防止対策が有効に機能を果たしているか
- ミス等に対する多重チェックシステムやフェールセーフシステム等の事故防止技術の工夫が必要
- 事故発生時の被害を最小化する技術や体制の整備が必要

(2) 具体的な対策
- 経営トップのコミットメントや監査・点検組織の整備、危機管理・緊急時体制の確立など事業者内における安全管理体制の構築
- 事業規模・航路特性・海難事故の現状等を踏まえた運航管理規程の見直しなどによる運航管理制度の充実

○ 事故防止対策・運航管理体制に緊急是正が必要な事業者に対する重点監査の実施や監査方法の充実などによる運航労務監査・指導体制の強化
○ 任意ISMコードの啓蒙活動の強化やISM認証審査体制の高度化
○ 事故原因究明の深度化による的確な再発防止策の検討と、インシデント等の情報の収集、共有、活用等
○ 潜在的危険状態への移行防止等の事故防止技術の研究開発

4．航空

　航空分野においては、わが国の航空会社における乗客の死亡事故は、昭和60年のJAL123便の墜落事故以来発生していないものの、昨年に入ってから、ヒューマンエラーや機材不具合に起因する安全上のトラブルが続発した。これを受け、日本航空グループに対する事業改善命令などの発出などの措置を講じてきたが、その後も安全上のトラブルが継続した。

　また、わが国の航空業界では、米国同時多発テロ、SARS、原油価格の高騰の影響等などの近年の厳しい経営環境の中で、分社化、外部委託等の活用による合理化、効率化が進められるなど、事業形態が大きく変化している状況にある。

　このため、学識経験者等から構成される「航空輸送安全対策委員会」を設け、これらの主な安全上のトラブルを客観的に分析し、航空輸送の安全確保のために取組むべき措置等について検討を行い、以下の整理を行った。現在、本委員会で提言された措置を実現するために必要な取組みを行っている。

(1) 課題
　○ 航空会社が、その合理化・効率化に取り組んでいく中で、経営と現場の距離感が生まれ、航空会社内の安全への意識が相対的に低下
　○ 社内構造が複雑化・多様化する中で、安全情報の報告・共有の不備、これに伴う適時適確な対策の策定・実施の不備が発生
　○ 従来のヒューマンファクター訓練が不十分
　○ 業務の実施方法が、現場の実情に即していない、マニュアル設定の技術的背景に対する理解不足等の理由により、業務が適切に実施されないなどの問題が発生

（2）具体的な対策
　○　大手航空会社で導入されている「安全管理システム」を見直すとともに、未導入の航空会社における導入の検討。
　○　日常業務における潜在的なリスク要因を適切に事前把握・管理するため、航空会社における安全情報の収集・分析を強化。また、予防的な安全対策を推進するため、国自らも安全情報を積極的に収集・分析。
　○　ヒューマンエラー防止のために、現行の訓練を検証し、訓練のあり方を検討、基準化。
　○　航空会社の業務の実施方法の改善のため、現場の意見、安全情報の解析を踏まえ、規定・マニュアル類の見直し、それに伴う教育・訓練を推進。
　○　国において監査専従部門を設立するなど体制を強化し、航空会社に対して体系的かつ専門的な監査を実施。また、監査担当職員の能力向上を図るための研修を充実。

5．横断的事項
　5－1　安全マネジメント評価
　　公共交通の各分野において、それぞれの状況に応じた検討が進められる一方、その横断的事項としての「安全マネジメント評価」を含む事後チェック及び組織体制のあり方についての検討を進め、以下の整理を行った。

（1）課題
　○　新たな仕組みとして、経営トップから現場まで一丸となった安全管理態勢の構築により、安全意識の浸透・安全風土の構築を図るメカニズムを事業者に組込む。
　○　具体的には、安全方針等の策定、経営トップと現場と双方向のコミュニケーションの確保、内部監査による安全確保に係る課題の把握、これを受けた事業運営の継続的見直しにより、経営トップ主導による輸送の安全を確保するための事業運営の自律的・継続的な実現と見直し・改善を行わせる。これにより、事業者内部における経営トップから現場までの安全管理態勢を

構築させ、安全意識の浸透・安全風土の構築を図る。
- 従来の監督行政の延長ではない新たな監視・監督の手法として、このような事業者の取組みを国が評価するシステムを構築する。

(2) 具体的な対策
- 運輸事業における安全管理態勢の構築を図るため、鉄道、自動車、海運、航空の各モードの事業法を改正し、事業者に対し、輸送の安全性の向上を責務として規定するとともに、「安全管理規程」の作成と「安全統括管理者」の選任を義務付けた。
- 各事業法の規定に基づき事業者が作成する安全管理規程に記載すべき項目として各交通モード共通のものを定めるガイドラインを作成する。このため、学識経験者や事業者団体等から構成される「運輸安全マネジメント態勢構築に係るガイドライン等検討会」を設け、ガイドラインの検討を行っており、本年2月にその骨子をまとめた。
- 国が、「安全管理規程」により構築される事業者の輸送の安全を確保するための体制・方法、すなわち、安全管理態勢が適切に機能しているか、事業者内部において安全意識の浸透・安全風土の構築が図られているか等を評価する「安全マネジメント評価」の仕組みを導入する。
- 安全管理体制構築のための事業者に対する講習を実施することとした。

〈参考〉
安全マネジメント態勢の評価に係る組織(本省大臣官房)
　　運輸安全政策審議官 ― 運輸安全監理官 ― 運輸安全調査官(20人)

5-2 事故防止技術
　公共交通の各分野においては、個々のモードの実情に即して事故防止技術が開発されてきているところであり、また、事故防止技術のさらなる向上が図られているところである。このような状況も踏まえつつ、モード共通の技術要素を検討し、以下の整理を行った。

(1)課題
- 個々の事故事象に対応した事故防止対策への技術的な対応の努力はなされているが、新しい高度技術システムを導入するだけではヒューマンエラーに起因する事故の抜本的な解決に至っていない。
- このため、通常(正常)からの逸脱を検出して通常状態への復帰を促したり、人間側の状況認識(気づき)を支援するシステムをあわせて導入することにより、運転者側の潜在的危険状態への移行をできるだけ早期に防止する技術(予防安全型技術)の研究開発が必要。

(2)具体的な対策
- 潜在的にリスクの高い運転者の心身状態の兆候あるいは予兆を検出し、評価・予測するモニタリング手法の研究開発
- 不安全行動や手順ミス等について、正常な運航計画からの逸脱を検出・評価し、運航管理側からの状況把握・支援を可能にするとともに、運転者に適切に知らせるモニタリング手法及びヒューマンインタフェース技術の研究開発
- ヒューマンエラー事故防止・被害軽減方策についてのモード横断的な技術導入ガイドラインの策定

資　　料（その１）

おわりに

　本委員会は昨年6月14日の第一回委員会以来、7名のアドバイザーの積極的な協力のもとで公共交通機関におけるヒューマンエラー事故防止対策に関して様々な視点から議論を重ね、その中で、可能な限り共通的な骨格となる事項について、現状の認識やその問題点、今後の企業や国等の行うべきことなどを整理してきた。

　8月に中間とりまとめを整理した後、各交通モードの検討の枠組みにおいて、これを踏まえつつ、ヒューマンエラー事故防止対策を検討・実施してきた。

　なお、公共交通に共通する特性としては、①移動体の制御であること、②常時、事故の危険にさらされた業務であること、③24時間、昼夜の区別なく連続的な運転・制御を要求されること、④運行（航）の安全性は運転者に依存するところ大であること、などがあげられるが、モード毎の特性の違いも少なくない。

　この最終とりまとめに当たっては、交通モード横断的な視点からの整理に加え、交通モードの特性を加味して、各交通モードの取組みもまとめたものであるが、各交通モードの取組みについては、これを一層具体化する必要がある。

　例えば、ヒューマンエラー事故防止に重要な企業風土の改革のため安全マネジメント態勢の構築が重要とされるとともに、国の役割としてそのガイドラインの作成・提示や中小事業者へのアドバイスの充実などが言われており、その具体化には輸送モード毎の特性や事業主体の規模等に応じた検討が今後とも必要となる。

　また、従来から行われていた事故やインシデントの収集・分析等に関しても、安全情報の収集・分析に基づく予防的安全対策への転換が重要とされ、そのため、企業内での情報収集における匿名性の確保やマイナス評価としない等の配慮や、国や第三者機関での情報の収集・分析、事業者へのフィードバック等が挙げられているが、輸送モード毎の比較も行いながら、収集すべき安全情報の対象範囲や分析・処理等の具体的な検討が必要となる。

　また、いうまでもなく、事故防止には様々なレベルでの取り組み、例えば、事業所

の安全活動に関する第三者評価等があり、対策の具体的な内容としても、例えば、「気づきの支援」以外にも、それぞれの交通機関が運行(航)される内部、外部の環境要因から必要な技術開発など、今後の各担当部局の検討の枠組みにおける議論が必要なものもあると考えられる。

　いずれにしても、この検討委員会では、アドバイザーのご意見もいただきつつ、昨年の初め頃から様々な形で現れてきた現在の公共交通機関における問題点、それも最も重要な案件である安全確保に係る問題点について明らかにするとともに、それに関する対処方針の骨格が整理できたと考えており、国土交通省が公共交通に係るヒューマンエラー事故防止対策を講じる際のいわばバイブルとして安全行政に携わる全職員がこれを有効に活用していくこととしたい。

資　料（その１）

委　員　名　簿

委員長	佐藤　信秋	国土交通事務次官	（H17. 8.15～）
	岩村　敬	同　　上	（～H17. 8.15）
委員長代理	清治　真人	技監	（H17. 8.15～）
	佐藤　信秋	同　　上	（～H17. 8.15）
	安富　正文	国土交通審議官	
委員	春田　謙	官房長	（H17. 8.15～）
	峰久　幸義	同　　上	（～H17. 8.15）
	矢部　哲	技術総括審議官	（H17. 8. 2～）
	金澤　寛	同　　上	（～H17. 8. 2）
	竹歳　誠	総合政策局長	（H17. 8. 2～）
	丸山　博	同　　上	（～H17. 8. 2）
	梅田　春実	鉄道局長	
	宿利　正史	自動車交通局長	（H17. 8. 2～）
	金澤　悟	同　　上	（～H17. 8. 2）
	星野　茂夫	海事局長	（H17. 8. 2～）
	矢部　哲	同　　上	（～H17. 8. 2）
	岩崎　貞二	航空局長	
	杉山　篤史	政策統括官	（H17. 8.15～）
	春田　謙	同　　上	（～H17. 8.15）

（事務局担当）　総合政策局　総務課、技術安全課、参事官（交通安全）

アドバイザリーグループ委員名簿

稲垣　敏之
筑波大学大学院教授　システム情報工学研究科リスク工学専攻長

岡本　浩一
東洋英和女学院大学人間科学部教授

河内　啓二
東京大学大学院工学系研究科教授

髙　　巖
麗澤大学国際経済学部教授兼企業倫理研究センター長

芳賀　繁
立教大学文学部心理学科教授

堀野　定雄
神奈川大学工学部経営工学科助教授

村山　義夫
(財)海上労働科学研究所主任研究員

（五十音順）

資　料（その１）

ヒアリング企業一覧

全日本空輸株式会社

日本通運株式会社

日本ハム株式会社

日本郵船株式会社

東日本旅客鉄道株式会社

（五十音順）

委員会開催日

第1回　　平成17年　6月14日(火)
第2回　　平成17年　6月21日(火)
第3回　　平成17年　7月 4日(月)
第4回　　平成17年　7月12日(火)
第5回　　平成17年　7月22日(金)
第6回　　平成17年　8月 4日(木)
第7回　　平成17年12月 6日(火)
第8回　　平成18年　3月29日(水)【最終回】

その2

国運審第 9 号
平成18年8月3日

国土交通大臣　北側　一雄　殿

運輸審議会会長　榊　誠

答　　申　　書

　鉄道事業法第五十六条の二（軌道法第二十六条において準用する場合を含む。）、道路運送法第九十四条の二、貨物自動車運送事業法第六十条の二、海上運送法第二十五条の二、内航海運業法第二十六条の二第一項及び航空法第百三十四条の二の規定に基づく安全管理規程に係る報告徴収又は立入検査の実施に係る基本的な方針の策定に関する諮問について

平18第7001号

　平成18年6月22日付け国官運安第18号をもって諮問された本事案については、運輸安全確保部会において検討を行い、また、平成18年7月18日に東京都において参考人意見聴取会、平成18年7月27日に東京都において公聴会を開催したほか、諮問された本事案について審議した結果、次のとおり答申する。

資　料（その２）

主　文

　鉄道事業法第５６条の２（軌道法第２６条において準用する場合を含む。）、道路運送法第９４条の２、貨物自動車運送事業法第６０条の２、海上運送法第２５条の２、内航海運業法第２６条の２第１項及び航空法第１３４条の２の規定に基づく安全管理規程に係る報告徴収又は立入検査の実施に係る基本的な方針については、平成１８年６月２２日付け国官運安第１８号の別紙案のとおり定めることが適当である。

理　由

1　国土交通大臣は、平成１８年６月２２日付け国官運安第１８号により、鉄道事業法第５６条の２（軌道法第２６条において準用する場合を含む。）、道路運送法第９４条の２、貨物自動車運送事業法第６０条の２、海上運送法第２５条の２、内航海運業法第２６条の２第１項及び航空法第１３４条の２の規定に基づく安全管理規程に係る報告徴収又は立入検査の実施に係る基本的な方針を同号別紙案のとおり定めようとして、鉄道事業法第６４条の２第５号、軌道法第２７条ノ２第８号、道路運送法第８８条の２第７号、貨物自動車運送事業法第６７条、海上運送法第４５条の３第５号、内航海運業法第２６条の２第２項及び航空法第１３６条第４号に基づき、当審議会に諮問した。

2　当審議会は本事案の審議に当たり、専門委員の参加を得て「運輸安全確保部会」を設け、検討を行った。
　　また、参考人意見聴取会を開催し運輸分野の事業者・事業者団体関係者の意見を聴取するとともに、公聴会を開催し所管局の陳述及び一般公述人の公述を聴取したほか、当審議会に提出された

資料、所管局から聴取した説明等に基づき検討を行ったが、それらの結果は次のとおりである。

(1) 今般、「運輸の安全性の向上のための鉄道事業法等の一部を改正する法律（平成１８年法律第１９号）」により、運輸事業者において、絶えず輸送の安全性の向上に向けた取組を求めるとともに、安全最優先の方針の下、経営トップ主導による経営トップから現場まで事業体が一丸となった安全管理体制の適切な構築を図るため、運輸事業者に対して、安全管理規程の作成等が義務付けられることとなった。本事案は、この安全管理規程の記載事項のうち、その基本となる「輸送の安全を確保するための事業の運営の方針に関する事項」の実施状況を確認するために国土交通大臣が行う報告徴収又は立入検査（以下「報告徴収等」という。）の実施に係る基本的な方針を定めるものである。

(2) この基本的な方針は、国土交通省内に設けられた「公共交通に係るヒューマンエラー事故防止対策検討委員会」で策定された「とりまとめ」及び「運輸安全マネジメント態勢構築に係るガイドライン等検討会」で策定された「安全管理規程に係るガイドライン」等を踏まえて、「実施に係る基本的な考え方」、「実施方針」（報告徴収等における重点確認事項、実施の方法、実施方法等の見直し及び改善、結果の取り扱い、実施計画）等について定めたものである。

(3) 本方針においては、当面は、新たに導入される安全管理規程制度の関係者への周知、啓発等に努め、事業者における基本的な理解や実際の実施状況の確認、安全管理規程の更なる改善等に向けた助言を中心として実施することとしており、実施に当たっては、
① 事業者が自主的に作成した安全方針等に従った安全管理体制の運用等についての確認と必要に応じた助言を重点としているこ

と
②保安監査実施部局との連携等により効率的な報告徴収等の実施を行うとともに、事業者における取り組みの総合的な把握、分析に努めるとしていること
③新たに導入される制度であることもあり、報告徴収等の実施方法等について、継続的な見直し及び改善を行うとしていること
④報告徴収等の所見について、当該事業者に説明を行い、所要の措置を講じるとともに、報告徴収等の結果については、事業者の機密も含まれることを勘案しつつ、事業者の安全に関する意識向上を促すために、その概要を公表するとしていること
⑤当面、特に大規模な事故が発生し、トラブルが多発している大量高速輸送機関である鉄道および航空分野を重点とし、運輸各分野について計画的に報告徴収等を行うとしていること

等が記載されており、いずれも法律の趣旨にかんがみ適切なものである。

(4)以上のことから、本事案については、諮問案のとおり定めることが適当であると認められる。

(別添参考資料：平成１８年７月３１日付け運輸安全確保部会報告)

国土交通大臣に対する要望

　国土交通大臣は、輸送の安全確保、事業者の安全管理が運輸に係る行政運営の最重要課題であることにかんがみ、次の事項について万全の措置を講じられたい。

1　国土交通本省、地方部局を問わず関係部局における適切な連携を図り、所要人員の確保、関係職員の教育、訓練など組織体制の充実、強化に努めること。

2　事業者の規模、実態等を十分踏まえつつ、経営トップを始めとする事業者の主体的な取組を尊重し、自主的な改善に向けた意欲やプロセスの確立に向けた努力を評価し、安全管理体制が向上するよう配慮すること。

3　適切な指導、助言を行うため、安全管理体制の実態を把握する上で必要な情報が提供されるよう、事業者との信頼関係、協働関係が構築されるよう努め、報告徴収等で得た情報については、国民の安全に対する関心を踏まえ安全確保の観点から可能な限り公表するよう努めること。

4　行政、事業者、学界等各界において、事故に関する情報はもとより、事故発生の原因となりうるいわゆる「事故の芽情報」についても、情報、知見の共有化と相互利活用が図られるようなシステム構築に向けた環境整備を推進すること。

5　なお、報告徴収等の対象とならない小規模な事業者についても安全マネジメント態勢の構築のあり方についての検討を進めるとともに、安全性向上のための施策を推進すること。

資　料（その２）

別添参考資料

平成１８年７月３１日

安全管理規程に係る報告徴収又は立入検査の実施に係る基本的な方針の策定に関する諮問についての運輸審議会運輸安全確保部会
報　告　書

　最近の運輸分野における事故等の発生状況にかんがみ、運輸の安全性の向上を図るため策定された「運輸の安全性の向上のための鉄道事業法等の一部を改正する法律（平成１８年法律第１９号）」の成立を受け、運輸事業者において、安全最優先の方針の下、経営トップ主導による経営トップから現場まで一丸となった安全管理体制の適切・確実な構築を図るため、運輸事業者に対して、安全管理規程の作成等が義務付けられることになった。
　この安全管理規程の記載事項のうち、その基本となる「輸送の安全を確保するための事業の運営の方針に関する事項」の実施状況を確認するために行う報告徴収又は立入検査（以下「報告徴収等」という。）の実施に係る基本的な方針については、それが運輸事業者の経営の根幹に関わるものであるうえ、利用者の安全確保にも関わる重要なものであることから、国土交通大臣が定めるにあたり、運輸審議会へ諮問することとされている。
　これに基づき今般、国土交通大臣より、平成１８年６月２２日付け国官運安第１８号をもって同審議会へ諮問がなされた。
　同審議会は、これについての審議を行うにあたり、運輸安全に関するより深い専門的な知見を得るため、一部の同審議会委員と、企業倫理、社会システム工学、心理学、輸送機関の運行（運航）関係の専門委員から構成される「運輸安全確保部会」（構成員については別記のとおり。）を設置し、これまで３回にわたり、調査・検討を行ったが、その検討結果について、運輸審議会に以下のとおり報告する。

1　平成18年6月22日付け国官運安第18号をもって諮問された別紙案については、妥当な内容であり、認めることが適当である。

2　部会所属の委員、専門委員からは、多岐に亘る意見が出されたが、そのうち主なものは、次のとおりである。

・企業それぞれの個性に応じた管理態勢を尊重する必要があり、一律の規制は好ましくない。

・経営トップが「安全はマネジメントの中心に据えられなければならない。」という理念とリーダーシップをもって、現場と意思疎通を図り、PDCAサイクル（輸送の安全に関する計画の策定、実行、チェック、改善のサイクル（Plan Do Check Act））に経営トップが積極的に関わることが必要である。

・安全を確保するためには、現場に潜在する危険を摘出し、目に見える形にするプロセスが重要である。事業者にこのような取組を促すことができれば、結局は安全の確保につながる。

・運輸安全マネジメントの報告徴収等にあたって、事業者は、自己の安全管理について、その現状を正しく伝え、さらなる改善に向けてどのように取り組もうとしているのかが分かるように説明する責任を持つことを明確にする必要がある。

・運輸安全マネジメントの報告徴収等にあたって、行政は、安全管理に対する事業者の自主的な取組を尊重し、助言、指導を中心とし、安全確保の実現に向け事業者と協調して取り組む姿勢が望まれる。

・事業者間で、小規模なアクシデント、インシデント等の事故発生の原因となりうる情報、いわゆるヒヤリハットの情報を共有・活用して、業界全体で知見を高めていくことは、安全対策として有意義である。

　運輸審議会においては、これらの意見や、その他部会でなされた議論をも踏まえて本事案の審議を行うことを望む。

別記

運輸審議会運輸安全確保部会に属する委員及び専門委員名簿

平成18年7月31日現在

（委員）
　　榊　　　誠　（部会長）
　　竹田　正興　（部会長代理）
　　長尾　正和

（専門委員）
　　河内　啓二
　　酒井　一博
　　髙　　巖
　　中條　武志
　　芳賀　繁
　　村山　義夫

その3

平成22年3月2日
運輸審議会審理室

安全管理規程に係る報告徴収又は立入検査の実施に係る基本的な方針の改正事案に関する答申について

事案の種類	内容	決定
安全管理規程に係る報告徴収又は立入検査の実施に係る基本的な方針の改正	鉄道事業法、軌道法、道路運送法、貨物自動車運送事業法、海上運送法、内航海運業法及び航空法の規定に基づく安全管理規程に係る報告徴収又は立入検査の実施に係る基本的な方針の改定	諮問された案を一部修正した別紙案のとおり改正することが適当である

　平成21年12月1日付けで国土交通大臣から運輸審議会に対し諮問がありました「安全管理規程に係る報告徴収又は立入検査の実施に係る基本的な方針の改正」事案について、運輸審議会は「諮問された案を一部修正した別紙案のとおり改正することが適当である」との結論に達し、本日、国土交通大臣に対して答申いたしましたので、お知らせします。

国運審第43号
平成22年3月2日

国土交通大臣　前原　誠司　殿

運輸審議会会長　　大屋　則之

答　申　書

　鉄道事業法第五十六条の二（軌道法第二十六条において準用する場合を含む。）、道路運送法第九十四条の二、貨物自動車運送事業法第六十条の二、海上運送法第二十五条の二、内航海運業法第二十六条の二第一項及び航空法第百三十四条の二の規定に基づく安全管理規程に係る報告徴収又は立入検査の実施に係る基本的な方針の改正に関する諮問について

平21第7001号

　平成21年12月1日付け国官運安第200号をもって諮問された本事案については、運輸安全確保部会において討議を行うとともに、当審議会に提出された資料その他によって審議した結果、次のとおり答申する。

資　料（その３）

　　　　　　　　　主　　文

　鉄道事業法第５６条の２（軌道法第２６条において準用する場合を含む。）、道路運送法第９４条の２、貨物自動車運送事業法第６０条の２、海上運送法第２５条の２、内航海運業法第２６条の２第１項及び航空法第１３４条の２の規定に基づく安全管理規程に係る報告徴収又は立入検査の実施に係る基本的な方針については、平成２１年１２月１日付け国官運安第２００号により当審議会に諮問された案を一部修正した別紙案のとおり改正することが適当である。

　　　　　　　　　理　　由

１．国土交通大臣は、平成１８年８月に「安全管理規程に係る報告徴収又は立入検査の実施に係る基本的な方針」を策定し、運輸安全マネジメント制度の周知啓発等に重点を置いて運輸安全マネジメント評価を実施してきたところであるが、運輸事業者の安全管理に対する取組の進捗状況等を踏まえ、上記方針の改正を行うとしている。

　　また、平成１８年４月に「運輸安全マネジメント態勢構築に係るガイドライン等検討会」で策定された「安全管理規程に係るガイドライン」については、上記方針の付属書として扱うものとし、今回の改正の一環として、その標題、位置付け、内容を見直すとしている。

２．当審議会は、本事案の審議に当たり、運輸安全確保部会に付託して討議を行うとともに、当審議会に提出された資料、所管局から聴取した説明等に基づき検討を行ったが、それらの結果は次のとおりである。

（１）安全管理規程に係る報告徴収又は立入検査の実施に係る基本

的な方針の改正

　改正後の方針では、運輸事業者において基本的な安全管理のための枠組みが概ね構築されていること等を勘案し、今後は運輸安全マネジメント制度の浸透・定着と運輸安全マネジメント評価の深度化に努めるとの考え方が提示されている。

　また、評価の実施に当たっては、安全管理体制のPDCAサイクル機能の状況を重点的に確認するとともに、きめ細かな助言を行うこと等についての記載が追加されているほか、評価対象事業者の拡大等も図られている。

　以上を踏まえれば、上記方針の改正は、運輸安全マネジメント評価の質を高め、運輸事業者の安全管理体制の改善に資することから、法律の趣旨に沿った適切なものである。

（２）安全管理規程に係るガイドラインの改正

　改正後のガイドラインでは、「ガイドラインは、運輸事業者における安全管理体制の構築・改善の進め方の参考例を示すものである」と位置付けるとともに、その標題を「運輸事業者における安全管理の進め方に関するガイドライン」に変更している。

　また、運輸事業者にとって判りやすいものとなるよう、取組途上の事業者が多い項目を詳細に規定することを始めとして、用語・表現の簡明化に至るまで広範な見直しを行っている。

　さらに、運輸安全確保部会での討議の結果、ガイドラインの位置付けと適合しない記載事項等を修正すべきであるとされたが、これらの修正はいずれも妥当なものであると認められる。

　以上を踏まえれば、上記ガイドラインの改正は、運輸事業者の安全管理体制の改善に資することから、法律の趣旨に沿った適切なものである。

３．以上のことから、本事案については、諮問案を一部修正した案

のとおり改正することが適当であると認められる。

4．当審議会としては、国土交通大臣に対し、輸送の安全の確保、運輸事業者の安全管理の重要性を踏まえ、引き続き運輸安全マネジメント評価の効率的かつ効果的な実施に努めるとともに、その実施に当たっては特に次の事項に配慮した対応をしていただくことを要望する。

　（1）中小規模の事業者に対する運輸安全マネジメント評価の促進に積極的に取り組むこと

　（2）運輸安全マネジメント評価が効果を上げるか否かは評価員の技量による部分が大きいことを踏まえ、評価員の一層の技量向上を図ること

（別添参考資料：平成22年2月17日付け運輸安全確保部会報告書）

別紙

鉄道事業法第五十六条の二（軌道法第二十六条において準用する場合を含む。）、道路運送法第九十四条の二、貨物自動車運送事業法第六十条の二、海上運送法第二十五条の二、内航海運業法第二十六条の二第一項及び航空法第百三十四条の二の規定に基づく安全管理規程に係る報告徴収又は立入検査の実施に係る基本的な方針（案）

１．実施に係る基本的な考え方

（１）「運輸の安全性の向上のための鉄道事業法等の一部を改正する法律（平成１８年法律第１９号）」により、運輸事業者において、絶えず輸送の安全性の向上に向けた取組を求めるとともに、安全最優先の方針の下、経営トップ主導による経営トップから現場まで一丸となった安全管理体制の適切な構築を図るため、運輸事業者に対して、安全管理規程の作成等が義務付けられた。

　本方針は、この安全管理規程の記載事項のうち、その基本となる「輸送の安全を確保するための事業の運営の方針に関する事項」の実施状況を確認するために行う報告徴収又は立入検査（以下この方針において「運輸安全マネジメント評価」という。）の実施に係る基本的な方針である。

（２）法施行後、これまで安全管理規程に係る制度（以下「運輸安全マネジメント制度」という。）の周知、啓発等に努め、運輸安全マネジメント評価の実施に当たっても、運輸事業者の経営管理部門を対象として、安全管理規程に関する基本的な理解及び実際の実施状況の確認、安全管理規程の更なる改善等に向けた助言を中心に実施してきた。

　その結果、運輸事業者においても、運輸安全マネジメント制度に対する理解も進んできており、基本的な安全管理のための組織体制や関連規程類の整備等の枠組みについては、概ね構築していることが判明している。

　一方で、その取組内容については、十分でない部分や事業者間・モード間で差があることも判明している。

（３）上記を踏まえ、今後、当面は、運輸安全マネジメント制度の一層の浸透・定着等に努め、運輸安全マネジメント評価の実施に当たっても、運輸事業者の経営管理部門を対象として、安全管理体制の実際の運用状況の確認、安全管理体制の更なる改善等に向けたきめ細かな助言を中心に実施する。

２．実施方針

（1）運輸安全マネジメント評価における重点確認事項

　今後、当面は、安全管理規程のうち「輸送の安全を確保するための事業の運営の方針に関する事項」となる「基本的な方針に関する事項」「関係法令等の遵守に関する事項」及び「取組に関する事項」（以下「安全方針等」という。）に関し、以下の点について重点的に確認を行い、必要に応じ、安全方針等に関し、更なる改善等に向けたきめ細かな助言を行う。

① 自ら作成した安全方針等に従った安全管理体制の運用が計画的になされ、それら運用状況を自ら定期的に確認し、その確認の結果を踏まえ、安全管理体制の見直し及び継続的改善がなされているか。

② 経営の責任者を含む経営管理部門における安全方針等に関する理解及び関与の度合いは十分か。

③ 過去に行政処分又は行政指導を受けている運輸事業者について当該行政処分等を踏まえた安全方針等の作成及び実施は行われているか。

（2）運輸安全マネジメント評価の実施の方法について

① 関係法令及び本方針に基づき運輸安全マネジメント評価を行う。

② 実施に当たっては、保安監査実施部局と連携するとともに、大臣官房運輸安全監理官において、予め、本方針に沿って作成された運輸安全マネジメント評価実施要領に基づいて実施する。

③ 経営の責任者、安全統括管理者等の経営幹部への面談調査と経営管理部門が管理する安全管理に係る書類の確認を中心に実施し、別添の「運輸事業者における安全管理の進め方に関するガイドライン」等に基づき、運輸事業者に対し、必要に応じ、きめ細かな助言を行う。

④ 保安監査実施部局との相互の情報交換等による保安監査との連携を通じ、当該運輸事業者の安全への取組について、総合的な把握及び分析に努める。

（3）運輸安全マネジメント評価の実施方法等の見直し及び改善について

① 運輸安全マネジメント評価に関する内部監査、運輸安全マネジメント評価を実施する運輸安全調査官に対する技量評価、評価方法の検証、運輸安全マネジメント評価実施事業者に対するアンケート調査等に基づき、その実施方法等について、継続的な見直し及び改善を行う。

② 運輸審議会に上記①の実施方法に係る見直し及び改善の状況を報告する。

③ 上記①②を踏まえ、運輸安全マネジメント評価の実施方法の改善及び運輸安全調査官の資質向上等、運輸安全マネジメント制度の更なる充実強化に努める。

（4）運輸安全マネジメント評価の結果の取り扱いについて

①　運輸安全マネジメント評価の所見については、当該運輸事業者に対してきめ細かな説明を行い、必要に応じ、適切な措置を講じる。
②　運輸安全マネジメント評価の結果の公表については、運輸事業者の安全に関する意識向上を促すものである一方で、その結果に事業者の経営に関する機密も含まれること等を勘案しつつ、運輸安全マネジメント評価の結果の概要を取りまとめ、運輸審議会に定期的に報告し、また、ホームページ等で公表する。

（5）運輸安全マネジメント評価の実施計画
　　　上記（1）から（4）に従い、鉄道分野、航空分野、自動車分野及び海運分野の合計で、年間１２０から１５０事業者程度を目安として、計画的かつ効率的に実施する。

3．その他

（1）本方針は、平成２２年４月１日より適用する。
（2）本方針は、国土交通大臣が行う運輸安全マネジメント評価について適用する。
（3）再発防止等の観点から緊急に対応が必要と認められる事態が発生した場合においては、適時適切に運輸安全マネジメント評価を実施する。

資　料（その３）

別添参考資料

平成２２年２月１７日

　　　安全管理規程に係る報告徴収又は立入検査の実施に係る基本的な
　　　方針の改正に関する諮問についての運輸審議会運輸安全確保部会
　　　　　　　　　　　　報　　告　　書

　現行の「安全管理規程に係る報告徴収又は立入検査の実施に係る基本的な方針」については、平成１８年８月に運輸審議会の答申を受けて策定されたものであるが、同年１０月の運輸安全マネジメント制度の導入から３年以上が経過しており、この間における事業者の安全管理体制の構築・改善の状況を踏まえ、制度の浸透・定着と運輸安全マネジメント評価の深度化等を図る観点から、その内容の見直しを行うことが必要となっている。
　また、「安全管理規程に係るガイドライン」については、平成１８年４月に国土交通省内に設けられた「運輸安全マネジメント態勢構築に係るガイドライン検討会」で策定されたものであるが、基本方針の付属書として、その位置付けを明確化するとともに、事業者にとって、よりわかりやすいものとすべく見直しを行うことが必要となっている。
　こうした理由により、平成２１年１２月１日に国土交通大臣から運輸審議会に対し、平成２１年１２月１日付け国官運安第２００号をもって、安全管理規程に係る報告徴収又は立入検査の実施に係る基本的な方針の改正についての諮問がなされたところである。（安全管理規程に係るガイドラインの改正も基本方針の改正の一部として諮問対象となっている。）
　運輸審議会は、本事案については、運輸安全に関する専門的な見地から検討を行う必要があるとの判断から「運輸安全確保部会」に付託して審議を行うことを決定し、これを受けて同部会では２回にわたって審議を行ったところであるが、その結果について、同審議会に以下の通り報告するものである。

1　平成22年12月1日付け国官運安第200号をもって諮問された別紙1の案について、基本方針の改正案は原案通り認めるとともに、安全管理規程に係るガイドラインの改正案は、部会所属の委員、専門委員の意見を踏まえて別紙2のように一部修正を加えた上で認めることとする。
2　部会所属の委員、専門委員から出された主な意見は次の通りである。

◎基本方針の改正関係
　　改正内容については特段の意見がなかった。

◎ガイドラインの改正関係
　○ガイドラインの位置付け
　　・　ガイドラインは、運輸事業者において安全管理体制の構築・改善に向けた取組を進める上での参考例として位置付けられている。従って、国土交通省が、事業者に対する運輸安全マネジメント評価を実施するに当たってガイドラインを活用するとの記載は、この位置付けに矛盾している。
　○安全管理体制の構築・改善の意義と目的
　　・　安全管理体制の構築・改善に当たって事業者に求められる事項及びPDCAサイクルを適切に機能させることについての記載は、前後の文章のつながりに配慮しつつ、事業者に過度の期待がかからないような記載内容に改めるのが望ましい。
　○ガイドラインの適用範囲
　　・　管理業務についても明記されており、内航海運業では、オペレーター（運航事業者）や管理会社がオーナー（船主）の安全管理を行いやすくなるものと認識している。自動車運送事業（トラック事業）でも、元請事業者による下請事業者の安全管理について効果があるのではないか。
　○安全重点施策
　　・　目標と取組計画（施策）を明確に分けたことは評価している。用語の問題であるが、目標と取組計画（施策）を併せて、安全重点施策と呼ぶのは、マネジメント分野の用語の使い方としては、やや違和感がある。
　○事故、ヒヤリハット情報等の収集及び活用
　　・　航空運送事業については、既に国（航空局）による情報の収集や航空会社内での情報収集等が実施されており、運輸安全マネジメントで更なる情報収集を求めなくてもよいのではないか。（既存の仕組みで情報収集をしているのであれば、それを継続実施すればよい。）
　　・　収集した情報については、個人が特定されないよう配慮した上で、できる限り生の形で現場に伝えるのが、事故防止を図る上では有効である。

- 情報の収集については、モード横断的な考え方を基本としつつも、必要に応じて個々のモードの特性に応じた対応をとるべきである。

○内部監査
- 内部監査に当たっては、安全管理規程や事業者が決めた安全管理体制に関する規程・手順に適合しているかどうかをチェックすれば十分である。ガイドラインは参考例であり、ガイドラインへの適合性をチェックする必要はない。
- 内部監査要員は監査結果を経営トップ等や監査を受けた部門に説明することを明記すべきである。

○文書の作成及び管理
- 大手事業者であっても、文書管理が必ずしも十分に行われていない事例が見受けられる。ガイドラインに記載する必要はないが、大手事業者に対する運輸安全マネジメント評価を行った際に、文書管理の不備があった場合には、これに対し助言を行うべきである。

◎ このほか、基本方針の改正及びガイドラインの改正の内容そのものではないが、次のような意見が出された。
- 大手事業者では安全管理体制が概ね構築されたとのことであるが、これによって事故や重大インシデントがどの程度減少したのかを分析してほしい。
- 安全管理の取組みの進んだ優良事業者に対するインセンティブ付与として、運輸安全マネジメント評価の間隔の長期化を検討しているようだが、評価員の技量向上を図るには優良事業者の事例を見せるのが最も効果的であり、評価員育成の立場からは優良事業者の評価間隔の長期化は望ましくない。
- 運輸安全調査官の任期を長くするなど評価員の専門性を高めるための方策を講じてほしい。
- 大手のほか中小事業者に対する運輸安全マネジメント評価を推進していく必要がある。評価のアウトソーシング等は有効であろう。また、トラック事業については、その階層構造をうまく活用し、元請けの評価の際に下請けの安全管理体制をチェックするようにしたらどうか。

運輸審議会では、これらの意見を踏まえて、本事案の審議が行われることを望む。

別 記

運輸審議会運輸安全確保部会に属する委員及び専門委員名簿

平成22年2月17日現在

(委　員)
　　大屋　則之（部会長）
　　上野　文雄（部会長代理）
　　島村　勝巳

(専門委員)
　　河内　啓二
　　酒井　一博
　　高　　巌
　　谷口　綾子
　　中條　武志
　　芳賀　繁
　　村山　義夫

その4

資　料（その4）

国 運 審 第 １ １ 号
平成２９年７月６日

国土交通大臣　　石井　啓一　殿

運輸審議会会長　　原田　尚志

答　　申　　書

　鉄道事業法第五十六条の二（軌道法第二十六条において準用する場合を含む。）、道路運送法第九十四条の二、貨物自動車運送事業法第六十条の二、海上運送法第二十五条の二、内航海運業法第二十六条の二第一項及び航空法第百三十四条の二の規定に基づく安全管理規程に係る報告徴収又は立入検査の実施に係る基本的な方針の改正に関する諮問について

平２９第７００１号

　平成２９年５月３０日付け国官運安第４８号をもって諮問された本事案については、運輸安全確保部会において討議を行うとともに、当審議会に提出された資料その他によって審議した結果、次のとおり答申する。

主　文

　鉄道事業法第５６条の２（軌道法第２６条において準用する場合を含む。）、道路運送法第９４条の２、貨物自動車運送事業法第６０条の２、海上運送法第２５条の２、内航海運業法第２６条の２第１項及び航空法第１３４条の２の規定に基づく安全管理規程に係る報告徴収又は立入検査の実施に係る基本的な方針については、平成２９年５月３０日付け国官運安第４８号により当審議会に諮問された案を一部修正した別紙案のとおり改正することが適当である。

理　由

1．国土交通大臣は、平成１８年８月に「安全管理規程に係る報告徴収又は立入検査の実施に係る基本的な方針」を策定し、平成２２年３月に改正したが、平成１８年１０月の運輸安全マネジメント制度の導入から１０年が経過しており、この間における事業者の安全管理体制の構築・改善の状況、特に平成２８年１月の軽井沢スキーバス事故を契機とした一般貸切旅客自動車運送事業者（以下「貸切バス事業者」という。）に対する安全確保の社会的要請や、近年の社会環境の変化等により新たなリスクが顕在化している状況等を踏まえ、上記方針の改正を行うとしている。
　　また、「運輸事業者における安全管理の進め方に関するガイドライン」についても、こうした状況を踏まえ、事業者の取組を一層促進するための見直しを行うとしている。

2．当審議会は、本事案の審議に当たり、運輸安全確保部会に付託して討議を行うとともに、当審議会に提出された資料、所管局から聴取した説明等に基づき検討を行ったが、それらの結果は次のとおりである。

（１）安全管理規程に係る報告徴収又は立入検査の実施に係る基本的な方針の改正

　改正後の方針では、次のとおり基本的な考え方が提示されている。

　運輸安全マネジメント制度は、運輸事業の安全性の向上に有効であり、更なる展開を図ることが必要である。また、近年の社会環境の変化等により、安全に関し考慮すべき事柄も顕在化していることから、これらを取り込んだ安全管理体制の構築を行うことが必要である。

　このため、今後の運輸安全マネジメント制度については、①運輸安全マネジメント評価の対象範囲をさらに拡大すること、②中小規模事業者に対し、事業規模に応じた安全管理体制の構築を促すこと、③自動車輸送分野において、安全管理規程の作成等の義務付けの適用除外とされている事業者が運輸安全マネジメント制度に参画することを促進するための措置を具体化すること、④自然災害、テロ等への対応に関する社会的要請についても可能な限り取り入れていくことといった対応が求められている。同時に、貸切バス事業者への安全性確保の社会的要請の高まりを受け、重点的な運輸安全マネジメント評価の実施が求められる。

　その上で、今後5年間の運輸安全マネジメント評価の実施に関する視点として、①貸切バス事業者に対する運輸安全マネジメント評価の重点的実施、②中小規模事業者向けのガイドラインの作成、③高齢化や輸送施設等の老朽化、自然災害、テロ、感染症等の今日的な課題や事故、ヒヤリ・ハット情報の収集・活用や内部監査等更なる向上が必要な事項についてのガイドラインの見直し、④安全統括管理者の活動の支援、⑤運輸安全マネジメント評価体制の強化といった点に重点を置いて進めるべきであるとされている。

このように、上記方針の改正は、いずれも法律の趣旨に沿った適切なものである。

（２）運輸事業者における安全管理の進め方に関するガイドラインの改訂
　改訂後のガイドラインでは、次に掲げる考え方を踏まえて改訂している。
　①今日的な課題である人材不足から生じる高齢化、輸送施設等の老朽化、自然災害、テロ、感染症等について明記する。
　②多くの運輸事業者において未だ改善の余地が大きい事故、ヒヤリ・ハット情報等の収集・活用や内部監査について、円滑な取組の促進を図る参考手順等を追記する。
　③引き続き、事業者の自主性が最大限発揮できるようなものとする。
　④中小規模自動車運送事業者における安全管理体制の構築・改善等の実情を踏まえ、本ガイドラインを基礎に理解しやすさに留意した「中小規模自動車運送事業者における安全管理の進め方に関するガイドライン」を本ガイドライン付属書として添付する。
　⑤平成２２年３月の改訂において本ガイドラインの付属書とした取組事例集は、本ガイドラインの付属書とはせず、適時適切に事例の収集・更新・公表を行う。
　　また、運輸安全確保部会での討議の結果、ガイドラインの位置付けと適合しない記載事項等を修正すべきであるとされたが、これらの修正はいずれも妥当なものであると認められる。

　このように、上記ガイドラインの改訂は、いずれも法律の趣旨に沿った適切なものである。

３．以上のことから、本事案については、諮問案を一部修正した

案のとおり改正することが適当であると認められる。

(別添参考資料：平成２９年６月２３日付け運輸安全確保部会報告書)

要 望 事 項

　国土交通大臣は、情報通信技術が急速に発展する社会環境に鑑み、中小事業者であっても事故及びヒヤリ・ハット事象の発生箇所に関する地理情報等をデジタル化できるような仕組みの構築をはじめとして、行政、事業者、学界等各界における情報、知見の共有化と相互利活用に向けた環境整備を着実に推進していただきたい。

資　料（その４）

(別紙)

鉄道事業法第五十六条の二（軌道法第二十六条において準用する場合を含む。）、道路運送法第九十四条の二、貨物自動車運送事業法第六十条の二、海上運送法第二十五条の二、内航海運業法第二十六条の二第一項及び航空法第百三十四条の二の規定に基づく安全管理規程に係る報告徴収又は立入検査の実施に係る基本的な方針

１．基本的な考え方

(１)「運輸の安全性の向上のための鉄道事業法等の一部を改正する法律（平成18年法律第19号）」により、運輸事業者において、絶えず輸送の安全性の向上に向けた取組を求めるとともに、安全最優先の方針の下、経営トップ主導による経営トップから現場まで一丸となった安全管理体制の適切な構築を図るため、組織的な安全管理を実施すべき運輸事業者に対して、安全管理規程の作成等が義務付けられた。

　本方針は、この安全管理規程の記載事項のうち、その基本となる「輸送の安全を確保するための事業の運営の方針に関する事項」の実施状況を確認するために行う報告徴収又は立入検査（以下この方針において「運輸安全マネジメント評価」という。）の実施に係る基本的な方針である。

(２) 法施行後、これまで安全管理規程に係る制度（以下「運輸安全マネジメント制度」という。）の周知、啓発等に努め、運輸安全マネジメント評価の実施に当たっても、運輸事業者の経営管理部門を対象として、安全管理規程に関する基本的な理解及び実際の実施状況の確認、安全管理規程の更なる改善等に向けた助言を中心に実施してきた。

　その結果、運輸事業者の運輸安全マネジメント制度に対する理解も進んできており、基本的な安全管理のための組織体制や関連規程類の整備等の枠組みについては、概ね構築されている。また、事故件数、事故原因等から見ても一定の効果が現れてきている。

　このように、運輸安全マネジメント制度は運輸事業の安全性の向上に有効であり、更なる展開を図ることが必要である。また、近年の社会環境の変化等により、安全に関し考慮すべき事柄も顕在化していることから、これらを取り込んだ安全管理体制の構築を行うことが必要である。このため、

今後の運輸安全マネジメント制度については、第一に、運輸安全マネジメント評価の対象となる運輸事業者の範囲をさらに拡大すること、第二に、中小規模事業者においては、事業規模に応じた安全管理体制の構築を促すこと、第三に、自動車輸送分野においては、相当数の事業者が安全管理規程の作成等の義務付けの適用除外とされており、これらの事業者が自主的に運輸安全マネジメント制度に参画することを促進するための措置を具体化すること、第四に、自然災害、テロ、感染症等への対応に関する社会的要請についても可能な限り取り入れていくこと、といった対応が求められている。

（3）同時に、平成28年1月の軽井沢スキーバス事故を契機として、一般貸切旅客自動車運送事業者（以下「貸切バス事業者」という。）に対する安全性の確保の社会的要請が高まっている。貸切バス事業者に対しては、平成28年12月に道路運送法が一部改正され、安全対策を強化する措置が講じられたところであり、この趣旨を踏まえた重点的な運輸安全マネジメント評価の実施が求められる。

2．今後5年間の運輸安全マネジメント評価の実施に関する視点

1．の基本的な考え方を踏まえ、今後の運輸安全マネジメント評価の実施にあたっては、以下の点に重点を置いて進めるべきである。

（1）貸切バス事業者に対する運輸安全マネジメント評価の重点的実施
　　平成25年10月、全ての貸切バス事業者に対して安全管理規程の作成等が義務付けられたが、未だ多くの事業者において、運輸安全マネジメント評価が実施されていない状況にある。貸切バス事業者の安全性の確保は喫緊の課題であり、今後概ね5年間を目途に、国土交通本省において必要な体制を整備しつつ、全ての貸切バス事業者に対する運輸安全マネジメント評価を実施する。

（2）中小規模事業者への対応
　　法施行後の実施状況から、運輸安全マネジメント制度に係る取組について難しいと感じる中小規模事業者が少なからず存在することが判明している。この要因としては、主として大手事業者を念頭に置いて作成された

「運輸事業者における安全管理の進め方に関するガイドライン」（以下「ガイドライン」という。）には、必ずしも中小規模事業者の実態にそぐわない記述もあること、また、限られた要員で事業運営を行う中で、事故、ヒヤリ・ハット情報の収集・活用や内部監査等は実施しにくい状態にあることが考えられる。このため、中小規模事業者の特性にかんがみた取組を促すため、中小規模事業者向けのガイドラインを作成する。

（３）運輸事業者における安全管理の進め方に関するガイドラインの更新

　　　人材不足から生じる高齢化や輸送施設等（車両、船舶、航空機及び施設）の老朽化への対応、自然災害、テロ、感染症等への対応といったこれまでガイドラインに反映されていなかった今日的な課題や事故、ヒヤリ・ハット情報の収集・活用や内部監査の実施方法等更なる向上が必要な事項について、運輸事業者における取組を促進するため、ガイドラインの見直しを図る。

（４）安全統括管理者の活動の支援

　　　運輸安全マネジメント制度における安全管理体制の構築においては、安全統括管理者の役割が極めて重要であり、以下の取組を推進することにより、安全統括管理者の社内外における活動を円滑化することが必要である。
　　　第一に、国土交通省と安全統括管理者は、これまで以上に日常的なコミュニケーションを活性化するとともに、国土交通省は、安全統括管理者の求めに応じた適時適切な助言を行う。第二に、安全管理については、同業者間であっても、有益な情報は共有されることが望ましく、また、異業種間においても、例えば共通する課題への対応等の情報が共有されることで取組が促進されることもあることから、安全統括管理者間の交流の場を創設する。なお、当面、貸切バス事業者に対する運輸安全マネジメント評価に重点を置くことから、安全管理体制が高い水準で構築されていることが確認される運輸事業者に対しては、必要に応じて、安全統括管理者を通じた安全管理体制の確認を行うことにより、運輸安全マネジメント評価実施の必要性の有無を見定めることとする。

（５）運輸安全マネジメント評価実施体制の強化

　　　法施行後の実施状況を踏まえると、運輸安全調査官に求められる技量は、多様化、高度化しつつある。運輸安全調査官の分析力、提案力の向上を図

るため、外部機関との連携等による人材育成方策の強化や法施行後の評価事例を類型化したデータベースの作成等による効果的な評価の基盤を強化する措置を講じる。

3．運輸安全マネジメント評価実施方針

（1）運輸安全マネジメント評価における重点確認事項

　　安全管理体制の構築の取組の途上にある運輸事業者においては、まずは自らの組織に即したPDCAサイクルを機能させることを最優先に取り組むことが望まれる。一方、PDCAサイクルに基づく取組を推進している運輸事業者においては、安全管理体制の更なるスパイラルアップを図るべく継続的に取り組むべきである。また、いずれの運輸事業者においても、経営トップのリーダーシップや法令遵守は、安全管理の根幹をなすものであり、これを踏まえた取組を行うことが必要である。

　　さらに、法施行後の実施状況から、多くの運輸事業者において未だ取組の改善の余地が大きいことが明らかになっている事項については、運輸安全調査官が積極的に助言を行い、取組を促すことが必要である。

　　以上のことから、今後、安全管理規程に基づいた安全管理体制に関し、以下の項目の確認を重点的に行い、必要に応じ、更なる改善等に向けたきめ細かな助言を行う。

① 　経営トップを含む経営管理部門における安全方針等に関する理解及び関与の度合いは十分か。

② 　自ら作成した安全方針等に従った安全管理体制の運用が計画的になされ、それら運用状況を自ら定期的に確認し、その確認の結果を踏まえ、安全管理体制の見直し及び継続的改善がなされているか。また、特に、取組の進んでいる運輸事業者にあっては、当該見直し及び継続的改善を踏まえた安全管理体制の向上のための新たな取組計画の作成がなされているか。

③ 　多くの運輸事業者において未だ取組の改善の余地が大きいことが明らかになっている「事故、ヒヤリ・ハット情報等の収集・活用」及び「内部監査」について、取組がなされているか。

④ 　過去に行政処分又は行政指導を受けている運輸事業者について当該行政処分等を踏まえた安全方針等の作成及び実施は行われているか。

(2) 運輸安全マネジメント評価の実施の方法について
　① 関係法令及び本方針に基づき運輸安全マネジメント評価を行う。
　② 大臣官房運輸安全監理官において、本方針に沿った運輸安全マネジメント評価実施要領を作成し、当該要領に基づいて実施する。この際、保安監査実施部局と十分な連携を図る。
　③ 経営トップ、安全統括管理者等の経営幹部への面談調査と経営管理部門が管理する安全管理に係る書類の確認を中心に実施し、別添のガイドライン等に基づき、運輸事業者に対し、必要に応じ、きめ細かな助言を行う。
　④ ガイドライン中、運輸事業者における取組が相対的に進んでいない事項について、法施行後の評価事例を類型化したデータベースの活用を視野に入れつつ、当面は、取組が進捗している運輸事業者の取組事例を提供する等運輸事業者の具体的な行動に結びつく助言を行う。
　⑤ 保安監査実施部局との相互の情報交換等による保安監査との連携を通じ、当該運輸事業者の安全への取組について、総合的な把握及び分析に努める。

(3) 運輸安全マネジメント評価の実施方法等の見直し及び改善について
　① 運輸安全マネジメント評価に関する内部監査、運輸安全マネジメント評価を実施する運輸安全調査官に対する技量評価、評価方法の検証、運輸安全マネジメント評価実施事業者に対するアンケート調査、日ごろ連携している安全統括管理者からの意見等に基づき、その実施方法等について、継続的な見直し及び改善を行う。
　② 運輸審議会に上記①の実施方法に係る見直し及び改善の状況を報告する。
　③ 上記①②を踏まえ、運輸安全マネジメント評価の実施方法の改善及び運輸安全調査官の資質向上等、運輸安全マネジメント制度の更なる充実強化に努める。

(4) 運輸安全マネジメント評価の結果の取り扱いについて
　① 運輸安全マネジメント評価の所見については、当該運輸事業者に対してきめ細かな説明を行い、経営トップとの認識の共有を図る。
　② 運輸安全マネジメント評価の結果については、事業者の経営に関する機密も含まれること等を勘案しつつ、毎年度実施したものを全体概要と

してとりまとめ、運輸審議会に定期的に報告し、また、ホームページ等で公表する。

（5）運輸安全マネジメント評価の実施計画
　　今後概ね5年間で重点的に実施することとしている貸切バス事業者については、年間320事業者を目安として実施する。
　　また、上記（1）から（4）に従い、鉄道分野、航空分野、自動車分野（貸切バス事業者を除く）及び海運分野の合計で、年間90から110事業者程度を目安として、計画的かつ効率的に実施する。

4．その他

（1）本方針は、平成29年10月1日より適用する。
（2）本方針は、国土交通大臣が行う運輸安全マネジメント評価について適用する。
（3）再発防止等の観点から緊急に対応が必要と認められる事態が発生した場合においては、適時適切に運輸安全マネジメント評価を実施する。
（4）運輸事業者による効果的・効率的な安全管理体制の構築のため、情報通信分野の技術革新を活用するための検討を進める。
（5）大臣官房運輸安全監理官は、本方針の施行後5年を経過した時点において、本方針の施行の状況について検討を加え、その結果に基づいて必要な措置を講ずるものとする。

その5

運輸事業者における安全管理の進め方に関するガイドライン

～輸送の安全性の更なる向上に向けて～

平成29年7月

国土交通省大臣官房

運輸安全監理官

目 次

はじめに・・・・・・・・・・・・・・・・・・・・・・・・・・・243

改訂にあたって・・・・・・・・・・・・・・・・・・・・・・・244

1．ガイドラインの位置付け・・・・・・・・・・・・・・・・246
2．安全管理体制の構築・改善の意義と目的・・・・・・・246
3．ガイドラインの適用範囲・・・・・・・・・・・・・・・247
4．用語の定義・・・・・・・・・・・・・・・・・・・・・247
5．運輸事業者に期待される安全管理の取組・・・・・・・249
（1）経営トップの責務
（2）安全方針
（3）安全重点施策
（4）安全統括管理者の責務
（5）要員の責任・権限
（6）情報伝達及びコミュニケーションの確保
（7）事故、ヒヤリ・ハット情報等の収集・活用
（8）重大な事故等への対応
（9）関係法令等の遵守の確保
（10）安全管理体制の構築・改善に必要な教育・訓練等
（11）内部監査
（12）マネジメントレビューと継続的改善
（13）文書の作成及び管理
（14）記録の作成及び維持

おわりに・・・・・・・・・・・・・・・・・・・・・・・・・259

参考資料・・・・・・・・・・・・・・・・・・・・・・・・・261
・中小規模自動車運送事業者における安全管理の進め方に関する
　ガイドライン・・・・・・・・・・・・・・・・・・・・・263
・鋼索鉄道・索道事業者等における安全管理の進め方・・・・・285
・小規模海運事業者における安全管理の進め方・・・・・・・・293

資　料（その5）

はじめに

　安全は公共交通機関の最も基本的なサービスであり、公共交通機関に対する国民の信頼の根本を成すものである。
　しかしながら、鉄道分野では、平成17年4月25日にはJR福知山線における死者107名、負傷者562名という未曽有の大惨事や、有人踏切において列車接近中に遮断機を上昇させて通行者が亡くなるという事故等が発生した。また、同時期に、航空分野においても、我が国航空運送事業者における管制指示違反、不適切な整備の実施等々、数多くのトラブルが発生しており、さらに、自動車分野や海運分野においても様々な事故・トラブルが多発した。
　これらの事象は、多くの場合において、共通する因子としてヒューマンエラーとの関連が指摘されており、なぜそのようなエラー・不注意を招いたのか、その背後関係を調べることが重要であるため、国土交通省では「公共交通に係るヒューマンエラー事故防止対策検討委員会」を設置し、各交通モードを横断的に、ヒューマンエラー発生のメカニズムを検証し、平成17年8月に中間とりまとめが、平成18年3月に最終とりまとめが行われた。
　これらの「とりまとめ」においては、運輸事業者（以下「事業者」という。）自らが経営トップから現場まで一丸となり安全管理体制を構築することと、その安全管理体制の実施状況を国が確認する「運輸安全マネジメント評価」の仕組みを導入することなど、新たな具体的な方向性が示された。
　国土交通省においては、この新たな方向性を踏まえて、事業者の安全管理体制の構築のための関係法令を改正し、平成18年10月から運輸安全マネジメント制度を導入し、運輸安全マネジメント評価を実施している。
　また、事業者が構築した安全管理体制を記載する安全管理規程に係るガイドライン等の検討を行うため、平成17年12月に、学識経験者、関係事業者等から構成する「運輸安全マネジメント態勢構築に係るガイドライン等検討会」を設置し、各交通モード共通に、安全管理規程の記載事項について、4回にわたり議論を行い、平成18年4月に「安全管理規程に係るガイドライン」をとりまとめた。
　なお、「安全管理規程に係るガイドライン」は、運輸安全マネジメント制度導入にあたって、主として、各事業法の規定に基づき事業者が作成する安全管理規程に記載する項目と、その考え方を示し、さらに、各交通モードの担当局において、各項目における具体的な取組の深度等、各交通モードの業態に応じた具体的な検討を進め、各事業法の関係省令、通達等の制定を行うことを位置付けとしてとりまとめた。

改訂にあたって（平成２２年３月）

　今般、国土交通省では、平成１８年１０月以降、これまで実施した運輸安全マネジメント評価や運輸安全マネジメント制度に関する各種調査研究で得た、事業者における安全管理体制の構築・改善の状況や知見を踏まえ、「安全管理規程に係るガイドライン」の見直し・改善を行うため、平成２２年１月から運輸審議会運輸安全確保部会において、事業者における安全管理体制の構築・改善の取組のあり方等について、２回にわたり議論を行い、平成２２年３月に本ガイドラインをとりまとめた。
　本改訂にあたっては、事業者が安全管理体制を構築・改善するにあたり、その効果を実効性あるものとするため、次に掲げる考え方を踏まえ改訂した。
① 運輸安全マネジメント制度導入以降、各事業者では、関係事業法等に基づき安全管理規程が作成され、同規程に基づき、各種取組が運用されている状況にある。このため、本改訂にあたっては、主として、事業者における安全管理体制の構築・改善に係る取組のねらいとその進め方の参考例を示すことを本ガイドラインの位置付けとし、標題を「運輸事業者における安全管理の進め方に関するガイドライン～輸送の安全性の更なる向上に向けて～」に改める。
② 取組を行う主体（主語）を明確にするとともに、一般的に判りにくいマネジメントシステムの用語や表現を極力排除し、より簡明な内容とする。
③ ガイドラインの各項目に示す個々の取組自体についても、それぞれＰＤＣＡサイクルを機能させること（特にＣとＡを行うこと）を明記する。
④ 取組途上の事業者が比較的多い、「安全重点施策」、「事故、ヒヤリ・ハット情報等の収集・活用」、「内部監査」等については、当該事業者にとって参考となるよう取組手順を比較的詳細に追記する。
⑤ 事業者の自主性が最大限発揮できるようなものとする。
⑥ 文書化、記録化の新たな義務付けは必要最小限とし、事業者が現有している文書等を可能な限り活用できるものとする。
⑦ 事業者が、その事業形態、事業規模等に相応しい取組ができるよう、本ガイドライン付属書として、これまでの運輸安全マネジメント評価等で把握した具体的な取組事例集を添付する。
⑧ 小規模事業者における安全管理体制の構築・改善の実情等を踏まえ、本ガイドライン付属書として、平成２１年６月に公表した「鋼索鉄道・索道事業者等における安全管理の進め方」及び「小規模海運事業者における安全管理の進め方」を添付する。

資　料（その５）

改訂にあたって（平成２９年７月）

　平成１８年１０月の運輸安全マネジメント制度の施行から１０年が経過し、本制度は運輸事業者の間で概ね定着し、一定の効果を得ている。一方、未だ取組の途上にある事業者も存在すること、自動車輸送分野においては、相当数の事業者が努力義務に留まっていること、自然災害、テロ、感染症等への対応の促進等の課題がある。また、貸切バス事業者に対する安全性の確保の社会的要請も高まっている。
　これらを踏まえ、国土交通省では、運輸安全マネジメント制度の今後のあり方について、運輸審議会運輸安全確保部会において平成２８年１２月から４回にわたり議論を行い、平成２９年４月にとりまとめを行った。当該とりまとめを踏まえ、同部会においてさらに議論を行い、平成２９年７月に本ガイドラインの改訂を行った。
　本改訂にあたっては、事業者が安全管理体制を構築・改善するにあたり、その効果を実効性のあるものとするため、次に掲げる考え方を踏まえて改訂した。
① 　今日的な課題である人材不足から生じる高齢化、輸送施設等の老朽化、自然災害、テロ、感染症等について明記する。
② 　多くの運輸事業者において未だ改善の余地が大きい「事故、ヒヤリ・ハット情報等の収集・活用」や「内部監査」について、円滑な取組の促進を図る参考手順等を追記する。
③ 　引き続き、事業者の自主性が最大限発揮できるようなものとする。
④ 　中小規模自動車運送事業者における安全管理体制の構築・改善等の実情を踏まえ、本ガイドラインを基礎に理解しやすさに留意した「中小規模自動車運送事業者における安全管理の進め方に関するガイドライン」を本ガイドライン付属書として添付する。
⑤ 　前回改訂において本ガイドラインの付属書とした取組事例集は、本ガイドラインの付属書とはせず、適時適切に事例の収集・更新・公表を行う。

1．ガイドラインの位置付け

　本ガイドラインは、事業者における安全管理体制の構築・改善に係る取組のねらいとその進め方の参考例を示すものであり、事業者においては、自社の状況に応じて、本ガイドラインを参考に、安全管理体制の構築・改善に向けた取組を進めることが期待される。
　なお、「事業者自らが自主的かつ積極的な輸送の安全の取組を推進し、輸送の安全性を向上させる」という運輸安全マネジメント制度の趣旨に鑑み、事業者が本ガイドラインに示す取組以外の進め方で輸送の安全の取組を行うことを否定するものではない。

2．安全管理体制の構築・改善の意義と目的

　事業者における輸送の安全の確保の取組を活性化させ、より効果的なものとするためには、経営トップが主体的かつ積極的に関与し、強いリーダーシップを発揮することが極めて重要であり、以下の事項を明示し、これらをベースとし、安全管理体制の構築・改善を図ることが必要である。
　① 安全方針の策定とその周知徹底
　② 安全重点施策の策定とその推進
　③ 社内の横断的・縦断的な輸送の安全の確保に係るコミュニケーションの確保
　④ 事故、ヒヤリ・ハット情報等の収集・活用
　⑤ 安全管理体制に係る内部監査の実施
　⑥ 安全管理体制全般のマネジメントレビュー
　⑦ 上記の輸送の安全に関する一連の取組を適時、適切に推進するための、ＰＤＣＡサイクル（計画の策定、実行、チェック、改善のサイクル（Plan Do Check Act））の仕組みの導入とその有効活用
　安全管理体制は一旦構築したら終わりではなく、継続的にそのレベルアップを図ることが大切である。このためには、安全管理体制にＰＤＣＡサイクルを組み込むことが重要で、これにより継続的な見直し・改善の取組が進み、その結果として、事業者内部に安全文化が醸成され、事業者内部の全要員に関係法令等の遵守と安全最優先の原則が徹底されることにつながる。したがって、安全管理体制の構築にあたっては、ＰＤＣＡサイクルが機能するよう十分な配慮が求められる。
　なお、安全管理体制を構築・改善する際には、事業者が運輸安全マネジメン

ト制度の趣旨等を理解し信頼すること、安全管理体制に係る要員に適切な教育・訓練を行うこと、過剰な文書や記録の作成を排除すること、事業者の事業形態及び事業規模に相応しい取組を行えるような体制とすることが必要である。

本ガイドラインは、事業者における安全管理体制の構築・改善に係る取組のねらいとその進め方の参考例を示すことにより、次に掲げる事項の実現を図ることを目的とする。

（1）適切な安全管理体制の自律的・継続的な実現と見直し・改善

（2）関係法令等の遵守と安全最優先の原則の事業者内部の全要員への徹底及び実現のための不断の動機付け

（3）事業者内部における安全文化の構築・定着

3．ガイドラインの適用範囲

（1）本ガイドラインは、事業者の経営管理部門が行う「当該事業の輸送の安全を確保するための管理業務」（以下「管理業務」という。）に適用する。

（2）本ガイドラインの適用にあたって、事業者は、次に掲げる事項を明らかにする必要がある。
① 経営管理部門の範囲
② 経営管理部門が行う管理業務の実施対象となる範囲
③ 管理業務について、その一部を外部委託する場合は、当該外部委託した管理業務に適用される管理の方法とその取組内容

4．用語の定義

（1）安全管理体制：経営管理部門により、事業者内部で行われる安全管理が、あるべき手順及び方法に沿って確立され、実施され、改善される体制

（2）経営トップ：事業者において、最高位で指揮し、管理する個人又はグループ

（3）現業実施部門：輸送の安全に係る運行、運航、整備等輸送サービスの実

施に直接携わる部門

（4）経営管理部門：現業実施部門を管理する責任・権限を持つ部門（経営トップ及び安全統括管理者を含む。）

（5）安全方針：経営トップが主体的に関与し、策定した、輸送の安全を確保するための事業者の全体的な意図及び方向性を示す基本的な方針

（6）安全重点施策：安全方針に沿い、かつ、自らの安全に関する具体的な課題解決に向け、組織全体、各部門又は支社等において、輸送の安全の確保に関する目標を設定し、目標を達成するため、輸送の安全を確保するために必要な具体的な取組計画

（7）安全統括管理者：関係法令により選任することとされている、輸送の安全を確保するための管理業務を統括管理する者

（8）コミュニケーション：情報を双方向又は多方向で伝え合う行為

（9）マネジメントレビュー：経営トップが主体的に関与して、少なくとも年に1回、事業者全体の安全管理体制の構築・改善の状況を振り返り、総括し、それ安全管理体制が適切かつ有効に機能していることを評価し、必要に応じて、見直し・改善を行う活動

（10）継続的改善：「マネジメントレビュー」、「内部監査」又は日常業務における活動等の結果から明らかになった安全管理体制上の課題等についてどのように改善するかを決め、是正措置又は予防措置を行う行為

（11）是正措置：明らかとなった課題等を是正する措置であって、再発を防止するために、その課題等の様態に見合った原因を除去するための措置

（12）予防措置：潜在的な課題等の発生等を予防する措置であって、その課題等の様態に見合った潜在的な課題等の原因を除去する措置

（13）関係法令等：当該事業に係る輸送の安全に関する法令（関係法令）及び関係法令に沿って事業者が必要と判断し自ら定めた社内規則・ルール

5．運輸事業者に期待される安全管理の取組

（1）経営トップの責務
1）経営トップは、輸送の安全の確保のため、次に掲げる事項について、主体的に関与し、事業者組織全体の安全管理体制を構築し、適切に運営する。また、人材不足に起因する社員・職員の高齢化、厳しい経営状況に起因する老朽化した輸送施設等の使用から生じる安全上の課題や社会的要請が高まっている自然災害、テロ、感染症等への対応などの課題に対して的確に対応することが重要であることを認識する。
　① 関係法令等の遵守と安全最優先の原則を事業者内部へ徹底する。
　② 安全方針を策定する。
　③ 安全統括管理者、その他経営管理部門で安全管理に従事する者（以下「安全統括管理者等」という。）に指示するなどして、安全重点施策を策定する。
　④ 安全統括管理者等に指示するなどして、重大な事故等への対応を実施する。
　⑤ 安全管理体制を構築・改善するために、かつ、輸送の安全を確保するために、安全統括管理者等に指示するなどして、必要な要員、情報、輸送施設等（車両、船舶、航空機及び施設をいう。）が使用できるようにする。
　⑥ マネジメントレビューを実施する。
2）上記のほか、経営トップは、リーダーシップを発揮し、安全統括管理者等に指示するなどして、（2）以下に掲げる取組を構築・改善し、もって安全管理体制を適切に機能させる。

（2）安全方針
1）経営トップは、事業者の輸送の安全の確保に関する基本理念として、安全管理にかかわる事業者の全体的な意図及び方向性を明確に示した安全方針を策定する。
2）安全方針には、輸送の安全の確保を的確に図るために、少なくとも次に掲げる事項の趣旨を盛り込むものとする。なお、各要員にその内容を理解させ、実践することができるよう、できるだけ簡明な内容とする。
　① 関係法令等の遵守
　② 安全最優先の原則
　③ 安全管理体制の継続的改善等の実施
3）経営トップをはじめ経営管理部門は、安全方針の意義、内容等を、深く自

覚するとともに、各要員に安全方針の内容を理解させ、その実践を促すため、経営トップの率先垂範により、あらゆる機会を捉え、事業者内部への周知を効果的に行う。
4）事業者は、安全方針に関する各要員の理解度及び浸透度を定期的に把握する。
5）経営トップは、安全方針について、4）の結果を踏まえ、必要に応じて、見直し（現行の安全方針の変更の必要性の有無及び周知方法の見直しを含む。）を行う。

（3）安全重点施策
1）事業者は、安全方針に沿い、かつ、自らの安全に関する具体的な課題解決に向け、組織全体、各部門又は支社等において、輸送の安全の確保に関する目標（以下「目標」という。）を設定し、目標を達成するため、輸送の安全を確保するために必要な具体的な取組計画（以下「取組計画」という。）を作成する。
2）事業者は、目標の設定及び取組計画の作成にあたっては、以下の点に留意する。
　① 目標年次を設定すること、また、可能な限り、単年度の目標及び中長期の目標の両者を設定すること
　② 可能な限り、数値目標等の具体的目標とし、外部の者も容易に確認しやすく、事後的にその達成状況を検証・評価できるものとすること
　③ 事故やヒヤリ・ハットの発生状況、現場からの改善提案、内部監査の結果、マネジメントレビューの結果、保安監査の結果、運輸安全マネジメント評価の結果、利用者からの意見・要望などにより、輸送現場の安全に関する課題を具体的かつ詳細に把握し、それら課題の解決・改善に直結するものとすること
　④ 社員・職員の高齢化、老朽化した輸送施設等を使用することから生じる安全上の課題に配慮すること
　⑤ 取組計画実施にあたっての責任者、手段、実施期間・日程等を明らかにすること
　⑥ 現場の声を汲み上げる等、現場の実態を踏まえた改善効果が高まるよう配慮すること
　⑦ 社員・職員が理解しやすく、輸送の安全性の向上への熱意・モチベーションが高まるよう配慮すること
　⑧ 目標達成後においては、その達成状況を踏まえ、必要に応じて、より高い目標を新たに設定すること
3）事業者は、目標を達成すべく、取組計画に従い、輸送の安全に関する取組

を着実に実施する。
4）事業者は、安全重点施策について定期的に取組計画の進捗状況及び目標の達成状況を把握するとともに、内部監査の結果等を踏まえ、マネジメントレビューの機会等を活用して、少なくとも1年毎に見直しを行う。

（4）安全統括管理者の責務
　経営トップは、経営トップのリーダーシップの発揮、安全管理体制の適切な運営、事業者内部への安全最優先意識の徹底を実効的とする観点から、安全統括管理者には、次に掲げる責任・権限を具体的に与える。
1）安全管理体制に必要な手順及び方法を確立し、実施し、維持し、改善する。
2）安全管理体制の課題又は問題点を的確に把握する立場として、以下の事項を経営トップに適時、適切に報告又は意見上申する。
　　・安全方針の浸透・定着の状況
　　・安全重点施策の進捗・達成状況
　　・情報伝達及びコミュニケーションの確保の状況
　　・事故等の発生状況
　　・是正措置及び予防措置の実施状況
　　・安全管理体制の実施状況及び改善の必要性の有無
　　・内部監査の結果
　　・改善提案
　　・過去のマネジメントレビューの結果に対する対応状況
　　・外部からの安全に関する要望、苦情
　　・その他必要と判断した情報
3）安全方針を事業者内部へ周知徹底する。

（5）要員の責任・権限
1）事業者は、安全管理体制を適切に構築・改善するために必要な要員の責任・権限を定め、事業者内部へ周知する。
2）事業者は、「責任・権限」として、安全管理体制の運営上、必要な責任・権限の他、関係法令等で定められている責任・権限を、必要とされる要員に与える。

（6）情報伝達及びコミュニケーションの確保
1）事業者は、事業者内部に、以下のとおり、輸送の安全の確保に係る的確な情報伝達及びコミュニケーションを実現する。
　① 経営管理部門から現場への情報伝達の仕組みを構築し、適切に運用する。
　② 現場で明らかとなった課題、潜在している課題等が、現場から経営管理

部門に対して報告・上申される仕組みを構築し、適切に運用する。
③ 関係する部門間の情報の流れの滞りや共有不足などに起因する輸送の安全の確保に関するトラブル等を防止するため、事業者内部において縦断的、横断的に輸送の安全の確保に必要な情報を共有する。
④ 経営管理部門が自ら、又は、現業実施部門の管理者を通じて、経営管理部門の方針、目標、取組計画等の考えを的確に現場に伝えるとともに、現場の課題等を的確に把握する。
⑤ 情報伝達及びコミュニケーションにおいて、明らかになった課題等について、必要な措置を検討・実施し、それら措置に対する効果の検証、見直しを行う仕組みを構築し、適切に運用する。
2）事業者は、委託先事業者との間においても輸送の安全の確保に係る的確な情報伝達及びコミュニケーションを実現する。
3）事業者は、関係法令等に従い、事業者において輸送の安全を確保するために講じた措置、講じようとする措置等の輸送の安全にかかわる情報を外部に対して公表する。
4）事業者は、必要に応じて、旅客、荷主等に対して、旅客、荷主等の行動が輸送の安全の確保に影響を与えるおそれがあることを伝えるなどの安全啓発活動を適時、適切に行うとともに、旅客、荷主等からの意見・要望を収集し、事故の未然防止に活用する。
5）事業者は、自社の安全管理実態等を踏まえ、必要に応じて、次に掲げるような措置を講じる。
① 輸送の安全の確保に関する情報のデータベース化とそれに対する容易なアクセス手段の確保
② 経営トップ等への目安箱等のヘルプラインの設置（ 1 ）②に掲げるコミュニケーションとは別ルートの確保）

（7）事故、ヒヤリ・ハット情報等の収集・活用

1）事業者は、輸送の安全を確保するため、事故、ヒヤリ・ハット情報等の定義及び収集手順を定め、それらの情報を収集する。収集した情報のうち、事業者が輸送の安全確保のため特に重要と定めた情報については、適時、適切に経営トップまで報告する。
2）事業者は、輸送の安全を確保するため、以下の手順により1）で収集した情報の活用に取り組む。なお、情報の分類・整理、対策の検討及び効果把握・見直しに親会社、グループ会社、協力会社、民間の専門機関等を活用することができる。
① 1）で収集した情報を分類・整理する。
② ①の分類・整理の結果、根本的な原因の分析を行う必要がある事象を抽

出し、当該事象が発生した根本的な原因を究明するための多角的な分析を行い、当該原因を究明する。
③ ①又は②の結果を踏まえ、対策をたてるべき原因を絞り込む。
④ ③の結果を踏まえ、事故等の再発防止・未然防止のための対策を検討し、実施する。
⑤ ④で実施した対策の効果を把握し、必要に応じて、対策の見直しを行う。
⑥ ①～⑤の手順の運用が確立できた後は、①で分類・整理した情報等を参考に、潜在的な危険（日常業務に潜在する輸送の安全に関する危険）についても洗い出し、潜在的な危険が生じる可能性と事故につながる可能性、事故につながった場合の影響の大きさの評価を行い、対策を立てるべき潜在的な危険を選定する。
⑦ ⑥で選定した潜在的な危険から発生し得る事故の未然防止対策を検討し、実施するとともに、実施した当該対策の効果を把握し、必要に応じて、見直しを行う。
3）事業者は、必要に応じて、1）及び2）の取組の円滑かつ有効な実施に向けた業務環境の整備を図る。特に報告することの重要性を周知浸透するとともに、報告者の自発的な報告を促すよう配慮する。
4）事業者は、事故等の再発防止・未然防止の観点から他の事業者や他のモードにおける事故等の事例を的確に活用する。
<u>（注）上記1）～4）の取組の具体的手法等については、国土交通省大臣官房運輸安全監理官室が公表した冊子「事故、ヒヤリ・ハット情報の収集・活用の進め方～事故の再発防止・予防に向けて～」等を参照願う。</u>

<u>（8）重大な事故等への対応</u>
1）事業者は、事業者全体として対応しなければならないような程度・規模の重大な事故等（通常の事故等の対応措置では対処できない事故・自然災害、テロ等）が発生した場合に備え、（5）で定めた責任・権限を超えて適切かつ柔軟に必要な措置を講じることができるように、その責任者を定め、事故等の応急措置及び復旧措置の実施、事故等の原因、被害等に関する調査及び分析等に係る責任・権限等必要な事項を明らかにした対応手順を定め、事業者内部へ周知する。
2）1）の対応手順は、いたずらに複雑かつ緻密な手順とならないようにする。
3）事業者は、重大な事故等の発生時には、事故等発生の速報を関係する要員に伝達するとともに、適宜、事故等の内容、事故等の原因、再発防止策等を伝達し、全組織で迅速かつ的確な対応を図る。
4）事業者は、1）の対応手順を実効的なものとするため、必要に応じて、事業者の事業規模、事業内容に応じた想定シナリオを作成し、定期的に全社的

な重大事故等対応訓練（情報伝達訓練や机上シミュレーションを含む。）を行う。
5）事業者は、必要に応じて、4）の訓練や過去対応した事故対応経験における反省点、課題等を取りまとめ、1）の対応手順、事故対応のための組織・人員体制、事故対応設備・資機材等の見直し・改善を図る。

（9）関係法令等の遵守の確保
事業者は、次に掲げるような輸送の安全を確保する上で必要な事項に関し、関係法令等の規定を遵守する。安全統括管理者等は、各部門や各要員におけるそれらの遵守状況を定期的に確認する。
　① 輸送に従事する要員の確保
　② 輸送施設の確保及び作業環境の整備
　③ 安全な輸送サービスの実施及びその監視
　④ 事故等への対応
　⑤ 事故等の是正措置及び予防措置

（10）安全管理体制の構築・改善に必要な教育・訓練等
1）事業者は、安全管理体制の構築・改善の取組に直接従事する要員、即ち、経営トップ、安全統括管理者等、各部門の安全管理に従事する責任者及びその補助者等並びに安全管理体制に係る内部監査を担当する者に対して、運輸安全マネジメント制度の趣旨等の理解を深めるため、次に掲げる事項に関し必要な教育・訓練を計画的に実施し、その有効性、効果を把握し、必要に応じて、当該教育・訓練の内容等の見直し・改善を図る。
　① 本ガイドラインの内容（運輸安全マネジメント制度の趣旨・ねらい、安全管理体制におけるＰＤＣＡサイクルの概念等を含む。）
　② 安全管理規程の記載内容
　③ 関係法令等
2）1）の教育・訓練の内容は、安全管理体制の構築・改善の取組に必要とされるもので、要員が理解しやすい具体的なものとする。
3）事業者は、1）以外の現業実施部門の社員・職員の必要な能力の習得及び獲得した技能の維持のための教育・訓練・研修を計画的に実施し、その有効性、効果を把握し、必要に応じて、当該教育・訓練の内容等の見直し・改善を図る。
4）事業者は、現業実施部門の管理者に対して、安全管理体制を運用する上で必要な能力を習得させるための教育・訓練・研修を計画的に実施する。
5）事業者は、「事故」体験を共有する取組を行う。

(11) 内部監査

1) 事業者は、安全管理体制の構築・改善の取組に関する次の事項を確認するために内部監査を実施する。なお、内部監査の範囲は、安全管理体制全般とし、経営トップ、安全統括管理者等及び必要に応じて現業実施部門に対して行う。また、事業者は、必要に応じて、親会社、グループ会社、協力会社、民間の専門機関等を活用して内部監査を実施することもできる。
   ① 安全管理体制の構築・改善の取組が、安全管理規程、その他事業者が決めた安全管理体制に関する規程・手順に適合しているか。
   ② 安全管理体制が適切に運営され、有効に機能しているか。
2) 内部監査の一般的な手順等は、以下のとおりである。
   ① 事業者は、監査対象となる取組状況、過去の監査結果等を考慮して、監査方針、重点確認事項等を含めた監査計画を策定する。
   ② 事業者は、監査の範囲、頻度及び方法を定めて、経営トップ及び安全統括管理者等に対しては、少なくとも1年毎に内部監査を実施する。さらに、重大事故等が発生した際は適宜必要な内部監査を実施する。
   ③ 内部監査を担当する者(以下「内部監査要員」という。)は、監査終了後、監査結果を速やかに取りまとめ、経営トップ及び安全統括管理者に報告するとともに被監査部門関係者に監査結果を説明する。
   ④ 被監査部門の責任者は、監査で指摘を受けた点に対して、必要な是正措置・予防措置を実施する。
   ⑤ 事業者は、執られた措置内容の検証を行い、検証内容を経営トップ及び安全統括管理者に報告する。
3) 内部監査の実施にあたっては、以下の点に留意する。
   ① 経営トップ等は、内部監査の必要性・重要性を事業者内部へ周知徹底する等の支援を行う。
   ② 事業者は、内部監査を受ける部門の業務に従事していない者が監査を実施するなど、監査の客観性を確保する。
   ③ 事業者は、内部監査要員に対して、他部署に展開することが望ましいと思われる優れた取組事例の積極的な収集・活用や是正措置・予防措置の提案などが内部監査の重要な要素の一つであることを伝え、理解を促す。
   ④ 事業者は、内部監査要員に対して、内部監査を効果的に実施するため、内部監査の方法等について必要な教育・訓練を実施する。
   ⑤ 事業者は、内部監査の取組状況や内部監査要員の力量を定期的に把握・検証し、必要に応じて、内部監査の方法や内部監査要員に対する教育・訓練などの見直し・改善を図る。
   (注)安全管理体制に係る内部監査の取組の具体的手法等については、国土

交通省大臣官房運輸安全監理官室が公表した冊子「安全管理体制に係る内部監査の理解を深めるために」を参照願う。

(12) マネジメントレビューと継続的改善

1) マネジメントレビュー

① 経営トップは、事業者の安全管理体制が適切に運営され、有効に機能していることを確認するために、安全管理体制の機能全般に関し、少なくとも1年毎にマネジメントレビューを行う。さらに、重大事故等が発生した際は適宜実施する。

② 経営トップは、マネジメントレビューの際に、例えば以下に示す安全管理体制に関する情報を確認し、安全管理体制の改善の必要性と実施時期、必要となる資源等について検討を行う。
・社員・職員への安全方針の浸透・定着の状況
・安全重点施策の進捗・達成状況
・情報伝達及びコミュニケーションの確保の状況
・事故等の発生状況
・是正措置及び予防措置の実施状況
・安全管理体制の実施状況及び改善の必要性の有無
・内部監査の結果
・改善提案
・過去のマネジメントレビューの結果に対する対応状況
・外部からの安全に関する要望、苦情
・国の保安監査や運輸安全マネジメント評価の結果
・その他必要と判断した情報　など

③ マネジメントレビューの具体的な実施体制、方法は、事業者の安全管理の実態に見合ったものとする。

④ 経営トップは、マネジメントレビューの結果として、例えば以下に示す事項を決定する。
・今後の安全管理体制の構築・改善に関する取組目標と計画（次年度の安全重点施策を含む。）
・輸送の安全に関する取組の手順・方法の見直し・改善
・輸送の安全に関する組織・人員体制の見直し・改善
・輸送の安全に関する投資計画の見直し・改善　など

2) 継続的改善（是正措置及び予防措置）

事業者は、「マネジメントレビュー」、「内部監査」又は日常業務における活動等の結果から明らかになった安全管理体制上の課題等については、その原因を除去するための是正措置を講じ、輸送の安全に関する潜在的な課題等につ

いては、その原因を除去するための予防措置を適時、適切に講じる。是正措置及び予防措置を実施する際には、以下に定める手順で行う。
　① 明らかとなった課題等及び潜在的課題等の内容確認
　② 課題等の原因の特定
　③ 是正措置及び予防措置を実施する必要性の検討
　④ 必要となる是正措置及び予防措置の検討・実施
　⑤ 実施した是正措置及び予防措置の事後の有効性の評価
　<u>（注）マネジメントレビュー及び継続的改善の取組の具体的手法等については、国土交通省大臣官房運輸安全監理官室が公表した冊子「安全管理体制に係る「マネジメントレビューと継続的改善」の理解を深めるために」を参照願う。</u>

(13) 文書の作成及び管理

1) 事業者は、安全管理体制を構築・改善するために、次に掲げる事業規模等に合った文書を作成し、適切に管理する。
　① 安全管理体制を構築・改善する上で、基本となる必要な手順を規定した文書
　（ア）文書管理手順：文書の承認、発行、改訂等を定めた文書
　（イ）記録管理手順：記録の分類、保管、廃棄等を定めた文書
　（ウ）事故情報等管理手順：事故、ヒヤリ・ハット情報等の収集・活用の手順を定めた文書（（7）関係）
　（エ）重大事故等対応手順：重大な事故等の対応の手順を定めた文書（（8）関係）
　（オ）内部監査手順：内部監査の手順を定めた文書（（11）関係）
　（カ）是正及び予防に関する手順：是正措置及び予防措置を決定するための手順を定めた文書（（12）2）関係）
　② 関係法令等により作成を義務付けられている文書
　③ その他安全管理体制を構築・改善する上で、事業者が必要と判断した文書
なお、適切な文書化を行うことのねらいは、以下のとおりである。

　① 安全管理体制の運営上必要な業務内容が明らかとなる。
　② その内容が必要とされる要員に理解されることとなる。
　③ ①及び②により、必要な手順が確実な再現性を伴って実施される。
　④ 当該業務に関し、内外の評価が容易となる。
2) 文書は、文書の様式、書式、形態（電子媒体を含む。）等を含め、文書化すべき文書の範囲、程度、詳細さは、事業者が1）の文書化のねらいを踏ま

え実効性のある文書管理を行うために適切と判断したものとする。過剰、複雑な文書化は、却って文書管理の効率を損なうこととなることから、既存文書をできる限り活用し、過剰に文書を作成しないよう留意し、また、必要に応じて、フローチャート、図、表等を活用する等文書内容を簡明化する。

(14) 記録の作成及び維持

1）事業者は、安全管理体制の運用結果を記録に残すために、次に掲げる記録を作成し適切に維持する。
   ① 安全管理体制を構築・改善する上で、基本となる記録
   （ア）安全統括管理者から経営トップへの報告内容に関する記録（（4）2）関係）
   （イ）事故、ヒヤリ・ハット情報等の収集・活用内容に関する記録（（7）関係）
   （ウ）安全管理体制の構築・改善に必要な教育・訓練に関する記録（（10）関係）
   （エ）内部監査の実施に関する記録（（11）関係）
   （オ）マネジメントレビューに関する記録（（12）1）関係）
   （カ）是正措置及び予防措置に関する記録（（12）2）関係）
   ② 関係法令等により作成を義務付けられている記録
   ③ その他安全管理体制を構築・改善する上で、事業者が必要と判断した記録

なお、適切な記録を行うことのねらいは、以下のとおりである。
   ① 安全管理体制の実施結果が明確になり、内外に達成状況を示すことができる。
   ② ①により、その実施結果の評価や「継続的改善等」が可能となる。
   ③ データとして蓄積され、業務の一層の効率化が図られる。
2）記録は、記録の様式、書式、形態（電子媒体を含む。）等を含め、作成・維持すべき記録の範囲、程度、詳細さは、事業者が1）の記録を行うことのねらいを踏まえ、事業者が実効性のある記録管理を行うために適切と判断したものとする。さらに、過剰、複雑な記録化は、却って記録管理の効率を損なうこととなるから既存の記録をできる限り活用し、過剰に記録を作成しないよう留意し、また、記録は読みやすく、容易に識別かつ検索可能なものとする。

おわりに

　最後に、平成18年に関係法令が改正されて以来、事業者においては、運輸安全マネジメント制度のコンセプトの理解とそれへの信頼が徐々に深まっており、安全管理体制の構築・改善に向けた積極的な取組が着実に進められている。今後も、国土交通省では、本制度の一層の浸透・定着、ひいては、運輸業界全体の輸送の安全性の更なる向上に向け、関係団体等との連携を密にし、運輸安全マネジメント評価をはじめ本制度に係る各種施策を強力に推進することとしている。

参　考　資　料

資　料（その５）

中小規模自動車運送事業者における
安全管理の進め方に関するガイドライン

平成２９年７月
国土交通省大臣官房
運輸安全監理官

【はじめに】

　国土交通省では、運輸事業者自らが経営者から現場まで一丸となった安全管理の取組を行い、輸送の安全の向上をはかることをねらいとした「運輸安全マネジメント制度」を平成18年10月から導入しています。

　自動車運送事業者については、平成25年10月から全ての貸切バス事業者が安全管理規程等の義務付け対象となり、新たに約4,000者が義務付け事業者として加わりました。

　これらの事業者の多くは中小規模の事業者であり、大手事業者に比べると組織体制、人材及び経営資源に制約があり、運輸安全マネジメントの取組を難しいと感じる事業者が少なからず存在しており、「運輸事業者における安全管理の進め方に関するガイドライン（以下「現行ガイドライン」という。）」を参考として安全管理体制の構築・改善に取り組むことが必ずしも適当でない状況にあります。

　このことは安全管理規程等の義務付け対象外となっている中小規模のトラック運送事業者及びタクシー事業者に関しても当てはまります。

　以上のような状況を踏まえ、中小規模自動車運送事業者の皆様が、より効果的に安全管理体制の構築・改善に取り組むことが出来るよう「中小規模自動車運送事業者における安全管理の進め方に関するガイドライン」を策定しました。

　今後は、以下の中小規模自動車運送事業者の皆様が安全管理の取組を進めるにあたって、現行ガイドラインに代えて、本冊子「中小規模自動車運送事業者における安全管理の進め方に関するガイドライン」に記載する内容をもとに取り組むことが可能となります。

○　保有車両数が概ね50両未満の貸切バス事業者（乗合バス事業を兼業している者を含む。）
○　保有車両数が概ね100両未満の乗合バス事業者、トラック運送事業者及びタクシー事業者

1．経営トップの責務等

輸送の安全は、運輸事業者の最も基本的なサービスである。

このため、代表者（経営者）は、自らが輸送の安全の最高責任者として、以下のとおり、安全管理の体制を整え、取組計画を作るとともに、社員・職員を指揮・指導して、その役割を果たす。また、社員・職員の高齢化や車両・施設等の老朽化への対応、自然災害、テロ、感染症への対応等の課題に対して的確に対応することが重要であることを認識する。

（1）輸送の安全に関する基本的な考え方（安全第一、法令遵守等）を記載した安全方針を作り、事業者内部に周知徹底する。

（2）安全方針に基づき、事業者が達成したい成果として安全目標を設定し、目標を達成するための取組計画を決め、安全運行に努める。

（3）重大な事故等が発生した場合の対応方法をあらかじめ決める。

（4）輸送の安全に必要な人員や設備等を確保・整備する。

（5）安全管理の取組状況を年に1回は点検し、問題があれば改善する。

（6）人員体制上、可能な場合には、選任した安全統括管理者に次の事項を行わせる。
　① 安全方針を事業者内部に周知すること
　② 安全目標を作成し、社員・職員を指揮・指導し、安全目標の達成に向けた取組を積極的に行うこと
　③ 代表者（経営者）との連絡を密にし、輸送の安全に関する情報を集め、代表者（経営者）に適時、適切に報告すること
　④ 人員規模に応じた安全管理の取組体制を決め、各自の役割を定め、事業者内部に周知すること
　⑤ 安全管理の取組状況を年に1回は点検し、その結果を代表者（経営者）に適時、適切に報告すること

（7）輸送の安全に必要な手順・規則
　　安全統括管理者は、社員・職員に指示する等して、輸送の安全に必要な手順・規則を作成し、事業者内部に周知する。

（8）必要な要員の責任・権限
　　　安全管理体制を適切に構築・改善するために必要な要員の責任・権限を定め、事業者内部に周知する。
　　　また、安全管理体制の運営上、必要な責任・権限の他、関係法令等で定められている責任・権限を、必要とされる要員に与える。

２．安全管理の考えと計画

　代表者（経営者）及び安全統括管理者（以下「代表者（経営者）等」という。）は、安全管理の考え方を定めた安全方針や事業者が達成したい安全に関する目標とそのための具体的取組計画（安全重点施策）について、以下の取組を行う。

（１）作成した安全方針を事業者内部に周知徹底する。また、必要に応じて見直しを行う。

（取組のポイント）
※安全方針には、少なくとも、「法令や規則を守ること」、「輸送の安全が第一であること」及び「安全管理体制を継続的に改善すること」等を明記しましょう。

（取組事例）
＜安全方針の周知の例＞
　●安全方針の各事務所等への掲示
　●安全方針等を記載した携帯カードの全ての社員・職員に対する配付
　●社内報や社内イントラ等への掲載
　●現場巡回、年始会、入社式等での社長訓示
　●点呼・各種会議での冒頭唱和の励行
　●社内教育での周知・指導
　●社員アンケート結果を踏まえ、わかりやすい文言に変更　等

（２）安全方針に沿い、かつ、自らの安全に関する課題に基づき、年に１回、事業者が達成したい安全に関する目標とそのための具体的取組計画（安全重点施策）を作成し、目標の達成に向けて取り組む。

(取組のポイント)
※安全目標は、その達成状況を把握することができるよう、目標年次を定め、可能な限り、「人身事故対前年度比１０％減」など数値的なものとしましょう。
※事故等の発生状況、自己点検及び見直し・改善の状況、保安監査の結果、運輸安全マネジメント評価の結果等から、優先的に解決すべき課題を見出し、別添１の「安全重点施策 取組計画の例」を参考に取組計画を作成して計画的に取り組むとよいでしょう。
※社員・職員の高齢化、老朽化した車両・施設を使用することから生じる安全上の課題に配慮するとよいでしょう。
※現場の声を汲み上げる等、現場の実態を踏まえるとよいでしょう。
※現場の社員・職員が理解しやすく、モチベーションが高まるよう配慮するとよいでしょう。
※目標達成後は、必要に応じて、より高い目標を設定するようにしましょう。

(取組事例)
●事故の多い繁忙期などには、事故防止キャンペーン活動を計画
●目標達成に向け、より具体的な対策（安全教育、適性診断、小集団活動等）を明確にして取組計画に反映し計画的に実施
●安全重点施策の取組状況を、管理者層が添乗により把握
●親会社が策定した中期計画を準用し実施

（３）取組計画の進捗状況及び安全目標の達成状況を把握し、必要に応じて見直しを行う。

３．情報伝達及びコミュニケーションの確保

　事業者は、輸送の安全を確保するために必要となるさまざまな情報伝達やコミュニケーションの確保に関する取組を行う。

（１）輸送の安全に関する情報の伝達
　　　代表者　（経営者）等は、輸送の安全に関する情報が適時、適切に事業者内部に伝わるようにするとともに、現場の課題等を適時、適切に把握する。
　　　なお、必要に応じて、委託先事業者との情報伝達も行う。

（取組のポイント）

※代表者（経営者）等から現場へ輸送の安全に関する情報伝達（上から下への情報の流れ）の仕組みを構築し、運用しましょう。

※現場の課題等が代表者（経営者）等に対して報告・上申される仕組み（下から上への情報の流れ）を構築し、運用しましょう。

※職場内での情報が共有される仕組み（事業者内部での横断的な情報の流れ）を構築し、運用しましょう。

※利用者や関係者に対して、その不適切な行動が輸送の安全の確保に影響を及ぼす場合があること等についての安全啓発活動を親会社、グループ会社又は関係者と連携して、適時、適切に行いましょう。

＜貨物運送事業者が委託先事業者へ事業の委託を行う場合＞

　委託先事業者に対し、運行時間や貨物量などにおいて輸送の安全の確保を阻害する行為を行わないように配慮をしましょう。

　また、委託先事業者と長期契約を結ぶ等の密接な関係がある場合には、委託先事業者における安全管理体制の構築・改善について要請・指導しましょう。

資　料（その５）

> （取組事例）
> ＜上から下への情報の流れ＞
> ●情報の各事務所等への掲示
> ●社内報や社内イントラ等への掲載
> ●現場巡回、年始会、入社式等での社長等の訓示
> ●安全に関する各種会議・社内教育での周知
> ●毎朝の点呼での周知
> ●家族への働きかけにより、社員の安全意識を向上　等
> ＜下から上への情報の流れ＞
> ●現場巡回での現場の社員・職員からの意見聴取
> ●代表者（経営者）等と現場の社員・職員との直接の意見交換会の活用
> ●業務改善提案制度の活用
> ●現業実施部門の管理者から、現場の課題等を的確に代表者（経営者）等に報告　等
> ＜事業者内部での横断的な情報の流れ＞
> ●小集団活動によるコミュニケーションの活性化
> ●休憩所などにコミュニケーションボードを設置しグループ長及びメンバーのメッセージ等を掲示
> ●社内ネットワークを活用した情報共有
> ●自社の事故や他の事業者の事故を題材とした事故事例研究会の開催　等
> ＜安全啓発活動＞
> ●（旅客）車内へ安全を啓蒙するポスター等を掲示
> ●（貨物）車体外部に安全運転の取組を示すステッカー等を貼付　等

（２）情報伝達及びコミュニケーションにおいて、明らかになった課題等について、必要な措置を実施し、見直しを行う。

（３）関係法令等に従い、事業者において輸送の安全を確保するために講じた措置、講じようとする措置等の輸送の安全にかかわる情報を外部に対して公表する。

４．事故情報等の収集・活用

　事業者は、事故の再発防止又は未然防止を図るため、以下の取組を行う。
　また、必要に応じて、情報の分類・整理、対策の検討及び効果把握・見直しにグループ会社または社外の機関（民間リスクマネジメント会社）等を活用することができる。

① 社員・職員は、事故が発生した場合は、代表者（経営者）等にその情報を適時、適切に報告する。
② 代表者（経営者）は、自ら又は安全統括管理者に指示する等して、①で報告を受けた事故について、原因の究明を行った上で、再発防止策を検討し、実施する。
③ 上記②で実施した対策の効果を把握し、必要に応じて、対策の見直しを行う。
④ 代表者（経営者）は、自ら、又は安全統括管理者に指示する等して、必要に応じて、現場からのヒヤリ・ハット情報（事故にはならなかったが、「ヒヤッと」した、「ハッと」したできごと）を集め、事故防止のために適切な対応策を講じる。なお、特に報告することの重要性を事業者内部に周知するとともに自発的な報告に対する不利益が生じないよう配慮する。
⑤ 代表者（経営者）は、自ら、又は安全統括管理者に指示する等して、他の事業者の事故事例やヒヤリ・ハット情報等についても積極的に集め、事業者自らの事故防止に活用する。
⑥ 自動車事故報告規則（昭和２６年運輸省令第１０４号）に定める事故があった場合は、国土交通省へ必要な報告又は届出を行う。

（取組のポイント）
※まずは発生した事故について個別に再発防止対策を実施し、効果を把握した上で見直しを行いましょう。
※事故が発生していない場合や事故件数が少ない場合には、ヒヤリ・ハット情報を収集し活用しましょう。
※収集した事故情報やヒヤリ・ハット等の情報は、必要に応じて分類・整理して、対策の立案・実施等に活用しましょう。
※分類・整理したヒヤリ・ハット情報を参考に、例えば発生の回数が多いものについては対策を検討し実施しましょう。
※ヒヤリ・ハット情報等を収集する場合は、報告者に不利益が生じないような仕組みを構築しましょう。
※自社の情報以外にも、他社で発生した事故・トラブルやヒヤリ・ハットの事例等を収集し、対策に活用しましょう。
※単独での取組が困難な場合は、グループ会社、外部と連携・相談しながら取組を進めましょう。

(取組事例)
- 自動車保険契約を締結している損害保険会社に、自社で発生した事故の集計・分析を依頼し、事故の傾向を把握
- ヒヤリ・ハット報告様式の記入項目の簡略化及びドライブレコーダーを活用した詳細情報の収集
- ヒヤリ・ハットを処分の対象としないことの社内規定化及び効果的対策実施者に対する表彰制度の創設
- 民間リスクマネジメント会社に自社で集めたヒヤリ・ハット情報の分析を依頼し、ヒヤリ・ハットの傾向を把握（他社の事故、ヒヤリ・ハット事例の収集・分析を含む）
- 親会社に依頼して、自社で集めたヒヤリ・ハット情報の分析を依頼し、ヒヤリ・ハットの傾向を把握

(注) 上記取組の具体的手法等については、国土交通省大臣官房運輸安全監理官室が公表した冊子「事故、ヒヤリ・ハット情報の収集・活用の進め方～事故の再発防止・予防に向けて～（自動車モード編）」等を参照ください。

5．教育・訓練等の取組

事業者は、経営管理部門及び技能要員に対する必要な教育・訓練の実施、重大な事故等への対応体制の整備、関係法令等の遵守状況の確認など、輸送の安全を確保するために必要な以下の取組を行う。

(1) 必要な教育・訓練等
① 輸送の安全にかかわる者に対して、運輸安全マネジメント制度の趣旨等の理解を深めるために必要な教育・訓練を計画的に実施するとともに、実施後は定期的に振り返りを行い、必要に応じて見直しを行う。また、教育・訓練の実施にあたっては、グループ会社、外部（民間リスクマネジメント会社等）等が主催する運輸安全マネジメント制度に関するセミナー、講習会等を活用する等により教育・訓練に代えることができる。
② 運転士等現業実施部門の全ての社員・職員に対し、必要な能力の習得及び技能の維持のための教育・訓練を計画的に実施するとともに、実施後は定期的に振り返りを行い、必要に応じて見直しを行う。

(取組事例)
＜運輸安全マネジメント制度の趣旨の理解を深めるための教育・訓練（管理者層）＞
- 国土交通省が実施する運輸安全マネジメントセミナーの活用
- 民間リスクマネジメント会社が実施する国土交通省認定セミナーの活用

＜現場の技能の維持・向上の教育・訓練（現場の社員・職員）＞
- ドライブレコーダーやテレマティクス機器（自動車と通信システムを組み合わせたリアルタイムな情報提供）を活用した、管理者による安全指導の実施
- 事故惹起者教育の一環として事故惹起者が優良運転者の乗務に添乗し観察
- 自社で発生した過去の重大事故を風化させないため、当該事故発生月に全ての社員・職員で事故を振り返り再発防止を誓う機会を設定
- 教育・訓練を受けた者へのアンケート実施等により、教育・訓練の効果を把握し、必要に応じ内容の見直しを実施

（２）重大な事故等への対応体制の整備
① 重大な事故・災害等が発生した場合の対応方法等をあらかじめ定め、必要に応じて、想定シナリオを作成し情報伝達訓練や机上シミュレーション等の訓練を実施する。また、可能な場合は、親会社、グループ会社又は委託先事業者等と共同して訓練を実施することができる。
② ①の訓練実施後は、必要に応じて振り返りを行い、把握された課題や問題点を踏まえて、対応方法等の見直しを図る。

（取組のポイント）
※全社的に対応しなければならない重大事故等の発生を想定し、簡潔でわかりやすい初動対応手順を作成し、手順に基づき、定期的に情報伝達訓練を実施しましょう。

（３）関係法令等の遵守状況の確認
輸送の安全に必要な関係法令、通達及び事業者で定める規則を遵守するとともに、代表者（経営者）等はそれらの遵守状況を定期的に確認する。

(取組事例)
- 業界団体や業界紙等から情報を収集し、関係法令及び最新の改正状況を把握
- 点呼、現場巡回、添乗指導、路上パトロール等での確認
- ドライブレコーダー映像を活用した法令遵守の確認
- デジタルタコグラフのデータを活用した法令遵守の確認　等

6．点検及び見直し・改善

　事業者は、輸送の安全の確保に向け、定期的に安全管理の取組状況を点検し、把握した問題点を改善することが重要であり、以下の取組を行う。

（1）取組状況の点検等
① 代表者（経営者）は、安全統括管理者や他の社員・職員に指示して、別添2の「安全管理の取組状況の自己チェックリスト」を活用して、少なくとも年に1回、安全目標の達成状況や安全管理の取組状況を点検させ、その結果を報告させる。
② 上記①が困難な場合は、代表者（経営者）自らが別添2の「安全管理の取組状況の自己チェックリスト」を活用して点検することができる。
③ 可能な場合は、親会社、グループ会社、協力会社等と連携し、社外の人材を活用して、内部監査を実施してもらうこともできる。

（取組事例）
●代表者自らが、「安全管理の取組状況の自己チェックリスト」を用いて点検し、年度末の「安全管理体制見直し会議」に諮り、次年度の安全目標を策定
●グループ会社で内部監査員を選出し、相互に内部監査を実施
●親会社に依頼し、自社に対する内部監査を実施

（注）上記②の内部監査の具体的手法等については、国土交通省大臣官房運輸安全監理官室が公表した冊子「安全管理体制に係る内部監査の理解を深めるために」を参照ください。

（2）見直し・改善
① 代表者（経営者）は、（1）の点検の結果、安全管理体制に問題があることが分かった場合には、必要な見直し・改善を行う。
② 事業者は、現業実施部門等において把握した日常業務で明らかになった課題等に対して、継続的に見直し・改善を行う。

(取組のポイント)
※安全目標の達成状況や安全管理の取組状況については総括を行い、その結果を踏まえ次年度の安全目標等の見直し・改善を実施しましょう。
※また、上記取組を記録することで、将来の安全に関する取組に活用しましょう。

(注)①の見直し・改善(マネジメントレビュー等)の具体的手法については、同じく冊子「安全管理体制に係る「マネジメントレビューと継続的改善」の理解を深めるために」を参照ください。

(3) 文書・記録類の作成・維持
　　事業者は、安全管理体制を構築・改善するために作成した文書類や安全管理体制の運用結果を残すために作成した記録類を適切に管理又は維持する。

(取組のポイント)
※担当者の異動・退職等があったとしても、誰もが業務のことが分かるよう、適切にルールを文書化し、管理しましょう。
※過去の安全対策の実施状況を確認できるよう、体系的に取組を記録し、管理しましょう。
※法定以外のものは必要最小限とし、現有しているものを可能な限り活用しましょう。

資　料（その５）

別添1　≪「安全重点施策　取組計画の例」≫
平成〇〇年度　安全目標の取組計画表

	作成日	平成〇年〇月〇日	
	作成者		
	承認日	平成〇年〇月〇日	印
	承認者		印

安全目標

「バック事故の削減（5件以下）」

No	具体的な取組内容	推進責任者	4月	5月	6月	7月	8月	9月	10月	11月	12月	1月	2月	3月	備考
1	バック事故の検証	▲▲▲	●						○						
2	配送ルートの見直しと反映	▲▲▲		●					○						
3	バックアイカメラの設置	▲▲▲		○	●	●									
4	バックアイカメラ活用研修	▲▲▲					○	○			○	○			
5	対策の検証	▲▲▲						○					○		

※「○」は実施予定、「●」は実施済のもの。

（何を／誰が／いつ／年度途中の計画変更も反映）

別添2

「安全管理の取組状況の自己チェックリスト」

（※）代表者（経営者）又は安全統括管理者等は、以下のチェックリストを活用し、少なくとも年に1回、安全目標の達成状況や安全管理の取組状況を点検しましょう。また、チェックリストは記録・保管し、次回のチェックの際、前回との比較を行いましょう。

			前回点検日	年　月　日
			点検日	年　月　日
	自己点検チェックポイント	判定	特記事項	
1	代表者（経営者）は、法令を守ること、安全を最優先とすることなどの考え方を盛り込んだ安全方針を作っている。			
2	代表者（経営者）及び安全統括管理者は、安全方針を事業者内部に周知している。			
3	代表者（経営者）及び安全統括管理者は、安全方針を実現するため、1年ごとに安全目標を定め、その目標を達成するための具体的な取組計画を作っている。			
4	安全運行に努め、安全目標を達成している。			
5	重大事故が発生した場合の対応方法を決めている。			
6	代表者（経営者）は、安全に必要な設備の更新・整備や人員の配置等を行っている。			
7	安全統括管理者は、その職務を把握し、社員・職員を指揮・指導し、安全目標の達成に向けた取組を積極的に行っている。			
8	安全統括管理者は、代表者（経営者）との連絡を密にし、輸送の安全に関する情報を集め、代表者（経営者）に報告している。			
9	安全統括管理者は、安全管理の実施体制における各自の責任・役割を明確に定めている。			

10	事業者は、安全管理の実施体制における各自の責任・役割は周知している。		
11	事業者内部において、輸送の安全に関する定期的な話し合いを行っている。		
12	代表者（経営者）は、社員・職員と直接話す機会を作り、安全に関する指示・指導をしたり、社員・職員から意見・要望を聴いたりしている。		
13	旅客又は荷主から輸送の安全に関する意見・要望を収集している。		
14	関係法令や事業者で定める規則を遵守して、安全運行している。		
15	安全管理・運行管理に関する事業者で定める規程が適切に管理されている（必要な部署への配付・保管、改廃手続きの適切な実施と表示）。		
16	（トラックの場合）委託先事業者の輸送の安全を阻害することをしないようにしている。		
17	安全運行に必要な教育・訓練を定期的に実施している。		
18	代表者（経営者）や安全統括管理者等は、外部が主催する運輸安全マネジメントに関する研修等に参加している（事業者内部の教育の受講も含む）。		
19	17及び18の教育・訓練等の実施状況を記録している。		
20	事故が発生した場合、代表者（経営者）まで事故の情報が現場から報告されるようになっている。		
21	発生した事故の再発防止策を考え、実行している。		
22	ヒヤリ・ハット情報を集め、事故防止に活用している。		

23	他の事業者の事故事例などを集め、事業者自らの事故防止に活用している。		
24	緊急通報・連絡先を少なくとも1年ごとに見直し、電話番号等に変更がないかどうか確認をしている。		
25	20から24の実施状況を記録している。		
26	事故が発生した場合、必要な報告を国土交通省にしている。(報告が必要な場合)		
27	代表者(経営者)は、少なくとも年に1回は安全の確保に向けた取組状況(安全目標、安全目標達成に向けた取組、安全管理の取組体制、情報の伝達体制、事故防止策、教育・訓練等)を点検し、問題があれば改善している。		
28	27の実施状況を記録している。		
29	安全方針、安全目標が委託先事業者に周知されている。		
30	委託した管理業務に適用される管理の方法とその取組内容を委託先事業者に明らかにしている。		
31	委託先事業者に安全管理体制の構築・改善を要請・指導している。		
32	委託先事業者の安全方針、安全目標が委託元事業者の安全方針、安全目標を踏まえたものとなっている。		
33	委託先事業者と相互の連絡体制の構築、情報の共有がされている。		
34	委託した管理業務の実施状況を定期的に点検し、必要な改善を行っている。		
35	34の実施状況を記録している。		

資　料（その５）

※　実施している場合は『判定』欄に○、実施していない場合は×を記入すること。
※　『特記事項』欄には、自社で行っている取組の概要や取組が困難な理由・問題、前回のチェック時から改善した点などを記入すること。

安全の確保の状況の点検の結果判明した問題とその解決のため対応した状況		
判明した問題	実施日	解決のため対応した状況

　　　　　　　　　　　　　年　　月　　日

　　　　　　　　　<u>署名：（代表者又は安全統括管理者等）</u>

参 考

「安全管理の取組状況の自己チェックリスト」 記載例

- 実施している場合は『判定』欄に○、実施していない場合は×を記入すること。

- ・文書や記録等により実施状況が明確に判定できる項目は、それらに基づき判定すること。
- ・実施状況が明確に判定できない項目については、取組に応じて適宜判定すること。

- 『特記事項』欄には、自社で行っている取組の概要や取組が困難な理由・問題、前回のチェック時から改善した点などを記入すること。

- 経年比較のために、前年の判定および特記事項が記載できる欄を設けることも有効。

前回点検日　平成 28 年 3 月 30 日
点検日　　　平成 29 年 3 月 31 日

	自己点検チェックポイント	判定	特記事項
1	代表者（経営者）は、法令を守ること、安全を最優先とすることなどの考え方を盛り込んだ安全方針を作っている。	○	
2	代表者（経営者）及び安全統括管理者は、安全方針を事業者内部に周知している。	○	各営業所に掲示するとともに、月1回の安全会議で訓示している
3	代表者（経営者）及び安全統括管理者は、安全方針を実現するため、1年ごとに安全目標を定め、その目標を達成するための具体的な取組計画を作っている。	○	
4	安全運行に努め、安全目標を達成している。	○	
5	重大事故が発生した場合の対応方法を決めている。	○	事故発生初動手順書により規定している
6	代表者（経営者）は、安全に必要な設備の更新・整備や人員の配置等を行っている。	○	平成28年度はバックアイカメラを全車両に導入済み
7	安全統括管理者は、その職務を把握し、社員・職員を指揮・指導し、安全目標の達成に向けた取組を積極的に行っている。	○	安全会議において、また個別に指導を実施している
8	安全統括管理者は、代表者（経営者）との連絡を密にし、輸送の安全に関する情報を集	○	様々な機会を通じて情報を収集し、安全会議および役員会で報告している

参考-1

資　料（その5）

	め、代表者（経営者）に報告している。		
9	事業者は、安全管理の実施体制における各自の責任・役割を明確に定めている。	○	安全管理規程に明記している
10	事業者は、安全管理の実施体制における各自の責任・役割は周知している。	○	職務割表を作成し周知している
11	事業者内部において、輸送の安全に関する定期的な話し合いを行っている。	○	安全会議を月1回開催している
12	代表者（経営者）は、社員・職員と直接話す機会を作り、安全に関する指示・指導をしたり、社員・職員から意見・要望を聴いたりしている。	○	月1回は現場訪問し、輸送の安全について運転者と対話し、意見を聴いている
13	旅客又は荷主から輸送の安全に関する意見・要望を収集している。	○	
14	関係法令や事業者で定める規則を遵守して、安全運行している。	○	
15	安全管理・運行管理に関する事業者で定める規程が適切に管理されている（必要な部署への配付・保管、改廃手続きの適切な実施と表示）。	○	
16	（トラックの場合）委託先事業者の輸送の安全を阻害することをしないようにしている。	○	年1回の委託先会議において情報共有を実施している
17	安全運行に必要な教育・訓練を定期的に実施している。	○	年間教育訓練計画書に基づき実施している
18	代表者（経営者）や安全統括管理者等は、外部が主催する運輸安全マネジメントに関する研修等に参加している（事業者内部の教育の受講も含む）。	○	運輸局が開催する運輸安全マネジメントセミナーに安全統括管理者が参加している
19	17及び18の教育・訓練等の実施状況を記録している。	○	年間教育訓練実施記録に実施状況を記録している
20	事故が発生した場合、代表者（経営者）まで事故の情報が現場から報告されるようになっている。	○	ただし軽微な事故については安全統括管理者へ報告され、集約ののちに経営トップへ報告している
21	発生した事故の再発防止策を考え、実行して	○	安全会議にて事故惹起者も交えて再

参考-2

	いる。		発防止策を検討している
22	ヒヤリ・ハット情報を集め、事故防止に活用している。	○	集めた情報をもとにハザードマップを作成し、社内に掲示している
23	他の事業者の事故事例などを集め、事業者自らの事故防止に活用している。	×	特に実施していない
24	緊急通報・連絡先を少なくとも1年ごとに見直し、電話番号等に変更がないかどうか確認をしている。	×	変更があった都度、確認をしているが、定期的には行っていない
25	20から24の実施状況を記録している。	×	23、24については記録していない
26	事故が発生した場合、必要な報告を国土交通省にしている。（報告が必要な場合）	○	
27	代表者（経営者）は、少なくとも年に1回は安全の確保に向けた取組状況（安全目標、安全目標達成に向けた取組、安全管理の取組体制、情報の伝達体制、事故防止策、教育・訓練等）を点検し、問題があれば改善している。	○	3月に実施する安全会議において、年間の安全に関する取組みを取りまとめ、次年度の安全目標・取組計画に反映している
28	27の実施状況を記録している。	○	安全会議議事録に記録している
29	安全方針、安全目標が委託先事業者に周知されている。	○	
30	委託した管理業務に適用される管理の方法とその取組内容を委託先事業者に明らかにしている。	○	
31	委託先事業者に安全管理体制の構築・改善を要請・指導している。	○	
32	委託先事業者の安全方針、安全目標が委託元事業者の安全方針、安全目標を踏まえたものとなっている。	○	
33	委託先事業者と相互の連絡体制の構築、情報の共有がされている。	○	委託先事業者連絡体制図により構築されている
34	委託した管理業務の実施状況を定期的に点検し、必要な改善を行っている。	○	定期的に行われる委託先事業者との会議で点検し、必要に応じ指導してい

参考-3

資　料（その５）

			る
35	34の実施状況を記録している。	○	会議議事録により記録されている

安全の確保の状況の点検の結果判明した問題とその解決のため対応した状況		
判明した問題	実施日	解決のため対応した状況
他社の事故事例の活用	平成29年5月以降を予定	他社の事故事例を毎月収集し、安全会議で情報共有することを開始

平成２９年３月３１日

署名：　　安全統括管理者　　国士　次郎

参考-4

資　料（その５）

鋼索鉄道・索道事業者等における安全管理の進め方
～事故・トラブルの防止に向けて～

平成２１年６月

国土交通省大臣官房

運輸安全監理官

はじめに

　国土交通省では、運輸事業者自らが経営者から現場まで一丸となった安全管理の取組を行い、輸送の安全の向上をはかることをねらいとした「運輸安全マネジメント制度」を平成18年10月から導入しています。
　この「運輸安全マネジメント制度」において、国土交通省では、運輸事業者自らが安全管理体制の構築・改善に向けた取組を進める際の参考として考え方などを定めた「安全管理規程に係るガイドライン」（以下「ガイドライン」といいます。）を平成18年5月に作成し、ガイドラインをもとに運輸事業者の安全管理の取組状況をチェックする「運輸安全マネジメント評価」を実施しています。
　このたび、無軌条電車事業者・鋼索鉄道事業者・索道事業者の皆様が、より効果的に安全管理に取り組むことができるよう、本冊子「鋼索鉄道・索道事業者等における安全管理の進め方」を作成しましたので、今後、無軌条電車事業者・鋼索鉄道事業者・索道事業者の皆様が、安全管理の取組を進めるにあたって、ガイドラインに代えて、本冊子に記載する内容をもとに取り組むことが可能となります。

１．代表者（経営者）の役割

　輸送の安全は、運輸事業者の最も基本的なサービスである。
　このため、代表者（経営者）は、自らが輸送の安全の最高責任者として、以下のとおり、安全管理の体制を整え、安全管理の取組計画を作るとともに、社員を指揮・指導して、その役割を果たす。

（１）会社の輸送の安全に関する基本的な考え方（安全第一、法令遵守など）を記載した安全方針を作り、社内に周知徹底する。
　　　安全方針には、法令や社内規則を守ることや輸送の安全が第一であることを明記する。
（２）安全方針を実現するため、年に１回、具体的な安全目標を決め、その目標達成に向け安全運行に努める。
　　　安全目標は、その達成状況を把握することができるよう、可能な限り、「事故ゼロ」など数値的なものとする。
（３）重大な事故等が発生した場合の対応方法をあらかじめ決める。
（４）輸送の安全に必要な人員や設備等を確保・整備する。
（５）安全管理の取組状況を年に１回は点検し、問題があれば改善する。

（6）安全統括管理者を選任し、次の事項を行わせる。
　　①　安全方針の社内周知を行うこと。
　　②　安全目標を作成し、社員を指揮・指導し、安全目標の達成に向けた取組を積極的に行うこと。
　　③　代表者（経営者）との連絡を密にし、輸送の安全に関する情報を集め、代表者（経営者）に適時、適切に報告すること。
　　④　会社の人員規模に応じた安全管理の取組体制を決め、各自の役割を定め、社内に周知する。
　　⑤　安全管理の取組状況を年に１回は点検し、その結果を代表者（経営者）に適時、適切に報告すること。

２．安全管理の実施

　代表者（経営者）、安全統括管理者、その他輸送の安全にかかわる社員は一丸となって、輸送の安全に向け、以下のとおり、安全管理の取組を実施する。
（１）輸送の安全に関する情報の伝達
　　　代表者（経営者）又は安全統括管理者は、輸送の安全に関する情報が適時、適切に社内に伝わるようにするとともに、現場の声を適時、適切に把握する。
（２）法令等の遵守
　　　社員は、輸送の安全に必要な関係法令、通達及び社内規則を遵守するとともに、代表者（経営者）又は安全統括管理者は、それらの状況を定期的に確認する。
（３）輸送の安全に必要な手順・規則
　　　安全統括管理者は、社員に指示するなどして、輸送の安全に必要な手順・規則を作成し、社内に周知する。
（４）教育・訓練
　　　代表者（経営者）又は安全統括管理者は、輸送の安全にかかわる者に対し教育・訓練を定期的に実施する。教育・訓練の実施にあたっては、外部が主催する運輸安全マネジメント制度に関する講習会等を活用するなどして、適切に実施し、それら実施状況を記録し、保管する。
（５）事故等の対応
　　①　社員は、事故が発生した場合は、代表者（経営者）及び安全統括管理者にその情報を適時、適切に報告する。
　　②　安全統括管理者は、上記①で報告を受けた事故について、再発防止

策を検討・実施する。
　③　安全統括管理者は、必要に応じて、現場からのヒヤリ・ハット情報（事故にはならなかったが、「ヒヤッと」した、「ハッと」したできごと）を集め、事故防止のために適切な対応策を講じる。
　④　安全統括管理者は、他の事業者の事故事例などを積極的に集め、自社の事故防止に活用する。
　⑤　代表者（経営者）は、重大な事故等が発生した場合の対応方法をあらかじめ決め、自ら又は安全統括管理者に指示するなどして、社内に周知する。
　⑥　安全統括管理者は、社員に指示するなどして、上記①から⑤の実施状況を記録し、保管する。

3．安全管理の取組状況の点検と改善
　輸送の安全に向け、定期的に安全管理の取組状況を点検し、把握した問題点を改善することが重要であり、代表者（経営者）及び安全統括管理者は、以下の取組を行う。
（1）安全統括管理者は、少なくとも年に1回、安全目標の達成状況や安全管理の取組状況を別添の「安全管理の取組状況の自己チェックリスト」を活用するなどして、点検し、その結果を代表者（経営者）に報告する。
（2）代表者（経営者）は、上記（1）の点検の結果、問題があることが判った場合には、必要な改善を行う。
（3）安全統括管理者は、社員に指示するなどして、上記（1）及び（2）の実施状況を記録し、保管する。

資　料（その５）

別添

無軌条電車・鋼索鉄道・索道事業者用
「安全管理の取組状況の自己チェックリスト」の例

（※）安全統括管理者は、以下のチェックリストを活用し、年に１回は自社の運輸事業の安全の取組状況を定期的に確認しましょう。また、チェックリストは記録・保管し、次回のチェックの際、昨年との比較を行いましょう。

	自己点検チェックポイント	判定	点検日　年　月　日 特記事項
1	代表者（経営者）は、法令を守ること、安全を最優先とすることなどの考え方を盛り込んだ安全方針を作っているか		
2	代表者（経営者）は、安全方針を周知徹底しているか		
3	代表者（経営者）又は安全統括管理者は、安全方針を実現するため、１年ごとに安全目標を作っているか		
4	安全運行に努め、安全目標を達成したか		
5	代表者（経営者）は、重大事故が発生した場合の対応方法を決めているか		
6	代表者（経営者）は、安全に必要な設備の更新・整備や人員の配置などを行っているか		
7	安全統括管理者は、安全方針を社内周知しているか		
8	安全統括管理者は、その職務を把握し、社員を指揮・指導し、安全目標の達成に向けた取組を積極的に行っているか		
9	安全統括管理者は、代表者（経営者）との連絡を密にし、輸送の安全に関する情報を集め、代表者（経営者）に報告しているか		
10	安全統括管理者は、安全管理の実施体制における各自の責任・役割を明確に定めているか		
11	安全統括管理者は、安全管理の実施体制にお		

	ける各自の責任・役割は周知しているか		
12	社内において、輸送の安全に関する定期的な話し合いを行っているか		
13	代表者(経営者)は、社員と直接話す機会を作り、安全に関する指示・指導をしたり、社員から意見・要望を聴いたりしているか		
14	旅客から輸送の安全に関する意見・要望を収集しているか		
15	関係法令や社内規則を遵守して、安全運行・施設保守をしているか		
16	安全管理規程、実施細則等が適切に管理されているか(必要な部署への配付・保管、改廃手続きの適切な実施と表示)		
17	安全運行・施設保守に必要な教育・訓練を定期的に実施しているか		
18	代表者(経営者)や安全統括管理者等は、外部が主催する運輸安全マネジメントに関する研修等に参加しているか(社内教育の受講も含む)		
19	上記17及び18の教育・訓練等の実施状況を記録しているか		
20	事故が発生した場合、代表者(経営者)まで事故の情報が現場から報告されるようになっているか		
21	発生した事故の再発防止策を考え、実行しているか		
22	ヒヤリ・ハット情報を集め、事故防止に活用しているか		
23	他社の事故事例などを集め、自社の事故防止に活用しているか		
24	緊急通報・連絡先を少なくとも1年ごとに見直し、電話番号等に変更がないかどうか確認をしているか		

25	上記 20～24 の実施状況を記録しているか		
26	代表者（経営者）は、少なくとも年に1回は安全の確保に向けた取組状況（安全目標、安全目標達成に向けた取組、安全管理の取組体制、情報の伝達体制、事故防止策、教育・訓練等）を点検し、問題があれば改善しているか		
27	上記 26 の実施状況を記録しているか		

※ 実施している場合は『判定』欄に○、実施していない場合は×を記入すること。

※ 『特記事項』欄には、自社で行っている取組の概要や取組が困難な理由・問題、前回のチェック時から改善した点などを記入すること。

安全の確保の状況の点検の結果判明した問題とその解決のため対応した状況		
判明した問題	実施日	解決のため対応した状況

　　　　　　　　　　　　　　　　　　年　　月　　日
　　　　　　　　　　　　　　　　<u>署名：（代表者又は安全統括管理者）</u>

小規模海運事業者における安全管理の進め方
～事故・トラブルの防止に向けて～

平成２１年６月

国土交通省大臣官房

運輸安全監理官

はじめに

　国土交通省では、運輸事業者自らが経営者から現場まで一丸となった安全管理の取組を行い、輸送の安全の向上をはかることをねらいとした「運輸安全マネジメント制度」を平成18年10月から導入しています。
　この「運輸安全マネジメント制度」において、国土交通省では、運輸事業者自らが安全管理体制の構築・改善に向けた取組を進める際の参考として考え方などを定めた「安全管理規程に係るガイドライン」（以下「ガイドライン」といいます。）を平成18年5月に作成し、ガイドラインをもとに運輸事業者の安全管理の取組状況をチェックする「運輸安全マネジメント評価」を実施しています。
　このたび、次の小規模海運事業者の皆様が、より効果的に安全管理に取り組むことができるよう、本冊子「小規模海運事業者における安全管理の進め方」を作成しましたので、今後、次の小規模海運事業者の皆様が、安全管理の取組を進めるにあたって、ガイドラインに代えて、本冊子に記載する内容をもとに取り組むことが可能となります。

○　旅客事業者
　　①　海運事業に関係する陸員（常勤役員を含む。）の人数が常時10名未満の許可事業者（一定の輸送量＊をもつ事業者を除く。）
　　②　特定旅客定期航路事業者（他の許可事業との兼業を除く。）
　　③　届出事業者（外航旅客航路事業者を除く。）
　＊一定の輸送量：年間輸送人員10万人以上または輸送人キロ200万人キロ以上

○　内航運送事業者
　　①　海運事業に関係する陸員（常勤役員を含む。）の人数が常時5名未満の事業者

1．代表者（経営者）の役割

　輸送の安全は、運輸事業者の最も基本的なサービスである。
　このため、代表者（経営者）は、自らが輸送の安全の最高責任者として、以下のとおり、安全管理の体制を整え、安全管理の取組計画を作るとともに、社員を指揮・指導して、その役割を果たす。

（1）会社の輸送の安全に関する基本的な考え方（安全第一、法令遵守など）を記載した安全方針を作り、社内に周知徹底する。
　　　安全方針には、法令や社内規則を守ることや輸送の安全が第一であることを明記する。
（2）安全方針を実現するため、年に1回、具体的な安全重点施策（安全目標）を決め、その目標達成に向け安全運航に努める。
　　　安全重点施策（安全目標）は、その達成状況を把握することができるよう、可能な限り、「事故ゼロ」など数値的なものとする。
（3）重大な事故等が発生した場合の対応方法をあらかじめ決める。
（4）輸送の安全に必要な人員や設備等を確保・整備する。
（5）安全管理の取組状況を年に1回は点検し、問題があれば改善する。
（6）安全統括管理者を選任し、次の事項を行わせる。
　　① 安全方針の社内周知を行うこと。
　　② 安全重点施策（安全目標）を作成し、社員を指揮・指導し、安全重点施策（安全目標）の達成に向けた取組を積極的に行うこと。
　　③ 代表者（経営者）との連絡を密にし、輸送の安全に関する情報を集め、代表者（経営者）に適時、適切に報告すること。
　　④ 会社の人員規模に応じた安全管理の取組体制を決め、各自の役割を定め、社内に周知する。
　　⑤ 安全管理の取組状況を年に1回は点検し、その結果を代表者（経営者）に適時、適切に報告すること。

2．安全管理の実施

　代表者（経営者）、安全統括管理者、その他輸送の安全にかかわる社員は一丸となって、輸送の安全に向け、以下のとおり、安全管理の取組を実施する。
（1）輸送の安全に関する情報の伝達
　　　代表者（経営者）又は安全統括管理者は、輸送の安全に関する情報が適時、適切に社内に伝わるようにするとともに、現場の声を適時、適切に把握する。
（2）法令等の遵守
　　　社員は、輸送の安全に必要な関係法令、通達及び社内規則を遵守するとともに、代表者（経営者）又は安全統括管理者は、それらの状況を定期的に確認する。
（3）輸送の安全に必要な手順・規則

安全統括管理者は、社員に指示するなどして、輸送の安全に必要な手順・規則を作成し、社内に周知する。
（4）教育・訓練
　　代表者（経営者）又は安全統括管理者は、輸送の安全にかかわる者に対し教育・訓練を定期的に実施する。教育・訓練の実施にあたっては、外部が主催する運輸安全マネジメント制度に関する講習会等を活用するなどして、適切に実施し、それら実施状況を記録し、保管する。
（5）事故等の対応
　①　社員は、事故が発生した場合は、代表者（経営者）及び安全統括管理者にその情報を適時、適切に報告する。
　②　安全統括管理者は、上記①で報告を受けた事故について、再発防止策を検討・実施する。
　③　安全統括管理者は、必要に応じて、現場からのヒヤリ・ハット情報（事故にはならなかったが、「ヒヤッと」した、「ハッと」したできごと）を集め、事故防止のために適切な対応策を講じる。
　④　安全統括管理者は、他の事業者の事故事例などを積極的に集め、自社の事故防止に活用する。
　⑤　代表者（経営者）は、重大な事故等が発生した場合の対応方法をあらかじめ決め、自ら又は安全統括管理者に指示するなどして、社内に周知する。
　⑥　安全統括管理者は、社員に指示するなどして、上記①から⑤の実施状況を記録し、保管する。

3．安全管理の取組状況の点検と改善

　輸送の安全に向け、定期的に安全管理の取組状況を点検し、把握した問題点を改善することが重要であり、代表者（経営者）及び安全統括管理者は、以下の取組を行う。
（1）安全統括管理者は、少なくとも年に1回、安全重点施策（安全目標）の達成状況や安全管理の取組状況を別添1または別添2の「安全管理の取組状況の自己チェックリスト」を活用するなどして、点検し、その結果を代表者（経営者）に報告する。
（2）代表者（経営者）は、上記（1）の点検の結果、問題があることが判った場合には、必要な改善を行う。
（3）安全統括管理者は、社員に指示するなどして、上記（1）及び（2）

の実施状況を記録し、保管する。

別添1

海運事業者用「安全管理の取組状況の自己チェックリスト」の例

（※）安全統括管理者は、以下のチェックリストを活用し、年に1回は自社の運輸事業の安全の取組状況を定期的に確認しましょう。また、チェックリストは記録・保管し、次回のチェックの際、昨年との比較を行いましょう。

	自己点検チェックポイント	判定	点検日　年　月　日 特記事項
1	代表者（経営者）は、法令を守ること、安全を最優先とすることなどの考え方を盛り込んだ安全方針を作っているか		
2	代表者（経営者）は、安全方針を周知徹底しているか		
3	代表者（経営者）又は安全統括管理者は、安全方針を実現するため、1年ごとに安全重点施策（安全目標）を作っているか		
4	安全運航に努め、安全重点施策（安全目標）を達成したか		
5	代表者（経営者）は、重大事故が発生した場合の対応方法を決めているか		
6	代表者（経営者）は、安全に必要な設備の更新・整備や人員の配置などを行っているか		
7	安全統括管理者は、安全方針を社内周知しているか		
8	安全統括管理者は、その職務を把握し、社員・船員を指揮・指導し、安全重点施策（安全目標）の達成に向けた取組を積極的に行っているか		
9	安全統括管理者は、代表者（経営者）との連絡を密にし、輸送の安全に関する情報を集め、代表者（経営者）に報告しているか		
10	安全統括管理者は、安全管理の実施体制にお		

	ける各自の責任、役割を明確に定めているか		
11	安全統括管理者は、安全管理の実施体制における各自の責任・役割は周知しているか		
12	社内・船内において、輸送の安全に関する定期的な話し合いを行っているか		
13	代表者（経営者）は、社員や船員と直接話す機会を作り、安全に関する指示・指導をしたり、社員や船員から意見・要望を聴いたりしているか		
14	旅客から輸送の安全に関する意見・要望を収集しているか		
15	関係法令や社内規則を遵守して、安全運航しているか		
16	安全管理規程、作業手順等を適切に管理しているか		
17	輸送の安全に関わる者に対して必要な教育・訓練を定期的に実施しているか		
18	代表者（経営者）や安全統括管理者等は、外部が主催する運輸安全マネジメントに関する研修等に参加しているか（社内教育の受講も含む）		
19	上記17及び18の教育・訓練等の実施状況を記録しているか		
20	事故が発生した場合、代表者（経営者）まで事故の情報が本船から報告されるようになっているか		
21	発生した事故の再発防止策を考え、実行しているか		
22	ヒヤリ・ハット情報を集め、事故防止に活用しているか		
23	他社の事故事例などを集め、自社の事故防止に活用しているか		
24	緊急通報・連絡先を少なくとも1年ごとに見		

	直し、電話番号等に変更がないかどうか確認をしているか		
25	上記20～24の実施状況を記録しているか		
26	代表者（経営者）は、少なくとも年に1回は安全の確保に向けた取組状況を点検し、問題があれば改善しているか		
27	上記26の実施状況を記録しているか		

※ 実施している場合は『判定』欄に〇、実施していない場合は×を記入すること。

※ 『特記事項』欄には、自社で行っている取組の概要や取組が困難な理由・問題、前回のチェック時から改善した点などを記入すること。

平成〇〇年度事故・トラブルの発生状況			
発生日時	発生場所	事故・トラブルの概要	再発防止のため実施した措置の概要

安全の確保の状況の点検の結果判明した問題とその解決のため対応した状況		
判明した問題	実施日	解決のため対応した状況

年　月　日

署名：（代表者又は安全統括管理者）

資　料（その５）

別添２

海運事業者用「安全管理の取組状況の自己チェックリスト」の例
（従業員がいない個人経営の海運事業者用）

（※）代表者（経営者）は、安全統括管理者として、以下のチェックリストを活用し、年に１回は自社の運輸事業の安全の取組状況を定期的に確認しましょう。また、チェックリストは記録・保管し、次回のチェックの際、昨年との比較を行いましょう。

	自己点検チェックポイント	判定	点検日　年　月　日 特記事項
1	代表者（経営者）は、法令を守ること、安全を最優先とすることなどの考え方を盛り込んだ安全方針を作っているか		
2	安全方針を事務所や本船船内に掲示しているか		
3	代表者（経営者）は、安全方針を実現するため、１年ごとに安全重点施策（安全目標）を作っているか		
4	安全運航に努め、安全重点施策（安全目標）を達成したか		
5	代表者（経営者）は、重大事故が発生した場合の対応方法を決めているか		
6	代表者（経営者）は、安全に必要な設備の更新・整備などを行っているか		
7	代表者（経営者）は、安全統括管理者として、その職務を把握し、安全重点施策（安全目標）の達成に向けた取組を積極的に行っているか		
8	旅客から輸送の安全に関する意見・要望を収集しているか		
9	関係法令や社内規則を遵守して、安全運航しているか		
10	安全管理規程、作業手順等を適切に管理しているか		
11	代表者（経営者）は、外部が主催する運輸安全マネジメントに関する研修等に参加してい		

	るか		
12	上記11の研修参加状況を記録しているか		
13	事故発生時の緊急通報・連絡先を作成し、少なくとも1年ごとに見直し、電話番号等に変更がないかどうか確認をしているか		
14	発生した事故の再発防止策を考え、実行しているか		
15	ヒヤリ・ハット情報を集め、事故防止に活用しているか		
16	他社の事故事例などを集め、自社の事故防止に活用しているか		
17	上記13～16の実施状況を記録しているか		
18	代表者（経営者）は、少なくとも年に1回は安全の確保に向けた取組状況を点検し、問題があれば改善しているか		
19	上記18の実施状況を記録しているか		

※ 実施している場合は『判定』欄に〇、実施していない場合は×を記入すること。

※ 『特記事項』欄には、自社で行っている取組の概要や取組が困難な理由・問題、前回のチェック時から改善した点などを記入すること。

平成〇〇年度事故・トラブルの発生状況			
発生日時	発生場所	事故・トラブルの概要	再発防止のため実施した措置の概要

安全の確保の状況の点検の結果判明した問題とその解決のため対応した状況		
判明した問題	実施日	解決のため対応した状況

年　月　日

署名：（代表者又は安全統括管理者）

その6

「運輸事業者における安全管理の進め方に関するガイドライン」

の取組事例集(平成29年度第2版)

平成 29 年 10 月

国土交通省

大臣官房 運輸安全監理官

はじめに

本事例集は、運輸事業者における輸送の安全性の更なる向上に向け、これまでの運輸安全マネジメント評価等で確認した安全管理体制の構築・改善に関する取組の具体例を取りまとめたものです。

運輸事業者の皆様におかれましては、自社の安全管理体制の構築・改善の取組の充実・強化を図るため、本事例集に記載する各種取組事例を参考として適宜活用ください。

- 目 次 -

1. 経営トップの責務　・・・・・・・・・・・・・・・・・308
2. 安全方針　・・・・・・・・・・・・・・・・・・・・・309
3. 安全重点施策　・・・・・・・・・・・・・・・・・・・310
4. 安全統括管理者の責務　・・・・・・・・・・・・・・・312
5. 要員の責任・権限　・・・・・・・・・・・・・・・・・313
6. 情報伝達及びコミュニケーションの確保　・・・・・・・314
7. 事故、ヒヤリ・ハット情報等の収集・活用　・・・・・・318
8. 重大な事故等への対応　・・・・・・・・・・・・・・・322
9. 関係法令等の遵守の確保　・・・・・・・・・・・・・・324
10. 安全管理体制の構築・改善に必要な教育・訓練等　・・・325
11. 内部監査　・・・・・・・・・・・・・・・・・・・・329
12. マネジメントレビューと継続的改善　・・・・・・・・・330

資　料（その６）

＊利用上の注意

　上記の目次番号は、「運輸事業者における安全管理の進め方に関するガイドライン（平成２９年７月）」の「５．運輸事業者に期待される安全管理の取組」の番号と符合しています。

　また、取組事例の中に記載された青字部分（ハイパーリンク）は、クリックすると詳細を確認できるＷｅｂページに移動します。

　なお、他モードの取組でも自社の取組の参考となる考え方がありますので適宜活用ください。

改定履歴	発行月
第2版	平成29年10月1日
初版	平成22年3月

注）上記「青字部分（ハイパーリンク）」は、国土交通省ホームページ（http://www.mlit.go.jp）上に掲載時のものです。直接アクセスしてご参照ください。

（1）経営トップの責務

細目	モード	取組事例
総論	共通	事業の現状、内外の情勢及び今後想定される事業上の課題（リスク）をとりまとめたトップコミットメントを作成。これに基づいた取組の運営を指示
関係法令の遵守・安全最優先の原則の徹底	共通	事業に関する法令・規則を遵守することや人命を守ることの重要性を会議、訓辞等を通じて社員に繰り返し話をして周知
	鉄道	「安全風土・安全文化のアンケート」により課題を見出し、改善に繋げるための新たな取組に反映させることにより、一層の安全文化を醸成 （鉄道モード：国交省HP 取組事例No.113）
安全方針の策定に係る主体的関与	共通	自ら安全方針を作成、もしくは承認・決定
安全重点施策の策定に係る主体的関与	共通	全社又は組織ごとに安全重点施策が作成されているか、また、作成された安全重点施策が、安全方針や自社の方向性に合致し、輸送の安全性を維持・向上させるために適切であるかを確認し、事業者内部において展開・推進されている状況を把握
	共通	自社の課題（リスク）を補強するための安全重点施策を策定、展開、推進
重大な事故への対応に係る主体的関与	共通	社員に対し自社で発生するおそれのある重大事故に対する対応方法の見直しや当該重大事故を想定した全社的な対応訓練の実施を指示しているとともに、当該訓練に自らも参加
	共通	想定される重大事故・災害に対する初動措置の訓練を行い、見直しを実施
安全への投資に係る主体的関与	共通	安全に関する設備の新替、保守計画の策定や組織体制の見直し、強化を指示
	共通	自ら、安全に関する投資（要員、設備、教育）の決定を行うとともに、組織体制を見直し、強化
マネジメントレビューに係る主体的関与	共通	定期的なマネジメントレビューに出席して、今後の取組方針を表明、また改善を指示
	共通	定期的なマネジメントレビューに出席して、自社の課題（リスク）の補強状態を確認、今後の取組計画を策定

（2）安全方針

細　目	モード	取組事例
経営トップの率先垂範による効果的な周知	共通	安全方針を各事務所等へ掲示
	共通	安全方針等を記載した社員手帳・携帯カードを社員へ配付
	共通	安全方針を社内報や社内イントラへ掲載
	共通	現場巡回、年始会、入社式等の場で、安全方針等に関する社長訓示を実施
	共通	点呼・各種会議で安全方針の唱和を励行
	共通	社内教育の場で、安全方針に関して周知・指導を実施
	自動車	乗務員が自身の事故防止への取組目標を定め、表示（ワッペンの着用）することにより、安全に対する意識を向上 （自動車モード：国交省HP 取組事例No.117）
	海事	安全方針の周知方法について、現場の意見を反映させることにより変更 （海事モード：国交省HP 取組事例No.70）
各要員への理解度・実践度の把握	共通	安全意識アンケート調査を実施
	共通	安全教育後の安全方針等に関する理解度の試験を実施
	共通	社員に対する面談調査を実施
	共通	内部監査で理解度・浸透度をチェック
	共通	小集団活動において、活動結果の安全報告会を実施
	鉄道	社達、社内LAN、社長の年頭挨拶、現場長会議等の各種会議等、あらゆる手法により社内に周知し、その後、アンケートにより見直しを実施 （鉄道モード：国交省HP 取組事例No.15）
	自動車	現場巡回、添乗指導、路上パトロール時において、社員の安全方針に係る実践状況をチェック
	航空	社内安全調査アンケートにより、社員の安全意識の浸透・定着の度合いを把握・評価 （航空モード：国交省HP 取組事例No.17）
	航空	安全文化評価アンケートを実施 （航空モード：国交省HP 取組事例No.5）

(3) 安全重点施策

細目	モード	取組事例
目標・取組計画の策定	共通	輸送の安全に関する設備・機器の整備目標・率を目標として設定
	共通	安全教育・訓練の実施回数、受講者数を目標として設定
	共通	教育訓練手順の見直しを目標(いつまでに、どういったものを作成し、活用できるようにすること)として設定
	共通	輸送の安全に関する表彰件数を目標として設定
	共通	輸送の安全に関する改善提案件数・同提案処理件数を目標として設定
	共通	輸送の安全に関する小集団活動に係る目標(どういった小集団活動を実施して、どのような成果を年度内に出すか)を設定
	鉄道	安全に係る自社の現状を把握、その結果、見いだされた課題等を次期中期安全計画(安全5ヶ年計画)に反映 (鉄道モード：国交省HP 取組事例No.22)
	自動車	事故・トラブル減少件数・減少率（○○件減少、○○％削減）、無事故継続○○日を設定
	自動車	事業者が定期的に全乗務員の運転記録証明書を取得し乗務員の法令遵守状況を確認するとともに、自動車安全運転センターより運転記録証明書の内容を分析した資料の提供を受け、SDカードの取得率や自社の違反傾向を反映させた目標を設定
	航空	安全評価システムを活用することにより、安全計画立案時に定量的な目標を設定 (航空モード：国交省HP 取組事例No.66)
計画的な実施	鉄道	エラープルーフ化の手法により、ヒューマンエラー事故の未然防止を実施 (鉄道モード：国交省HP 取組事例No.61)
	鉄道	事業規模、実施頻度等との見合いで、従来、自動化が難しかった定期的な軌道の安全管理業務に、簡易軌道検測器を導入 (鉄道モード：国交省HP 取組事例No.56)
	自動車	バスの床面等へ注意喚起ステッカーを貼付することにより、車内事故を防止 (自動車モード：国交省HP 取組事例No.3)
	海事	経営トップのリーダーシップの下、本社経営管理部門と現場が一体となった事故防止活動を実施 (海事モード：国交省HP 取組事例No.69)

（3）安全重点施策

計画的な実施	海事	船舶への燃料補給時のヒューマンエラーへ対応するため、設備改造を行い、海上漏油事故を防止 （海事モード：国交省HP 取組事例No.9）
進捗・達成状況の把握	共通	定期的（毎月・毎四半期・毎半期など）に各部門の安全目標の達成状況や取組計画の進捗状況を総括・報告させ、本社の安全担当部署で取りまとめ、経営トップや安全統括管理者へ報告
	共通	定量的に把握できない目標（例えば、基本動作の遵守・徹底など）は、現場巡回や内部監査などで当該目標の履行状況をチェック
	自動車	定期的に進捗管理を実施することにより、中期経営計画（安全重点施策）の数値目標の達成を図る取組 （自動車モード：国交省HP 取組事例No.20）
	自動車	「事故件数の減少」というわかりやすい目標を掲げることにより、営業所単位での目標達成に向けた取組を促進 （自動車モード：国交省HP 取組事例No.18）
	海事	経営管理部門が実施する添乗を活用して、安全重点施策の取組状況及び関係法令の遵守状況の把握を行う仕組みを構築し運用 （海事モード：国交省HP 取組事例No.99）
	海事	月単位で安全重点実施項目を設定しながら、その確実な実施を図る取組 （海事モード：国交省HP 取組事例No.19）
見直しの実施	共通	進捗状況を毎月把握し、2ヵ月毎に安全部会にて取組目標などをレビュー、活動の有効性及び目標の妥当性を検証のうえ、必要に応じ年度途中での見直しを実施
	自動車	1ヶ月ごとに取組計画（安全目標達成計画表）を策定、計画表に基づき進捗管理を行うことにより、PDCAサイクルを機能させながら安全目標の達成とその見直しを図る取組 （自動車モード：国交省HP 取組事例No.16）
	海事	安全目標達成計画の進捗状況について、隔月でレビューを実施し、きめ細かく軌道修正を行いながら、目標の達成を図る取組 （海事モード：国交省HP 取組事例No.21）
	航空	内部監査を活用して、安全重点施策の策定及び必要に応じた見直しを実施 （航空モード：国交省HP 取組事例No.97）

（4）安全統括管理者の責務

細　目	モード	取組事例
		安全統括管理者の参考となる取組事例は、(2)、(3)、(5)～(12)の各項目に仕分けて記載しておりますのでご参考下さい。

（5）要員の責任・権限

細　目	モード	取組事例
責任・権限の明確化及び社内周知	共通	会社組織図の作成・配布
	共通	会社組織図を新人教育時に配布
	共通	安全管理規程に記載された責任・権限に関する規程を、必要とする要員に配布して周知
責任・権限の検証	共通	各部署から上申された課題について、安全統括管理者が責任・権限の不均衡が原因になっていないかを確認

（6）情報伝達及びコミュニケーションの確保

細目	モード	取組事例
トップダウン （現場への情報伝達の仕組みの構築・運用）	共通	現場巡回、社内報、各種会議体、全社集会、年始会、入社式等を活用
ボトムアップ （経営管理部門へ報告・上申される仕組みの構築・運用）	共通	経営管理部門が現場巡回を実施し、現場要員から意見・要望を収集
	共通	経営管理部門と現場要員との個別面談、直接の意見交換会を活用
	共通	小集団活動を活用し、意見・要望を収集
	共通	業務改善提案制度を活用し、意見・要望を収集
	共通	業務改善提案の発表会・表彰式を開催
	共通	社内イントラや各事務所へ設置した安全に関する意見BOXを活用
	共通	ベテラン社員が現場巡回を実施し現場の意見要望等を聴取、社長等へ直接結果を報告
	鉄道	現業各部門に本社担当課長と同等の課長職を置くことにより、円滑な意志疎通を実現 （鉄道モード：国交省HP 取組事例No.114）
	鉄道	現業職員が自由に安全活動を行える環境を整えることによって、自発的な安全性向上の取組を支援 （鉄道モード：国交省HP 取組事例No.82）
	自動車	特定路線における有責事故の減少を目的に、経営管理部門と現業実施部門の両者が一体となって対策を検討・立案・実施することにより、社内の活発なコミュニケーションを確保 （自動車モード：国交省HP 取組事例No.111）
	自動車	現場と経営管理部門のパイプ役として「安全管理官」を設置し、現場の声や抱える問題を経営管理部門へ的確に伝達 （自動車モード：国交省HP 取組事例No.26）
安全の確保に必要な情報の縦断的・横断的な共有（中間管理者層）	共通	事例なし
安全の確保に必要な情報の縦断的・横断的な共有	共通	経営会議、取締役会議等の既存の会議体を活用
	共通	安全に特化した会議体（例えば、安全推進委員会、安全マネジメント委員会など）の設置とその運用
	共通	安全に関する各種教育・研修を実施
	共通	社内で安全シンポジウム・セミナーを開催
	共通	安全に関する情報を社報等へ掲載・配付

資　料（その6）

（6）情報伝達及びコミュニケーションの確保

安全の確保に必要な情報の縦断的・横断的な共有	共通	社内イントラを活用
	鉄道	経営トップと現場との直接対話の場を設定、また定期的な安全ニュースを発行するなど、情報を全社的に共有する体制を構築 （鉄道モード：国交省HP　取組事例No.77）
	鉄道	各部門間で情報交換や他部門業務の体験等を行うことにより、社内及びグループ交通事業者とのコミュニケーションを強化 （鉄道モード：国交省HP　取組事例No.44）
	鉄道	現業職場へ『事故情報専用モニター』を設置 （鉄道モード：国交省HP　取組事例No.37）
	鉄道	本社・現場間のコミュニケーション確保のためのタウンミーティングを実施 （鉄道モード：国交省HP　取組事例No.6）
	自動車	安全・安心を心がける運転が事故防止・燃料費削減に繋がり、その削減分を社員に還元するという発想の下、社員の満足度を充実させることにより、安全意識の向上が図られるようコミュニケーションの確保を創意工夫 （自動車モード：国交省HP　取組事例No.106）
	自動車	過去の事故災害事例を整理・データベース化し、社内イントラに「事故災害検索システム」として掲載することにより、全社的に事故災害情報を共有・活用 （自動車モード：国交省HP　取組事例No.14）
	自動車	家族の理解と協力を得ながら、社員の安全意識の向上を図る取組 （自動車モード：国交省HP　取組事例No.1）
	海事	荷主、船社及び船員のコミュニケーションから発案された、夜間における船陸間通行時の安全を確保する取組 （海事モード：国交省HP　取組事例No.83）
	海事	経営トップを含む経営管理部門、船舶乗組員及び全用船船主の間で情報を共有し対策を講じることにより、安全性が向上 （海事モード：国交省HP　取組事例No.79）
	海事	経営幹部が、本船の出入港時に必ず立ち会う等、さらなるコミュニケーションを確保し、輸送の安全の確保に必要な情報を共有 （海事モード：国交省HP　取組事例No.25）
	海事	経営管理部門による積極的な訪船活動や、社内報、社内速報の発行等により輸送の安全に必要な情報を共有 （海事モード：国交省HP　取組事例No.24）
	海事	「経営会議」において、「安全」は常設の議題として毎回報告され、経営幹部においても安全情報を共有する等、縦断的・横断的コミュニケーションを充実 （海事モード：国交省HP　取組事例No.23）

（6）情報伝達及びコミュニケーションの確保

安全の確保に必要な情報の縦断的・横断的な共有	海事	輸送の安全の確保に必要な情報の共有 常務会、部課長会議等の会議体の活用のみならず、経営トップが頻繁に訪船（月4～5回以上）・乗船（月1回以上）を実施 （海事モード：国交省HP 取組事例No.8）
	航空	「安全企画会議」を新設し、情報伝達を確実に行ったことにより、社内関係者の施策等に対する関心がより深まった取組 （航空モード：国交省HP 取組事例No.81）
	航空	仕事上の何気ない「気配り」や「励まし」などに対する感謝の気持ちを形にして伝えることで、社員の連帯感を向上させる取組 （航空モード：国交省HP 取組事例No.73）
措置の検討・実施 （現場の課題等の情報に対する措置の検討・実施）	鉄道	酔客がホームから転落する事故を減らすため、転落した旅客の行動特性を分析し、ホーム上のベンチを線路と垂直にする工夫を実施 （鉄道モード：国交省HP 取組事例No.133）
	鉄道	運転事故・輸送障害に関する情報のデータベース化を行い社内の情報共有を図るとともに、それらの情報を活用した対策の実施や役員による現場確認を実施 （鉄道モード：国交省HP 取組事例No.75）
	自動車	現場の課題及び対応状況を「現場力向上ノート」に記載することにより、現場の課題が営業所管理職及び経営管理部門まで迅速に伝達、各担当部署が速やかに解決策を検討して現場へフィードバック （自動車モード：国交省HP 取組事例No.112）
	自動車	グループ会議を通じ、職場モラルやチームワーク、働きがい、知識・技能の向上、安全意識、サービスの向上等を図り、自主的・自発的な「やる気」で問題の解決を図る取組 （自動車モード：国交省HP 取組事例No.65）
安全啓発活動 （旅客・荷主等に対する安全啓発活動の実施）	共通	ポスター、チラシ、リーフレット等紙媒体による注意喚起
	鉄道	自治体主催の交通安全フェアなどに参加し、踏切の安全通行の体験や線路に石を置かない等のチラシを配布
	鉄道	携帯電話会社と連携して、スマートフォンを操作しながら歩いている利用者が駅構内放送で注意を受ける動画を作成し、駅構内等で放映
	鉄道	踏切での注意喚起や鉄道マナーに関して、職員自らが旅客に対し声かけを実施
	鉄道	踏切、駆け込み乗車、鉄道マナー、不審物発見時の対応等について、旅客に協力・理解を求める車内放送の実施
	鉄道	踏切での非常時対応をまとめたDVDを作成し、教習所等に配布
	鉄道	鉄道妨害（置石等）対策のために、小学校、自治体、鉄道警察隊へ協力要請を実施
	鉄道	踏切における非常時対応について、ストーリーだてて解説するテレビCM（「脱出編」、「列車防護編」）を放映 （鉄道モード：国交省HP 取組事例No.128）

（6）情報伝達及びコミュニケーションの確保

安全啓発活動 （旅客・荷主等に対する安全啓発活動の実施）	鉄道 自動車	事業者が自ら、利用者を対象とした安全教室等を開催 【例】 鉄道：車内マナー・バリアフリーへの理解を促進する教室を開催　等 バス：高齢者等を対象に車内事故防止体験教室を開催　等 トラック：子供を対象に交通マナーを守る大切さを伝える教室を開催　等
	自動車	高速・貸切バス内において、シートベルトの着用等についての説明を動画で実施
	自動車	高齢者がより事故防止を意識することを目的として、小学生の声で車内放送を実施
	海事	ホームページ上で乗船の仕方を説明
	海事	映像を用いた救命胴衣の着用方法に関する動画を放映 （海事モード：国交省HP　取組事例No.109）
	航空	機内空間をジャズラウンジに見立てた機内安全ビデオを上映して乗客の興味と注意を引くことにより、利用者に対する安全啓発を促進 （航空モード：国交省HP　取組事例No.131）

(7) 事故、ヒヤリ・ハット情報等の収集・活用

細目	モード	取組事例
事故情報等の収集（共有）	共通	現場から報告があったヒヤリ・ハット情報を注意喚起のため速報として各現場に速やかに周知
	共通	社内のヒヤリ・ハット等の報告制度により、報告された内容をもとに、ハザードマップを作成し乗務員等に周知、報告者へは褒賞
	自動車	個別点呼時にヒヤリ・ハットを確認。朝礼・夕礼の機会に注意点を全乗務員で共有
	海事	安全航行に係るリスク情報等の積極的な収集と情報のデータベース化による共有の推進 （海事モード：国交省HP 取組事例No.27）
事故情報等の分類・整理	共通	傾向分析（全社的な事故特性の分析）： [例] 　1年で発生した事故の把握・分析　⇒　複数年で発生した事故の把握・分析
	自動車	傾向分析（業務特性を考慮した分析）： [例] 　路線バス：車内事故の形態、発生場所、車内発生場所、自車行動　等 　タクシー：勤務形態、発生時間帯、自車行動　等 　トラック：乗務員の年齢、経験年数、自車行動　等
事故情報等の分類・整理（事例集）	共通	現場から収集したヒヤリ・ハット情報を分類・分析し、その結果を小冊子（ヒヤリ・ハット事例集など）に取りまとめ、現場配布、社内研修で教材として活用
	共通	事故・トラブル情報を収集し、分類結果については、イラスト等を効果的に使用してわかりやすく解説
事故情報等の分類・整理（ハザードマップ）	共通	現場から収集したヒヤリ・ハット情報を基にハザードマップ等を作成
	鉄道	ヒヤリ・ハット体験者のコメントを付した駅構内ハザードマップを作成し、事務所内掲示・運転士に配布
	鉄道	駅構内におけるヒヤリ・ハットマップの作成 （鉄道モード：国交省HP 取組事例No.57）
	自動車	乗務員研修用のハザードマップを作成し、狭隘道路等の運行時の注意事項を乗務員にわかりやすく周知 （自動車モード：国交省HP 取組事例No.7）
	海事	危険海域等の情報共有のため、ヒヤリ・ハット情報を海図に記入し、各船に当該海図を配布
分類・整理結果を踏まえた多角的な原因分析	共通	社内研修で事故経験者又はヒヤリ・ハット経験者に状況説明、原因究明を発表させ、発表者のスキルアップと研修参加者の情報共有を実施
	自動車	「なぜなぜ分析」等を用いた事故の根本原因究明と再発防止策 （自動車モード：国交省HP 取組事例No.48）

資　料（その６）

（7）事故、ヒヤリ・ハット情報等の収集・活用

分類・整理結果を踏まえた多角的な原因分析	海事	同僚のヒヤリ・ハット体験等を社内で共有、自社保有船の特性を踏まえた分析を実施 （海事モード：国交省HP　取組事例No.40）
対策をたてるべき原因の絞り込み	鉄道	リスクアセスメント等を活用した事故、ヒヤリ・ハットの原因分析の深度化 （鉄道モード：国交省HP　取組事例No.115）
	鉄道	事故に至る前の事象を統計的に把握することにより、リスクアセスメントを実施、予防対策を講じた事例を三つ紹介 （鉄道モード：国交省HP　取組事例No.101）
	自動車	安全集配ルートマップの作成と事故データ分析システムの活用により1年分の事故を分類・整理、多発している事故を重点実施事項として対策を推進 （自動車モード：国交省HP　取組事例No.10）
再発防止・未然防止のための対策の検討・実施	共通	社員研修で過去発生した事故事例やヒヤリ・ハット事例を課題・テーマとした原因究明及び対策の立て方の演習を実施
	共通	発生した事故やヒヤリ・ハットの原因を究明し、他の現場で同じような状況がないかを調査、事故等の未然防止に活用
	鉄道	定期的に開催している会議体及び「週間安全報告書」を活用し、現場と一体となって事故、トラブル原因分析及び対策立案を迅速にするとともに、情報の共有化、課題認識の共通化 （鉄道モード：国交省HP　取組事例No.74）
	鉄道	現場係員が主体となって、安全上の課題の抽出、傾向分析、対策立案及び実施までを小集団活動で実施、事故の未然防止を図る取組 （鉄道モード：国交省HP　取組事例No.72）
	鉄道	ヒヤリ・ハット情報を活用した運転従事員の安全意識向上を図る教育・訓練 （鉄道モード：国交省HP　取組事例No.30）
	鉄道	ヒヤリ・ハット情報について、当事者が自分なりに考えた事故防止策を、社内委員会による事故防止策と併せて公表 （鉄道モード：国交省HP　取組事例No.12）
	自動車	ドライブレコーダーの事故又はヒヤリ・ハット映像データを活用した各運転士に対する個人指導、社内研修（教材として活用）、小集団活動での危険予知訓練を実施
	自動車	全社員からヒヤリ・ハット情報を収集し、分類・整理した結果、ヒヤリ・ハット現場と事故現場が共通していることが判明したことから、「年間事故現場一覧表」を作成し、乗務員教育の教材として活用 （自動車モード：国交省HP　取組事例No.122）
	自動車	ドライブレコーダーやデジタルタコグラフを活用した運転士教育 （自動車モード：国交省HP　取組事例No.120）

319

（7）事故、ヒヤリ・ハット情報等の収集・活用

再発防止・未然防止のための対策の検討・実施	自動車	過去の重大事故等の事故原因を分析し、主な事故種類ごとに具体的な事故防止策を実施 （自動車モード：国交省HP 取組事例No.118）
	自動車	横断歩道右折時における重大事故の多角的な事故分析と再発防止への提言 （自動車モード：国交省HP 取組事例No.108）
	自動車	個別点呼の際に、事故速報の内容を事故事例として取り上げ、乗務員に原因、対策等に関するヒアリングを行い、乗務員自身に考えさせ、発言させる取組 （自動車モード：国交省HP 取組事例No.54）
	自動車	ドライブレコーダーのデータを収集・分析することにより、事故の特徴的傾向を把握し、「ドラレコ映像記録分析DVD」を作成し、乗務員教育の教材として活用 （自動車モード：国交省HP 取組事例No.49）
	海事	旅客暴露甲板へのデッキ出口での転倒事故の防止（滑り止めシートによる工夫した出入り口） （海事モード：国交省HP 取組事例No.125）
	海事	事故情報及びリスク管理を充実させ、乗組員のリスクに対する感度を高めることにより、事故の再発防止、未然防止を図る取組 事故・トラブル（事故等）情報が経営トップまで確実に報告されており、それら事故等の原因分析を行い、再発防止対策を実施 （海事モード：国交省HP 取組事例No.29）
	航空	物資落下の重大インシデントの再発防止対策を立案し、安全教育を施すとともに、作業現場においても社員だけでなく荷主が手配する地上作業者と共に安全手順及び情報を共有 （航空モード：国交省HP 取組事例No.126）
	航空	リスク管理手法を活用した不安全事象の再発防止・未然防止 （航空モード：国交省HP 取組事例No.41）
対策の効果把握、必要に応じ見直し	鉄道	踏切の視認性向上による踏切障害事故の防止策を講じるとともに、対策全般の効果を検証 （鉄道モード：国交省HP 取組事例No.127）
	海事	事故情報から防止対策を立案・実施して実施状況を確認した後、管理部門が現場社員とともに事故の再発防止対策の有効性、妥当性の検証を実施することにより、再発防止策の有効性を向上 （海事モード：国交省HP 取組事例No.124）
潜在する危険への検討・実施	鉄道	線路内立入り作業の多い保線及び電気施設保守の現業部門を対象に、運転士には作業員の待避状況がどのように映るのかを運転シミュレータで体験 （鉄道モード：国交省HP 取組事例No.98）
	自動車	異常気象、台風、地震に備え「洪水・土砂ハザードマップ」「土砂・洪水災害対応マニュアル」を整備し、事故の未然防止に活用 （自動車モード：国交省HP 取組事例No.121）

（7）事故、ヒヤリ・ハット情報等の収集・活用

潜在する危険への検討・実施	自動車	事故の未然防止に向けた運転士の健康管理を更に徹底するため、全運転士に睡眠時無呼吸症候群（SAS）のスクリーニング検査を実施 （自動車モード：国交省HP 取組事例No.119）
取組の円滑かつ有効な実施に向けた環境整備	共通	本社に事故分析の担当者（兼務者）を任命
	鉄道	社内ネットワーク「安全に関する社員の声」を立ち上げ、社員の意見やヒヤリ・ハット情報の活発な提供と会社の迅速な対応を促進 （鉄道モード：国交省HP 取組事例No.2）
	自動車	ヒヤリ・ハット情報を率先してシェアする風土の醸成と提供された情報の全社的共有による事故防止への活用 （自動車モード：国交省HP 取組事例No.130）
	自動車	ハード対策及びソフト対策を積極的に推進するとともに、社内における「事故の芽」等の報告制度として「300X（バッテン）運動」等を展開し、事故防止 （自動車モード：国交省HP 取組事例No.28）
	海事	ヒヤリ・ハット情報の収集・活用に向けた経営管理部門のサポート 平成24年4月の会社合併を契機に、新会社における安全管理システムを社内に浸透させ、リスク管理の取組を全社あげて積極的に推進 （海事モード：国交省HP 取組事例No.105）
	海事	優良事例とヒヤリ・ハット情報を同時に収集・活用することにより、ヒヤリ・ハット情報のマイナスイメージを緩和させ、これら情報を積極的に活用 （海事モード：国交省HP 取組事例No.86）
	航空	現場からヒヤリ・ハット情報等が報告される文化の育成とその活用 （航空モード：国交省HP 取組事例No.100）
他社・他モードの事故等の事例活用	共通	国が公表した事故報告書等を入手し、社内研修で事故の発生状況及び原因等を参加者へ説明
	共通	事故記事（新聞、業界紙）を切り抜き、簡単なコメントをつけて現場に共有、注意喚起

(8)重大な事故等への対応

細目	モード	取組事例
対応手順の作成と社内周知	鉄道	事故等発生時の社員対応マニュアル（必携）を整備 （鉄道モード：国交省HP 取組事例No.76）
想定シナリオのもと訓練を実施	共通	簡潔な緊急対応マニュアルを定め、それらマニュアルの検証を兼ね、緊急対応訓練等を定期的に実施
	鉄道	事故等緊急事態において、乗り合わせた社員についても支援活動に従事し、円滑な旅客の避難誘導等を実施する必要があることから、鉄道事故復旧訓練においても、乗り合わせた社員が避難誘導に従事 （鉄道モード：国交省HP 取組事例No.116）
	鉄道	一般見学者の参加により、訓練をより実践的なものとする取組 （鉄道モード：国交省HP 取組事例No.96）
	鉄道	全社員が安全意識を持ち重大事故等への対応能力を備えることが重要とし、全社規模での訓練を定期的に実施 （鉄道モード：国交省HP 取組事例No.78）
	鉄道	「緊急時対応計画・アクションプラン」の策定、異常時総合訓練、危機管理シミュレーション等の実施を通じて、緊急時の対応力を強化 （鉄道モード：国交省HP 取組事例No.31）
	自動車	地震、津波については避難誘導訓練を、風水害や雪害については運転対応訓練を実施
	自動車	地震（南海トラフ・日向灘）などの大規模災害（津波被害等）に備え、防災マップの周知等、各種取組を実施 （自動車モード：国交省HP 取組事例No.123）
	海事	複数事業者が錯綜する松島湾内で、各社合同による安全運航対策および海難事故処理訓練を実施 （海事モード：国交省HP 取組事例No.55）
	航空	危機対応手順を定め摸擬演習を実施することにより、当該手順の適切性の検証や危機対応要員の技術的能力を維持、向上 （航空モード：国交省HP 取組事例No.42）
手順対応等の見直しと訓練計画への反映	共通	事故後に取組の見直しを行い改善計画を立案、目標の修正を検討
	自動車	地震後、津波の発生のおそれがある場合、まず高いところにバスを移動するルールに変更（東日本大震災前は、「まず停止し、地震に関する情報取得」というルールであったが、見直しを実施）。また、携帯電話を含めた通信に問題が生じたことから、全車両に緊急連絡用の無線機を配備
	自動車	トンネル火災に遭遇した場合、「避難する場合は風上側に」というルールを新規設定（実際のトンネル火災事故を踏まえた対応）
	自動車	緊急時対応訓練等の見直し・改善を実施することにより、異常時における対応能力を向上 （自動車モード：国交省HP 取組事例No.32）

(8)重大な事故等への対応

重大事故・自然災害等への対策	鉄道	地震、雨、浸水対策、津波対策等の災害について訓練を実施
	鉄道	専用アプリ(津波避難ナビシステム)の導入により、乗務員が迅速に津波避難場所まで誘導できるよう災害時の対応力を強化 (鉄道モード:国交省HP 取組事例No.132)
	自動車	サービスドライバーが集配中に気づいた災害情報(がけ崩れ等)を自治体へ連絡する取組 (住民のすばやい避難や道路等の修復工事に反映)
	自動車	災害共通の取組として、衛星電話を導入
	自動車	災害時に支援物資を円滑に輸送するため、支援物資輸送拠点として協力する協定を自治体と締結 (自動車モード:国交省HP 取組事例No.134)
	海事	従業員全員が津波ハザードマップを常に携帯
	海事	津波や火災に対する訓練を実施
	海事	地震・津波対策として、避難棟の整備や耐震補強を実施
	海事	旅客の乗船に対する安心感の向上を図るため、非常時訓練の様子を撮影した動画をホームページで公開 (海事モード:国交省HP 取組事例No.135)
	航空	地震に対する設備強化として、防災無線・衛星電話、従業員安否確認システム等を導入
テロ等への対策	自動車	バスジャック発生を想定した実践的な訓練をグループ企業内で毎年開催

(9) 関係法令等の遵守の確保

細目	モード	取組事例
関係法令等の遵守の社内への周知徹底	海事	コンプライアンスのヘルプラインを増設 （海事モード：国交省HP 取組事例No.59)
関係法令等の遵守状況の定期確認	共通	業務監査や会計監査の際に、法令等への適合性監査を実施
	鉄道	同業他社の事例を踏まえ、関係法令等の遵守方法の見直しを実施 （鉄道モード：国交省HP 取組事例No.85)
	自動車	営業所における点検調査票に基づく半期毎の自主点検の他、本社安全管理部署による貨物自動車運送事業法の運行・整備・点呼等を含む35の重点項目の点検を実施
	自動車	半期毎に、全社員のなかから約1,300人を無作為に抽出してコンプライアンスに係る意識調査（アンケート）を継続的に実施 （自動車モード：国交省HP 取組事例No.33)
	海事	関係法令の遵守を具体的な基準により定期的に確認 （海事モード：国交省HP 取組事例No.4)

（１０）安全管理体制の構築・改善に必要な教育・訓練等

細　目	モード	取組事例
安マネの主旨の理解を深める教育・訓練の計画（安全管理要員）	共通	対象者に運輸安全マネジメントのコンセプトを理解してもらうことを目的とした教育内容の検討と計画の立案
	共通	新任管理者、社員に対する安全教育に運輸安全マネジメント制度に関するカリキュラムを追加
教育・訓練の実施（安全管理要員）	共通	安全目標の設定、展開、評価方法を理解する研修の実施
	共通	再発防止策実施方法に関する研修を実施
	共通	安全運行（航）に係る取組の状況、達成状況及びその検証・評価等について説明会形式の研修を実施
	共通	要員のモチベーションを向上させる研修を実施
	共通	社内イントラを用いた安全自主学習（eラーニング）を導入し、知識と知恵を確認する形式に工夫
	共通	外部主催の運輸安全シンポジウム・セミナーなどの定期参加と当該シンポジウム等で入手した資料等の社内周知や同資料に基づく社内での勉強会を実施
	共通	自社で安全シンポジウム・セミナーなどを定期開催
	共通	経営トップ以下の経営管理部門が、年１回、リスク分析の専門機関によるマネジメント教育を受講
	共通	外部講師の招聘、外部セミナーへの参加
	共通	セミナー参加者による社内説明会の実施
教育・訓練の有効性、効果の把握（安全管理要員）	海事	運輸安全マネジメントに関する教育・訓練の受講者に対して、理解度・浸透度を把握するための筆記試験を実施 （海事モード：国交省HP　取組事例No.88）
教育・訓練の実施（技能要員）	鉄道	技術伝承のために現業機関等において安全に関する知識・指導力・技術力を持った核となる社員を育成 （鉄道モード：国交省HP　取組事例No.90）
	鉄道	少人数単位での対面教育指導を月１回実施、各人の資質・理解度に合わせたきめ細かな指導を実現するとともに、恒常的なテーマのみにとどまらず、直近で発生した自社及び他社事案を対象としたPDCAサイクルを運用した教育指導を実施 （鉄道モード：国交省HP　取組事例No.71）

（１０）安全管理体制の構築・改善に必要な教育・訓練等

教育・訓練の実施 （技能要員）	鉄道	安全管理のキーマンとなるトレーナーの育成及びトレーナーによる現場要員への教育の推進 （鉄道モード：国交省HP 取組事例No. 68）
	鉄道	乗務員個々の管理・指導及び教育・訓練の体制・仕組みの強化 （鉄道モード：国交省HP 取組事例No. 53）
	鉄道	直轄施工による設備保守訓練線の敷設とそれを活用した鉄道技術の継承 （鉄道モード：国交省HP 取組事例No. 50）
	鉄道	運輸技術部門の限られた配置人員の中、定期検査時の教育・訓練（継続的 OJT）等を通じて各人の多能化を図る取組 （鉄道モード：国交省HP 取組事例No. 45）
	自動車	ＤＶＤ等を活用した運転の基本動作等の具体的な指導を実施 （自動車モード：国交省HP 取組事例No. 103）
	自動車	一方的な押し付け教育ではなく、体験実習を増やすことにより、乗務員が進んで参加することができ、理解しやすい内容の研修会を実施 （自動車モード：国交省HP 取組事例No. 64）
	自動車	ドライブレコーダーを用いて事故事例を検証し、的確な再発防止策を立てるとともに、その結果を乗務員の指導教育に活用 （自動車モード：国交省HP 取組事例No. 63）
	自動車	独自に作成した資料を用いた乗務員安全教育の実施 （自動車モード：国交省HP 取組事例No. 51）
	自動車	高齢乗務員（65 歳以上）が全体の20％を超え、高齢者の特性による事故惹起リスクが高まっているとの問題意識から、地元警察署の指導及び無償の専門教材を使った教育・訓練を実施 （自動車モード：国交省HP 取組事例No. 47）
	自動車	一人一人に働きかけ、自主性を引き出す教育・指導を実施 （自動車モード：国交省HP 取組事例No. 46）
	自動車	専任の添乗指導員による事故情報等を活用した教育指導制度の創設 （自動車モード：国交省HP 取組事例No. 39）
	自動車	セールスドライバーの技量向上に向けた安全専門講師の養成とその活用 （自動車モード：国交省HP 取組事例No. 34）
	自動車	ドライブレコーダーを活用した急発進・急停止減少プロジェクトの実施 （自動車モード：国交省HP 取組事例No. 13）

（１０）安全管理体制の構築・改善に必要な教育・訓練等

教育・訓練の実施 （技能要員）	海事	運航船舶に対する乗船診断・安全教育・レーダー講習の実施 （海事モード：国交省HP 取組事例No.89）
	海事	運航管理部門及びグループ会社の運航管理部門・乗務員による乗船点検の実施 （海事モード：国交省HP 取組事例No.80）
	海事	入出港を対象とした操船シミュレーター訓練の導入及び各種マネジメントシステムの導入により、操船技術の向上及びヒューマンエラーを防止 （海事モード：国交省HP 取組事例No.58）
	海事	自社単独では困難な船員の模擬操船教育訓練を外部教育機関の活用により継続的に実施 （海事モード：国交省HP 取組事例No.11）
教育・訓練の有効性、効果の把握 （技能要員）	共通	教育・訓練実施後、参加者に実技・筆記試験等を実施、効果等を把握
	共通	教育・訓練実施後、参加者の実践状況を現場巡回、内部監査等で把握
	共通	教育・訓練実施後、参加者の上司が参加者の実践状況を把握
	共通	添乗指導、第三者モニタリング制度で実践状況、効果等を把握
	自動車	階層別（統括運行管理者、運行管理者・補助者、乗務員）に1ヶ月の教育サイクルを取り入れ、各階層に対して月上旬に教育を実施、月下旬に理解度の検証及び必要に応じて再教育を実施することにより、乗務員に対する教育を充実・強化 （自動車モード：国交省HP 取組事例No.92）
	自動車	ドライバーコンテストを他社と共同開催することにより、車両特性や状況に応じた運転技術、安全意識、モチベーションの更なる向上を図る取組 （自動車モード：国交省HP 取組事例No.129）
教育・訓練の見直し （技能要員）	共通	教育・訓練実施後、参加者にアンケートを実施し、当該教育・訓練自体の課題等を抽出し、カリキュラムの見直しを実施
	鉄道 （索道）	季節従事者等に対する安全教育の充実、ヒヤリ・ハットの事例の共有、整備作業マニュアルの見直し、充実を図るとともに、索道施設の整備・改善を実施 （鉄道モード：国交省HP 取組事例No.60）
	自動車	自動車教習所における運転士研修の見直し改善を実施 （自動車モード：国交省HP 取組事例No.102）
	自動車	バックセンサーを導入したものの、当初は事故が削減しなかったことを踏まえ、社員が理解できていない点を検証した上で、バックセンサーの特性について理解を促す教育を実施 （自動車モード：国交省HP 取組事例No.95）

（１０）安全管理体制の構築・改善に必要な教育・訓練等

教育・訓練の実施 （中間管理者層）	共通	事例なし
事故体験の共有	共通	豊富な経験を有するベテラン職員を語り部として活用
	共通	過去の事故の展示施設を設置し、社員教育に活用
	共通	過去の事故映像・事例概要パネルを日頃から、社員の目につく場所に掲示
	共通	事故事例集を作成し、社員教育に活用
	共通	他社で発生した事故が自社で発生した場合を想定し、対応を検討
	共通	小集団活動で事故体験者から経験談を説明、対応策の検討を実施
	鉄道	過去の事故事例を社内のポータルサイトにカレンダーとして作成・掲出し、朝の点呼（朝礼）時や職場での教育に活用することで、職員全員が「安全」について考えるキッカケをつくり、安全意識を向上 （鉄道モード：国交省HP 取組事例No.87）
	鉄道	過去の鉄道事故を漫画形式で表現した安全啓発冊子『THE CASE STUDY』を発行 （鉄道モード：国交省HP 取組事例No.52）
	自動車	ドライブレコーダーの事故等発生時の映像を社員教育に活用

資　料（その6）

（11）内部監査

細　目	モード	取組事例
内部監査の実施	共通	経営トップへの内部監査について、監査側の力量が向上するまでは、経営トップの発言、会議の議事録を基に実施し、段階的にインタビュー形式に移行
	共通	内部監査チームに被監査部署の要員を1名参加させ、専門性を高めて監査を実施
	共通	内部監査で課題が見出された場合、解決方法について、監査側・被監査側が、その場で解決のための意見を出し合い、ホワイトボードに記載して方向性を議論
	共通	経営管理部門（経営トップ、安全統括管理者）に対する内部監査については、内部監査要員が洗い出した事業の安全に関するリスクに対する対応状況をインタビューする。経営管理部門は定期的な業務手順が定められていないことが多いことから、適合性ではなく、リスク対応の有効性に重きを置き、経営管理部門が「新たな気づき」を得られれば、内部監査の実効性があると判断する
	航空	グループ企業間で共通の品質向上を図るため、共通の基準、運用を制度として定めた上で内部監査を実施
	自動車	内部監査により不備事項の指摘にとどまらず、不備事項に至った背後要因を深掘りし、その結果を被監査部門に提言 （自動車モード：国交省HP 取組事例No.104）
	海事	グループ会社連携のもと監査要員を確保、グループ会社の実情に即した効果的な内部監査を実施 （海事モード：国交省HP 取組事例No.110）
	海事	安全管理体制が有効に機能しているかどうかの確認に重点を置いた内部監査を実施 （海事モード：国交省HP 取組事例No.91）
取り組みの状況や要員の力量の定期的把握・検証	自動車	内部監査に安全統括管理者が立ち会い、内部監査員の力量を把握するとともに、内部監査実施後に内部監査要員による「検証会議」を実施、以後の内部監査の改善に繋げる取組 （自動車モード：国交省HP 取組事例No.67）
	自動車	内部監査において積極的な優良事項の掘り起こし及び監査情報のきめ細やかな引継ぎを実施することにより、内部監査の有効性を向上 （自動車モード：国交省HP 取組事例No.62）
力量の向上	共通	内部監査要員が自社の事業の安全に関するリスクを洗い出し、対応に課題があるリスクをインタビューに活用
	航空	グループ企業間で内部監査要員の力量を一定程度確保するため、中核企業が中心となって要員を養成しするとともに、グループ構成企業においても、業務実態に応じ教育を実施
	鉄道	グループ企業間において、内部監査員のスキルアップを図る取組 （鉄道モード：国交省HP 取組事例No.38）

329

（12）マネジメントレビューと継続的改善

細目	モード	取組事例
実施方法、体制の確立	共通	予算と連動したマネジメントレビューの実施（実効性の確保）
	自動車	「内部監査の手順書」及び「マネジメントレビュー会議の手順書」を策定し、全社一丸となったマネジメントレビューを実施 （自動車モード：国交省HP　取組事例No.35）
	海事	手順化を通じて、安全管理体制全般の見直し（マネジメントレビュー）と継続的改善の仕組みを構築・運用 （海事モード：国交省HP　取組事例No.36）
マネジメントレビューの実施	共通	内部監査結果等を踏まえ、安全管理体制の機能全般に対し、少なくとも1年毎に見直しを実施
	鉄道	合宿（「安全コラボ合宿」）を開催し議論させることにより、安全意識を活性化、安全対策の見直し改善を実施 （鉄道モード：国交省HP　取組事例No.108）
	自動車	外部機関を活用した安全管理体制の見直し及び改善 （自動車モード：国交省HP　取組事例No.84）
継続的改善の実施	共通	日常業務において明らかになった安全管理体制上の課題については、担当部署において対応の必要性を検討し、速やかに是正措置及び予防措置を実施

あとがき

　安全の確保は運輸事業の一番の基本であり、もっとも大切なことです。このため、鉄道、自動車、海運、航空の安全性をより高めるため、従来の安全規制に加えて、運輸事業者が経営トップから現場まで一体となって安全管理体制を構築することを目的とした「運輸安全マネジメント制度」が平成18（2006）年10月から始まっています。

　運輸安全マネジメントは、輸送の安全の確保・安全性の向上には、①経営トップを含む経営管理部門の関与が重要であること、②見直し改善のPDCAサイクルを組み込んだ安全管理体制を機能させること、この２つを柱に据えることにより、運輸事業者に安全文化が構築・定着されることを期待しています。

　一方、運輸事業者の規模、形態、組織体制は、個々の運輸事業者ごとに特徴があるため、安全の確保・安全性の向上に関する取組みは特徴に応じて行うことが望まれますが、制度が始まった当初の数年間は、参考とすべき考え方、取組みが乏しい中で自社の特徴に応じた安全管理体制の構築は困難であったと思われます。

　平成27（2015）年２月に公表された「運輸安全マネジメント制度の現況について」においては、評価を受けた事業者に対するアンケート結果が記載されており、「運輸安全マネジメント制度」の導入以降、安全意識の向上について98％が効果有りと回答されていること、また、公表されている運輸安全取組事例の件数が140件を超えていることから、制度の理解と制度に対する信頼感が醸成され、具体的な取組みをイメージできる環境が整備されてきていると思われます。

　「運輸安全マネジメント制度」は、対象となる事業者の裾野が広いことから周知・浸透を経て積極的に活用するためには多くの時間が必要だと思われますが、安全に対する社会の要請と安全確保に関する運輸事業者の方々の前向きな取組みにより事故削減と未然防止に効果を発揮することを信じています。

2019年1月

運輸安全マネジメント制度研究会
木下　典男

索　　引

【欧文】（和欧混合含む）

Designated Person（s）：DP ………… 150
Fish Bone ……………………………… 62
FOQA ………………………………… 190
Gマーク ……………………………… 168
ISM（International Safety Management）
　コード ………………… 149, 150, 184
KYT …………………………………… 148
OJT（On the Job Training） … 88, 148, 169

PDCAサイクル …… 27, 28, 156, 185, 246
PTSD ………………………………… 188
SAS …………………………………… 188
SMM（Safety Management Manual）
　……………………………………… 151
SMS（Safety Management System）
　………………………… 117, 149, 150

【和文】

（あ行）

アンケート …………………………… 40
安全管理規程 ………… 6, 18, 154, 156
安全管理体制 ………… 6, 32, 247, 325
安全管理体制の構築・改善に必要な
　教育・訓練等 ……………………… 325
「安全管理体制に係る『マネジメン
　トレビューと継続的改善』の理解
　を深めるために」 ………………… 257
「安全管理体制に係る『内部監査』の
　理解を深めるために」 ……… 170, 256
安全管理体制の構築・改善に必要な
　教育・訓練等 ……………………… 76
安全管理の実施 ……………… 287, 295
安全重点施策 …… 29, 32, 42, 248, 250,
　266, 310
安全重点施策の定義 ………………… 33
安全性優良事業所の認定制度 ……… 168
安全統括管理者 …… 6, 17, 32, 48, 157, 248
安全統括管理者の責務 …………… 49, 312
安全のプロフェッショナル ………… 49
安全風土 ……………………………… 183

安全文化 ……………………………… 29
安全報告書 ……………… 57, 78, 171
安全方針 ………… 32, 38, 248, 249, 309
安全マネジメント評価 ……………… 200
意識の差 ……………………………… 41
インタビュー ………………… 111, 160
運航品質保証（FOQA） …………… 190
運輸安全委員会 ……………………… 70
運輸安全一括法 ………… 5, 13, 16, 153
運輸安全調査官 …………… 158, 201, 237
運輸安全取組事例集 …………… 168, 172
運輸安全マネジメント制度 … 13, 153, 235
運輸安全マネジメントセミナー
　……………………………… 166, 170
運輸安全マネジメントに取り組むこ
　とによる効果 ……………………… 167
運輸安全マネジメント評価 …… 105, 110,
　158, 235
オープニング・ミーティング …… 111, 159
親会社、グループ会社、協力会社、
　民間の専門機関等 ………………… 69, 87

333

索引

（か行）

ガイドライン検討会……………………5
ガイドラインセミナー…………… 170
海難の定義……………………… 121
外部委託……………………………31
乖離度合い…………………………41
会話形式………………………… 132
貸切バス事業者安全性評価認定制度
　………………………………… 168
課題（リスク）……………………94
活用の範囲…………………………69
貨物自動車運送事業者安全性評価認
　定事業制度…………………… 168
関係法令等…………………… 33, 248
関係法令等の遵守の確保………73, 324
間接コミュニケーション……… 128
管理者層の意識………………… 131
管理責任者……………………… 150
管理指標……………………………47
聞いてもらえる関係…………… 132
企業風土……………………………16
企業風土測定ツール………………41
危険の絞り込み……………………68
危険予知訓練…………………… 148
技術的要因…………………………38
技術的要件……………………… 130
机上シミュレーション……… 72, 254
期待事項………………………… 164
気づきの支援…………………… 189
気付く力………………… 83, 131, 135
客観性の確保…………………… 142
狭義のヒューマンエラー…… 14, 15, 178
記録の作成及び維持……………28, 103
具体的な説明…………………… 133
クライシスマネジメント（危機管理）
　………………………………… 187
クロージング・ミーティング…112, 163
訓示形式………………………… 132
経営管理部門………………… 32, 248

経営管理部門に対する教育訓練………77
経営管理部門の範囲………………30
経営トップ……………27, 32, 35, 125, 247
経営トップの責務………28, 249, 265, 308
継続的改善………32, 98, 142, 248, 256, 330
経年変化……………………………40
権威勾配………………………… 187
現業実施部門………………… 32, 247
現業実施部門の管理者…… 56, 83, 131
現場の従業員（現場要員）に対する
　教育・訓練・研修………………79
現場のリスク……………………83, 134
航空事故・重大インシデント・安全
　上のトラブル………………… 122
5M……………………………… 177
国際安全管理コード…………… 184
コミュニケーション………… 32, 248
コミュニケーションの確保
　………………………… 52, 267, 314
今日的課題…………………… 24, 37
コンプライアンス……………… 184

（さ行）

サンプリング………………………40
事業計画的要件………………… 130
事業者の創意工夫…………………25
事業用自動車事故調査委員会……70
事故、ヒヤリ・ハット情報等の収集・
　活用……………………………57, 318
「事故、ヒヤリ・ハット情報の収集・
　活用の進め方」……………169, 253
事故情報……………………………60
事故体験の共有……………………84
自己チェックリスト
　………………… 276, 280, 289, 298, 301
事故の統計データ……………… 140
事故の報告書…………………… 140
事故の芽情報（事故の芽）…… 212
事故不注意論の克服…………… 177
事故分析・対策立案………………65

索　引

事故報告書……………………………… 66, 70
事故防止対策検討委員会………………… 5
自社のリスク……………………… 28, 38, 44
自然的要件……………………………… 130
自然要因…………………………………… 38
実効性の確保……………………………… 96
失敗のメカニズム…………………… 13, 177
自動化の原則…………………………… 182
自動化の皮肉…………………………… 181
自動化レベルの最適設定……………… 190
社会的要因………………………………… 38
社会的要件……………………………… 130
重大な事故等への対応……………… 71, 323
重大事故等対応訓練………………… 71, 254
情報伝達…………………………… 54, 314
情報伝達訓練……………………… 72, 254
情報の公表………………… 17, 53, 57, 171
職場環境…………………………………… 16
職場環境・企業文化…………………… 155
助言事項………………………………… 163
心的外傷後ストレス障害……………… 188
人的要因…………………………………… 38
人的要件………………………………… 130
水平的なコミュニケーション………… 113
睡眠時無呼吸症候群…………………… 188
数値目標…………………………………… 46
脆弱性……………………………… 28, 38, 44
是正措置……………… 33, 92, 100, 248, 256
接遇の向上……………………………… 133
説明する力………………………………… 83
潜在する危険……………………… 68, 136
想定シナリオ……………………………… 72
「属人思考」の組織風土……………… 180
組織の独立性…………………………… 143

（た行）

対応は速やかに………………………… 127
代表者（経営者）の役割………… 286, 294
対話………………………………………… 40
他山の石…………………………… 70, 84

他社・他モードにおける事項等の事
　例の活用………………………………… 70
正しい作業……………………………… 147
縦のコミュニケーション………………… 54
抽象的な説明…………………………… 133
直接コミュニケーション………………… 54
伝える力………………………… 83, 131, 132
定性的な把握……………………………… 40
定量的な把握……………………………… 40
適合性監査………………………………… 88
特性要因図………………………………… 62
トップダウンコミュニケーション…… 113

（な行）

内航運送事業者………………………… 294
内部監査……………………… 85, 142, 255, 329
内部監査の手法………………………… 170
内部監査要員……………………… 85, 93
なぜなぜ分析……………………………… 62
任意 ISM と安全管理体制との関係性
　………………………………………… 149
人間側の状況認識（気づき）………… 202
認定セミナー…………………………… 166
認定セミナー制度……………………… 166

（は行）

話の進め方……………………………… 126
場の作り方……………………………… 126
否定では無く肯定から………………… 127
ヒヤリ・ハット情報…… 60, 270, 288, 296
ヒヤリ・ハット報告書……………… 61, 67
ヒューマン・マシン・インターフェ
　イス…………………………………… 178
ヒューマン・マシン・システム……… 177
ヒューマンインターフェイス………… 178
ヒューマンエラー…………… 13, 14, 15, 85,
　155, 177
評価事項………………………………… 163
評価報告書……………………………… 163
不安全行動………… 14, 15, 155, 178, 183

索　引

風化·· 84
福知山線（脱線）事故······ 153, 155, 195
文書主義·· 185
文書の作成及び管理················· 101
平成18年ガイドライン············· 5, 18
平成22年ガイドライン············· 5, 20
平成29年ガイドライン······· 6, 20, 23
保安（安全）監査························ 191
報告することの重要性·················· 70
報告する力······················ 83, 131, 134
ボトムアップコミュニケーション···· 113

(ま行・や行)

マニュアル··································· 148
マネジメントレビュー··· 32, 96, 147, 248, 256, 330
マンネリ化···································· 73
見える化······································ 129
見える化の仕組み······················ 164
面談··· 40

有効性監査······························ 88, 89
要員の責任・権限·················· 50, 313
横のコミュニケーション················ 54
予防安全型技術······················ 189, 202
予防措置········ 33, 92, 100, 136, 248, 256
4M·· 177

(ら行)

リーダーシップ···························· 27
リスク····························· 83, 98, 130, 180
リスクアセスメント···················· 185
リスク感受性······· 83, 100, 131, 135, 136
リスク管理の手法······················ 169
リスク管理要員·························· 139
リスクテイキング························ 178
リスクテイキング行動·················· 15
リスク評価·································· 68
リスクマネジメント（リスク管理）··· 184
旅客事業者································ 294
倫理法令遵守····························· 184

336

〈著者略歴〉
木下 典男（きのした のりお）
1984年 運輸省（現 国土交通省）入省
1997年 海事局検査測度課　ISM担当官
2002年 在パース日本国総領事館　領事
2006年 大臣官房運輸安全監理官付　運輸安全調査官
2008年 高等海難審判庁　海難分析調整官
2009年 運輸安全委員会　船舶事故調査官
2019年1月現在 大臣官房運輸安全監理官付　次席運輸安全調査官
運輸安全に関わる数々の部署を歴任した運輸安全マネジメントのエキスパート。「ISMコードの解説と検査の実際（初版）」（成山堂書店、1999年）とその後の改訂（「新訂版」2001年、「二訂版」2003年、「三訂版」2008年）、「ISO39001：2012道路交通安全マネジメントシステム　日本語版と解説」（日本規格協会、2013年）の執筆者。

運輸安全マネジメント制度の解説
―基本的な考え方とポイントがわかる本―

定価はカバーに表示してあります

2019年2月8日　初版発行

著　者　運輸安全マネジメント制度研究会　木下典男
発行者　小川典子
印　刷　亜細亜印刷株式会社
製　本　株式会社難波製本

発行所　株式会社　成山堂書店
〒160-0012　東京都新宿区南元町4番51　成山堂ビル
TEL：03(3357)5861　FAX：03(3357)5867
URL　http://www.seizando.co.jp
落丁・乱丁本はお取り換えいたしますので、小社営業チーム宛にお送りください。

© 2019　運輸安全マネジメント制度研究会　木下典男

ISBN978-4-425-93171-2

成山堂書店のリスクマネジメント関係図書　好評発売中 (2019年1月現在)

リスクマネジメントの真髄
—現場・組織・社会の安全と安心—
井上 欣三 編著
北田 桃子・櫻井美奈 共著
A5判・164頁・2,000円

ISMコードの解説と検査の実際
—国際安全管理規則がよくわかる本—
国土交通省海事局検査測度課 監修
A5判・512頁・7,600円

海の安全管理学
—操船リスクアナリシス・予防安全の科学的技法—
井上 欣三 著
A5判・154頁・2,400円

海上リスクマネジメント
（2訂版）
藤沢 順・小林卓視・横山健一 共著
A5判・432頁・5,600円

船舶安全学概論
（改訂増補版）
船舶安全学研究会 著
A5判・248頁・2,800円

ヒューマン・ファクター
—航空分野を中心として—
F・H・ホーキンズ 著
石川 好美 監訳
A5判・424頁・4,800円

交通ブックス311
航空安全とパイロットの危機管理
小林 宏之 著
四六判・256頁・1,800円

東海道新幹線 運転室の安全管理
—200のトラブル事例との対峙—
中村 信雄 著
A5判・256頁・2,400円

安全運転は「気づき」から
—ヒヤリハット・エコドライブから歩行者まで—
春日 伸予 著
四六判・120頁・1,400円

■定価は本体価格（税別）　　■総合図書目録無料進呈